STEFAN BACH

UNSERE STEUERN

Wer zahlt?
Wie viel? Wofür?

WESTEND

Mehr über unsere Autoren und Bücher:
www.westendverlag.de

Die Deutsche Nationalbibliothek verzeichnet diese Publikation in der Deutschen Nationalbibliografie; detaillierte bibliografische Daten sind im Internet über http://dnb.d-nb.de abrufbar.

FSC
www.fsc.org
MIX
Papier aus verantwortungsvollen Quellen
FSC® C083411

ISBN 978-3-86489-083-3

Umschlaggestaltung: Buchgut, Berlin
Satz: Publikations Atelier, Dreieich
Druck und Bindung: CPI – Clausen & Bosse, Leck
Printed in Germany

Inhalt

Überblick Steuermythen

Überblick Steuerinfos

Einleitung: unsere Steuern, das Geld der Gesellschaft

»Les finances sont les nerfs de la République«, schrieb der frühmoderne französische Staatstheoretiker Jean Bodin 1576. Wenn die Finanzen die Nerven des Staats sind, dann sind es die Steuern, die nerven? Unser Staat ist »Steuerstaat«, denn er finanziert seine Ausgaben überwiegend mit Steuern. Die machen 23 Prozent des Bruttoinlandsprodukts (BIP) aus, also des gesamtwirtschaftlichen Einkommens, zusammen mit den Sozialbeiträgen sind es sogar 39 Prozent. Von jedem erwirtschafteten Euro werden also 39 Cent vom Staat kassiert und wieder ausgegeben.

Die Steuern sind das Geld der Gesellschaft. Damit bezahlen wir die öffentlichen Dienstleistungen, die es auf dem Markt nicht zu kaufen gibt: Infrastruktur, Rechtsordnung, soziale Sicherung, Umverteilung, Polizei, Militär sowie viele Gesundheits-, Bildungs- und Kulturangebote. Das sind »öffentliche Güter«, von denen alle profitieren. Da man den einzelnen Bürger oder das einzelne Unternehmen nicht von deren Nutzung ausschließen kann, müssen sie kollektiv organisiert und über Steuern finanziert werden. Sonst gäbe es diese Leistungen nicht oder nur in geringem Umfang – der traurige Blick auf gescheiterte Staaten macht das deutlich. Die Steuern müssen daher mit hoheitlichem Zwang durchgesetzt werden, damit sich niemand drückt.

Der Steuerstaat ist Voraussetzung der privatkapitalistischen Marktwirtschaft, ihr Partner, aber auch ihr Gegengewicht. Gute öffentliche Leistungen sind unerlässlich für Wachstum und Wohlstand. Zugleich nimmt der Staat mit den Steuern den Bürgern und Unternehmen Teile ihres Einkommens weg, ohne unmittelbare Gegenleistung. Der Steuerstaat ist eine Kollektivwirtschaft in der Marktwirtschaft, ein Sozialismus im Kapitalismus, eine kleine DDR in der großen BRD. Daher sind die Neoliberalen, die das ideologische Rüstzeug für den modernen Kapitalismus liefern, grundsätzlich skeptisch gegenüber Staat und Steuern. Der Staat ist ihnen zu groß und zu verschwenderisch, die Steuern sind ihnen zu hoch, da sie vermeintlich die Wirtschaft bremsen. Diese Ideologie war zeitweise recht populär und hatte großen Einfluss auf die Steuer- und Finanzpolitik – in Deutschland bemerkenswerterweise unter der rot-grünen Regierung von 1998 bis 2005.

Die Finanz- und Wirtschaftskrise ab 2007 hat dem real existierenden Kapitalismus jedoch seine Grenzen aufgezeigt. Die Finanzmärkte standen vor dem Zusammenbruch und mussten vom Staat rausgehauen werden. Seitdem schwächelt die Wirtschaft in vielen Ländern, die Zentralbanken fluten die Kapitalmärkte mit unvorstellbar viel Geld, um »die Pferde wieder zum Saufen« zu bringen. Zinsen und Altersvorsorge der Mittelschichten schmelzen zusammen, während die Vermögen der Reichen und Superreichen durch den Börsen- und Immobilienboom kräftig steigen. Seitdem finden Linksliberale und Linke wieder mehr Gehör, wenn sie auf Marktversagen hinweisen und die Kapitalismuskritik wiederbeleben. Sie verlangen einen stärkeren Staat, mehr öffentliche Leistungen und höhere Steuern, vor allem für Wohlhabende. Politisch konnten sie damit aber bisher kaum durchdringen – profitiert haben in den letzten Jahren vor allem Rechtspopulisten, die zumeist staats- und steuerkritisch eingestellt sind.

Ihre große wirtschaftliche und ideologische Bedeutung machen die Steuern zu einem schier unerschöpflichen Thema für Diskussionen auf allen Ebenen, von der großen Politik bis zum Stamm- und Küchentisch. Gemessen daran ist der Informationsstand über unser Steuersystem eher bescheiden. Wissen Sie, wie hoch Ihre Steuerbelastung ist? Im Vergleich zu den Armen oder den Reichen? Wie viel Einkommensteuer zahlen Sie, absolut und relativ zum Einkommen? Kennen Sie den Unterschied zwischen Grenz- und Durchschnittsteuersatz? Sind die Sozialbeiträge Steuern oder eher Versicherungsbeiträge? Wie stark werden unsere Ausgaben mit indirekten Steuern belastet, also mit Mehrwertsteuer, Energiesteuern und anderen Verbrauchsteuern? Und vor allem: Wie wirken die Steuern? Sind sie gut oder schlecht für die Wirtschaft? Wer trägt die Steuerbelastung, wenn man die wirtschaftliche Überwälzung der Steuern berücksichtigt?

Um die Steuern ranken sich viele Mythen, Vorurteile und Irrlehren. Die wichtigsten sind, dass Steuern der Wirtschaft schaden, Steuersenkungen sich selbst finanzieren oder Reiche keine Steuern zahlen. Die skurrilsten sind, dass 80 Prozent der weltweiten Steuerliteratur deutsch ist oder der Steuerspartrieb in Deutschland stärker ausgeprägt ist als der Geschlechtstrieb – in den Medien oder am Stamm- und Küchentisch wird dergleichen immer wieder behauptet. Viele Bürger überschätzen ihre Steuerbelastung bei der Lohn- und Einkommensteuer. Häufig rechnen sie die Sozialbeiträge für Rente, Krankenkasse und Arbeitsamt dazu. Zugleich lehnen sie Steuererhöhungen für wirklich Reiche ab, weil sie sich überbelastet fühlen und fürchten, selbst davon betroffen zu sein. Daher ist die Erbschaftsteuer unpopulär, obwohl nur sehr wenige sie zahlen. Die indirekten Steuern, die vor allem die unteren und mittleren Einkommen relativ stark treffen, werden dagegen als weit weniger belastend wahrgenommen. Daher sollten die Normalbürger der Mittelschichten, die bei Sozialbeiträgen, indirekten Steuern und »kalter Progression« kräftig zur Kasse gebeten werden, eigentlich ein Interesse an höheren Steuern für die Reichen haben, vorausgesetzt, sie schaden Wirtschaft und Wachstum nicht.

Nicht nur Bürger und Medien, auch die Politiker hadern regelmäßig mit der Steuerpolitik. Sie glauben, damit punkten zu können, um dann häufig damit zu scheitern. So hätte Angela Merkel ihren sicheren Wahlsieg 2005 fast vermasselt, als sie mit Paul Kirchhof den damals bekanntesten Radikal-Steuerreformer als designierten Finanzminister in ihr Wahrkampfteam berief. Dessen romantisch-konservative Ansichten zu Wirtschaft und Gesellschaft verschreckten Mittelschichten und wirtschaftliche Eliten gleichermaßen. Die FDP hatte im Bundestagswahlkampf 2009 Steuersenkungen versprochen und damit ein sensationelles Wahlergebnis eingefahren. In der Koalition mit der Union konnte sie jedoch nichts davon durchsetzen – und verschwand danach in der politischen Versenkung. In den letzten Jahren wurde die Steuerpolitik ein linkes Thema. Angesichts von zunehmender Ungleichheit bei Einkommen und Vermögen wollten die rot-grünen Parteien die Reichen im Land wieder stärker zur Kasse bitten. Das verunsicherte viele bürgerliche Wähler von SPD und Grünen, denen die Steuern eigentlich hoch genug sind. Das rot-grüne Debakel bei der Bundestagswahl 2013 hat auch damit zu tun.

Mythen und Fehleinschätzungen entstehen, weil das Steuersystem kaum zu überschauen ist, geschweige denn dessen Wirkungen. Im Steuerdschungel sieht man den Wald vor lauter Bäumen nicht. Da hält man sich gerne an einfachen Erklärungen fest. Apropos einfach: Steuervereinfachung wird in jedem Regierungsprogramm versprochen – tatsächlich wird es bei den Steuerreformen meist komplizierter als vorher. Auch die Steuerexperten streiten sich wie die Kesselflicker über das richtige Steuersystem. Neben der ideologischen Grundfrage, ob man mehr Wachstum oder mehr soziale Gerechtigkeit will, weiß man häufig gar nicht genau, wie die Steuern wirken. Denn wenn jemand Steuern zahlt, heißt das noch lange nicht, dass er sie wirklich trägt, unter Berücksichtigung von wirtschaftlichen Anpassungen. Steuern werden vor- und zurück-, kreuz- und quergewälzt, weil die Steuerpflichtigen darauf reagieren und ihnen ausweichen. Besonders erfolgreich sind dabei Großkonzerne und Superreiche, die ihr Geld gerne in Steueroasen parken und zwischen den verschiedenen Steuersystemen jonglieren. Die Steueroase von Otto Normalbürger ist die Schwarzarbeit oder der Minijob. Diese Wirkungen zu schätzen ist ziemlich schwer und nur mit großen Unsicherheiten möglich, weil man darüber nichts Genaues weiß. Daher nehmen Lobbyisten und Politiker die Experten nur bedingt ernst, nach dem Motto: fünf Experten mit sieben Meinungen. Sie picken sich aus den Forschungsergebnissen das heraus, was ihnen gut passt, und verlassen sich auf ihr Bauchgefühl. Meistens geht das gut, bisweilen hat es aber fatale Folgen.

In diesem Buch wird versucht, Sichtachsen durch den Steuerdschungel zu schlagen. Fakten und Zahlen über Steuern und Wirtschaft zu kennen schadet nie. Wichtig zum Verständnis unseres Steuersystems ist auch seine Entwicklung, denn viele kuriose bis ärgerliche Steuerregeln sind nur historisch und politisch zu erklären. Außerdem kann die Steuerpolitik nicht einfach ein ideales Steuersystem am

Reißbrett neu entwickeln, so wie Paul Kirchhof, sondern muss vom Bestehenden ausgehen und Bestandsinteressen berücksichtigen. Dabei muss verhandelt und gefeilscht werden, bis sich die Balken biegen, um die verschiedenen Interessen auszugleichen. Hier müssen harte Kompromisse gefunden werden. Und die sind nach Henry Kissinger, dem Altmeister der Realpolitik, dann gerecht, brauchbar und dauerhaft, wenn damit alle gleich unzufrieden sind. Kein Wunder also, dass viele über das Steuersystem schimpfen. Das ist völlig normal, das war immer schon so, und das wird immer so sein, da es nicht anders geht.

Zentral für die Steuerpolitik ist der klassische Zielkonflikt zwischen wirtschaftlicher Effizienz und Wirtschaftswachstum einerseits sowie Umverteilung und sozialer Gerechtigkeit andererseits, vornehm neudeutsch ausgedrückt: der »equity-efficiency trade-off«. Wir werden sehen, dass es diesen Konflikt tatsächlich gibt – aber er ist zumeist nicht so groß, wie viele glauben und wie es uns neoliberale Ideologen bis heute weismachen wollen. Gerade die Mittelschichten, die sich gerne an den Reichen orientieren oder von diffusen Abstiegsängsten geplagt sind, fallen häufig darauf rein. Sie merken nicht, dass seit zwanzig Jahren die Reichen immer reicher werden und zugleich steuerlich entlastet wurden, während sie selbst mit mickrigen Einkommenszuwächsen vorliebnehmen mussten, die von steigenden Verbrauchsteuern und kalter Progression aufgezehrt werden. Außerdem verfällt die öffentliche Infrastruktur, und die staatlichen Leistungen sind schlechter geworden. Langfristig werden die Staatsaufgaben nicht kleiner, sondern eher größer angesichts der sich abzeichnenden Herausforderungen des demografischen Wandels und der strukturellen Veränderungen in Wirtschaft und Gesellschaft. Durchgreifende Steuersenkungen sind daher auf Jahrzehnte nicht zu erwarten. Umso wichtiger ist es, die Belastungswirkungen des Steuersystems im Blick zu behalten und seine Interessen zu wahren.

Zugleich sollten wir uns vor zu viel linksliberaler Sozialromantik hüten und es nicht übertreiben mit Umverteilung, Staatswirtschaft und Ökosozialismus. Das Grundeinkommen für alle ist eine schöne Utopie – und die soll es auch bleiben. Unsere Beamten und ihre Bürokratie sind zwar besser als ihr Ruf, aber eben auch nicht gerade ein

Ausbund an wirtschaftlicher Effizienz. Natürlich kann und soll der Staat auch sparen – in allen Politikbereichen gibt es teure Symbolpolitik, die letztlich nicht viel bringt. Daher sollten wir immer wieder die öffentlichen Budgets durchforsten, die Ausgabenprogramme evaluieren und die Verwaltungsorganisation verbessern, um mehr Luft zu haben für notwendige Zukunftsinvestitionen. Dann kann man die Reichen auch wieder moderat höher besteuern. Denn wenn den Besitzbürgern und wirtschaftlichen Eliten signalisiert wird, dass die Steuergelder sinnvoll verwendet werden, sind sie eher bereit, hohe Steuerbelastungen zu akzeptieren, siehe Skandinavien.

Bei unserer Expedition durch den Steuerdschungel wird es nicht nur um Politik und Wirtschaft gehen. Auch der Servicegedanke soll nicht zu kurz kommen, denn wir wollen ja fürs Leben lernen. Bei der Einkommensteuer gibt es auch für Mittelschichtbürger immer noch viele Vergünstigungen und Gestaltungsmöglichkeiten, die man zum Steuernsparen nutzen kann. Nutzen Sie also die Pendlerpauschale oder das Ehegattensplitting, solange es diese Vergünstigungen noch gibt! Andere haben noch viel höhere Steuerprivilegien, etwa die schwerreichen Unternehmenserben, die Firmenbeteiligungen im Wert von zwei- bis dreistelligen Millionenbeträgen erbschaftsteuerfrei übertragen bekommen und zudem von den Steuergestaltungsmöglichkeiten der Firmen profitieren. Aber unterstützen Sie die Abschaffung dieser Steuerprivilegien, denn sonst kommt nie etwas heraus bei der Steuervereinfachung und beim Abbau von Steuervergünstigungen und Subventionen. Wenn Sie schon das Finanzamt betrügen, dann prahlen Sie nicht damit am Stammtisch oder beim Seitensprung, sondern schweigen und genießen Sie. Und wenn Sie dabei erwischt werden – bei der Steuerhinterziehung oder auch beim Seitensprung –, geben Sie alles zu und tun Buße, wie Uli Hoeneß.

1 Grundlagen: Steuern und andere öffentliche Einnahmen

Steuern: Zwangsabgaben ohne Gegenleistung

Deutschland ist ein ordentliches Land, in dem alles genau geregelt ist. Das gilt natürlich auch und gerade für die Steuern. Diese lenken einen erheblichen Teil unseres Einkommens in die Staatskassen. Damit sind sie staatliche Hoheitsverwaltung par excellence, mit der die meisten Bürger regelmäßig zu tun haben.

Das Grundgesetz unseres Steuerstaats ist die Abgabenordnung. Dort finden sich die zentralen Regelungen zum Besteuerungsverfahren bis zum Steuerstrafrecht. Die Steuern sind in Paragraf 3, Absatz 1, der Abgabenordnung definiert.

> *Steuern sind Geldleistungen, die nicht eine Gegenleistung für eine besondere Leistung darstellen und von einem öffentlich-rechtlichen Gemeinwesen zur Erzielung von Einnahmen allen auferlegt werden, bei denen der Tatbestand zutrifft, an den das Gesetz die Leistungspflicht knüpft; die Erzielung von Einnahmen kann Nebenzweck sein.*

Das klingt erst mal furztrocken und respektheischend, wie es sich für Grundlagen der Rechtsordnung gehört, enthält aber knapp zusammengefasst alles Wichtige. Und im Vergleich zu den Bleiwüsten und Paragrafenverhauen, die unsere Gesetzgebungsmaschinerie ständig produziert, ist die Formulierung eine reine Wohltat. Gehen wir die einzelnen Elemente durch.

> *Steuern sind Geldleistungen, …*

Klar, Steuern werden mit Geld bezahlt, wie sonst? Zum Beispiel in Form von realen Dienstleistungen. »Hand- und Spanndienste« nannte man das früher, wenn der Fürst vorfuhr und die Bauern Pferde stellen und Teile ihrer Ernte abliefern mussten. Restbestände davon gibt es heute noch: Die vor einigen Jahren abgeschaffte Wehr- und Zivildienstpflicht war die bedeutendste. Zum Schöffendienst bei Gericht kann man dienstverpflichtet werden, das gilt übrigens auch für die Feuerwehr – glücklicherweise finden sich dafür zumeist genügend Freiwillige.

Ansonsten beschäftigt der Staat eigene Leute, die sich um das Gemeinwohl kümmern, und der Bürger zahlt dafür mit Steuern. Das muss so sein in einer komplexen Wirtschaft und Gesellschaft mit vielen öffentlichen Aufgaben. Aber auf lokaler Ebene, etwa in der Kommunalpolitik oder in den gesellschaftlichen Organisationen und Vereinen, spielen Ehrenamt und freiwilliges Engagement der Bürger eine große Rolle. Und natürlich kann der Staat die Bürger und Unternehmen zwingen, öffentliche Aufgaben mitzuerledigen – zum Beispiel die Steuern einzubehalten und abzuführen oder bestimmte Gruppen oder Regionen mitzuversorgen, auch wenn das nicht lukrativ ist. Dieser »versteckte« öffentliche Bedarf ist durchaus bedeutend.

... die nicht eine Gegenleistung für eine besondere Leistung darstellen ...

Mit den Steuern werden die öffentlichen Aufgaben finanziert. Insofern gibt es natürlich eine Gegenleistung, nur nicht unmittelbar für die Steuerzahlung. In den öffentlichen Haushalten werden bestimmte Steuereinnahmen nicht zweckgebunden für einzelne Ausgabenprogramme verwendet, sondern dienen zur Deckung aller Ausgaben – die Haushälter nennen das »Grundsatz der Gesamtdeckung« oder »Non-Affektationsprinzip«. Daher können zum Beispiel Pazifisten nicht den Steueranteil für die Militärausgaben verweigern.

Anders ist es bei Gebühren oder Beiträgen, die für eine staatliche Leistung erhoben werden, etwa für Dokumente oder Genehmigungen. Eine große wirtschaftliche Bedeutung haben die Sozialbeiträge, die große Teile der sozialen Sicherung finanzieren: Wer nichts oder nur wenig in die Rentenversicherung einzahlt, bekommt keine oder nur eine kleine Rente. Daher soll man die Sozialbeiträge nicht mit den Steuern verwechseln.

... und von einem öffentlich-rechtlichen Gemeinwesen zur Erzielung von Einnahmen ...

Steuern erhebt der Staat mit hoheitlichem Zwang. Das muss so sein, weil der Einzelne dazu neigt, sich bei der Finanzierung des Gemeinwohls zu drücken. Denn von den staatlichen Leistungen profitiert er auch ohne Steuerzahlung, anders als bei Gebühren oder Sozialbeiträgen. Entsprechend gibt es Steuerwiderstand, von der klammheimlichen Steuerhinterziehung über legale Steuergestaltung bis hin zu öffentlichem und politischem Protest.

... allen auferlegt werden, ...

Die formale Rechtsgleichheit ist ein zentrales Element des bürgerlichen Staats und der privatkapitalistischen Wirtschaftsordnung. Vorher gab es ständische Privilegien bei der Besteuerung, etwa für Adel und Klerus. Wobei formale Gleichheit natürlich nicht automatisch gesellschaftliche und wirtschaftliche Gleichheit bedeutet. »Quod licet Iovi, non licet bovi«, sagt der Bildungsbürger, und der Besitzbürger verteidigt sein Eigentums- und Erbrecht gegen die Umverteilungsambitionen der Linken.

... bei denen der Tatbestand zutrifft, an den das Gesetz die Leistungspflicht knüpft; ...

Die Steuern sollen gleichmäßig erhoben werden. Wer ein bestimmtes Einkommen erzielt, muss darauf Einkommensteuer zahlen, wer als Unternehmer Produkte verkauft, muss Umsatzsteuer abführen. Willkürliche Privilegierungen und Diskriminierungen einzelner Personen, Gruppen oder Regionen sind nicht zulässig. Es gibt natürlich Steuervergünstigungen, aber auch die müssen sich an halbwegs sinnvollen Gemeinwohlzwecken orientieren. Dabei hat der Gesetzgeber einen großen Beurteilungsspielraum – aber wenn er den überzieht, greift das Bundesverfassungsgericht ein. Das kam in den letzten Jahrzehnten häufig vor, vor allem bei der Einkommensteuer und zuletzt wiederholt bei der Erbschaftsteuer.

Außerdem muss der steuerpflichtige Tatbestand gesetzlich hinreichend genau bestimmt werden, damit man sich darauf einstellen kann. Das ist ein zentrales Element des Rechtsstaats und für uns selbstverständlich. Ein Blick auf gar nicht so ferne Länder zeigt aber, welche große kulturelle Leistung das ist. Denn in vielen Staaten mit autoritären Regimes werden unklare Steuerforderungen gerne instrumentalisiert, um missliebige Kritiker auszuschalten oder Konkurrenten wirtschaftlich zu erledigen.

… die Erzielung von Einnahmen kann Nebenzweck sein.

Mit Steuern kann man steuern, das wussten schon die Fürsten der frühen Neuzeit. Um Ziele der Wirtschafts-, Sozial- und Umweltpolitik zu fördern, kann man entweder die vorhandenen Steuern mit Steuervergünstigungen mindern, oder es werden Dinge und Verhalten besteuert, die schädlich für Sie und andere sind, etwa mit Ökosteuern oder mit Steuern auf Genussmittel und Drogen. Im ersten Fall sinkt das Steueraufkommen des Staats, die Steuervergünstigung ist eine versteckte Subvention in Höhe der Steuermindereinnahmen. Im zweiten Fall nimmt der Staat zusätzliches Geld ein – solange es das besteuerte Übel gibt.

Kaum zu überblicken: Welche Steuern gibt es?

In Deutschland gibt es dreißig bis vierzig Steuern, je nach Abgrenzung zu kleineren Sonderabgaben und Kommunalabgaben. In der sehr informativen Broschüre *Steuern von A bis Z* des Bundesfinanzministeriums sind sie alle aufgelistet und beschrieben. Die wesentlichen Steuern schauen wir uns in den nächsten Abschnitten näher an.

Fürs Erste und zum Überblick ist wichtig: Die beiden großen und zentralen Steuerarten sind die verschiedenen Einkommensteuern sowie die

Umsatzsteuer, die auch Mehrwertsteuer genannt wird (Abbildung 1). Zu den Einkommensteuern zählen die »private« Einkommensteuer mit ihren Erhebungsformen Lohnsteuer, veranlagter Einkommensteuer sowie nicht veranlagten Kapitalertragsteuern und Zinsabschlag, ferner die Körperschaftsteuer auf das Einkommen der Kapitalgesellschaften, der Solidaritätszuschlag auf die Einkommen- und Körperschaftsteuer sowie die Gewerbesteuer, die eine Gemeindesteuer auf die lokalen Unternehmensgewinne darstellt. Die Umsatzsteuer wird als Mehrwertsteuer er-

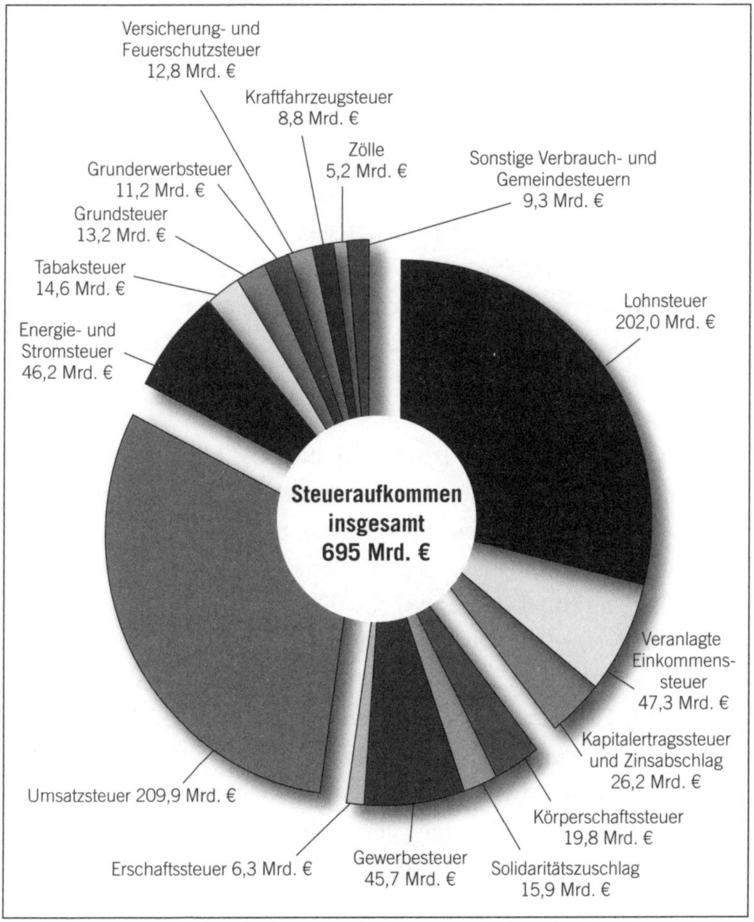

Abbildung 1: Steuereinnahmen 2015 *(Quelle: Bundesfinanzministerium)*

hoben und belastet fast alle Konsumausgaben. Diese beiden Steuerarten sind die Stützpfeiler des deutschen Steuerstaats und machen zusammen mehr als vier Fünftel der gesamten Steuereinnahmen aus. Ein nennenswertes Aufkommen haben auch die speziellen Verbrauchsteuern auf Energie, Tabak, Kaffee und Alkoholika, die Versicherungsteuer und die Kraftfahrzeugsteuer sowie die vermögensbezogenen Steuern, also die Grundsteuer, die Grunderwerbsteuer und die Erbschaftsteuer. Daneben gibt es noch diverse kleinteilige Steuern, die kaum jemand kennt und die meist kein großes Aufkommen erzielen, etwa die Luftverkehrsteuer, die Feuerschutzsteuer oder die Zweitwohnungsteuer.

Deutschland ist ein föderalistisches Land – das Steueraufkommen wird auf Bund, Länder und Gemeinden aufgeteilt. Die großen und ertragsstarken Steuern sind »Gemeinschaftsteuern«, das sind die Einkommensteuer mit ihren Erhebungskomponenten Lohnsteuer, veranlagter Einkommensteuer, nicht veranlagten Kapitalertragsteuern und Zinsabschlag, ferner die Körperschaftsteuer sowie die Umsatzsteuer. Diese Gemeinschaftsteuern machen 72 Prozent der gesamten Steuereinnahmen aus und werden nach festen Quoten auf Bund, Länder und Gemeinden verteilt. Der Bund bekommt die gesamten Einnahmen der speziellen Verbrauchsteuern, der Versicherungsteuer, der Kraftfahrzeugsteuer und des Solidaritätszuschlags. Die Zolleinnahmen gehen an die EU. Die Länder erhalten die Einnahmen aus Erbschaftsteuer, Grunderwerbsteuer, Biersteuer, Feuerschutzsteuer, Rennwett- und Lotteriesteuer und Spielbankabgabe. Die Gemeinden bekommen die Grundsteuer und die Gewerbesteuer (nach Abzug einer Umlage an Bund und Land) sowie die kleineren Gemeindesteuern, zum Beispiel die Hunde-, Zweitwohnung- oder Vergnügungsteuer. Nach dieser Verteilung der Steuereinnahmen gibt es noch ergänzende Finanzausgleichssysteme, mit denen die Einnahmen von den reicheren zu den ärmeren Regionen umverteilt werden. Damit wird auch in den ärmeren Ländern und Gemeinden ein Mindeststandard an öffentlichen Leistungen gewährleistet.

Trotz der föderalen Aufteilung des Steueraufkommens ist die Steuergesetzgebung in Deutschland fast vollständig auf der Bundesebene konzentriert. Dadurch haben wir ein weitgehend einheitliches Steuersystem – anders als in den USA oder der Schweiz, wo Länder und Gemeinden ihre Steuern selbstständig gestalten dürfen. Die deutschen Bundesländer können nur bei der Grunderwerbsteuer die Steuersätze variieren, die Gemeinden bei der Gewerbesteuer und der Grundsteuer. Ferner dürfen die Gemeinden örtliche Verbrauchsteuern erheben. Die Bundesländer wirken über den Bundesrat an der Steuergesetzgebung des Bundes mit – aber nur als Gruppe insgesamt. Ein reiches Bundesland wie Bayern kann die Erbschaftsteuer oder Biersteuer nicht senken oder abschaffen, auch wenn die Bayern das wohl gerne täten. Bei Steuern, deren Einnahmen ganz oder teilweise an die Länder oder Gemeinden fließen, also auch bei den großen Gemeinschaftsteuern, muss der Bundesrat zustimmen. Bei den reinen Bundessteuern, zum Beispiel dem Solidaritätszuschlag oder den speziellen Verbrauchsteuern, kann der Bundesrat nur Einspruch einlegen, der aber vom Bundestag überstimmt werden kann. Die Verwaltung der Gemeinschaftsteuern einschließlich des Solidaritätszuschlags liegt bei den Ländern, die speziellen Verbrauchsteuern und die Zölle erhebt der Bund mit seiner eigenen Finanzverwaltung.

Grundlagen der Steuertechnik

In den folgenden Abschnitten werden die Steuern im Detail behandelt. Hier werden die wichtigsten steuertechnischen Begriffe und Konzepte erläutert.

Steuerpflichtiger ist die Person, die zur Zahlung der Steuer verpflichtet ist. Es gibt *natürliche Personen*, also leibhaftige Menschen. Die Steuerpflicht beginnt mit der Geburt und nicht erst mit der Volljährigkeit. Schon ein Baby ist erbschaftsteuerpflichtig, wenn es hohe Vermögen erbt oder geschenkt bekommt, und muss dann die Vermögenserträge jährlich versteuern, Lehrlinge zahlen Lohnsteuer auf ihre Ausbildungsvergütung. Beim Besteuerungsverfahren müssen natürlich die Erziehungsberechtigten mitwirken und die Steuererklärung abgeben.

Unbeschränkt steuerpflichtig sind alle Personen mit Wohnsitz oder ständigem Aufenthalt im Inland, unabhängig von ihrer Staatsangehörigkeit. Nicht im Inland Ansässige sind *beschränkt* steuerpflichtig mit ihren inländischen Einkommen oder Vermögen.

Steuerpflichtig sind auch *juristische Personen* wie Kapitalgesellschaften, also Gesellschaften mit beschränkter Haftung (GmbH) und Aktiengesellschaften (AG), oder Vereine, Stiftungen sowie öffentliche Körperschaften und Anstalten.

Der *Steuerschuldner* ist die Person, die den steuerpflichtigen Tatbestand erfüllt, also zum Beispiel Einkommen verdient oder Waren verkauft, und den entstehenden Steuerbetrag schuldet. Bei Quellensteuern wie der Lohnsteuer oder der Kapitalertragsteuer werden die Arbeitgeber und Banken in das Besteuerungsverfahren einbezogen. Sie führen die Quellensteuer von den gezahlten Löhnen oder Kapitalerträgen für Rechnung der Arbeitnehmer oder Kapitalanleger ab und haften auch dafür.

Steuerträger ist derjenige, der letztlich mit der Steuer belastet wird, sie also wirtschaftlich trägt. Das muss nicht der Steuerpflichtige sein, der die Steuer tatsächlich zahlt. Die indirekten Steuern werden von den steuerpflichtigen Unternehmern an das Finanzamt bezahlt, sie sind durch ihre Steuertechnik aber zur Überwälzung auf die Verbraucher angelegt. Ob das vollständig gelingt, hängt von den wirtschaftlichen Verhältnissen ab, wie wir gleich sehen werden.

Das *Steuerobjekt* ist der allgemeine Steuergegenstand, der belastet werden soll, also zum Beispiel das Einkommen, der Umsatz, die Erbschaft oder der Energieverbrauch.

Die *Bemessungsgrundlage* spezifiziert und quantifiziert den Steuergegenstand, um die konkrete Steuerschuld zu berechnen. Bei der Einkommensteuer wird das zu versteuernde Einkommen aus den verschiedenen steuerpflichtigen Bruttoeinkommen und diversen Abzugsbeträgen abgeleitet. Bei der Mehrwertsteuer werden die steuerpflichtigen Umsätze sowie der Eigenverbrauch belastet, bei der Energiesteuer der Verkauf von steuerpflichtigen Energieträgern.

Bei den direkten Steuern auf Einkommen oder Vermögen oder bei der Mehrwertsteuer ist die Bemessungsgrundlage eine Wertgröße in Euro (*Wertsteuer*). Bei den speziellen Verbrauchsteuern werden zumeist physische Mengen besteuert, etwa der Liter Benzin, die Kilowattstunde Strom oder das Pfund Kaffee (*Mengensteuer*).

Der Steuertarif gibt den *Steuerbetrag* an, der auf die Bemessungsgrundlage zu entrichten ist. Im einfachsten Fall ist der Steuertarif ein einheitlicher Satz, unabhängig von der Höhe der Bemessungsgrundlage. So ist der Mehrwertsteuersatz einheitlich 19 Prozent für alle Umsätze, die dem Regelsatz unterliegen, die Benzinsteuer beträgt immer 65,45 Cent je Liter. Das nennt man *proportionalen Steuertarif* oder *Flatrate* auf Neudeutsch.

Wenn man Freibeträge einführt oder die Steuersätze mit steigender Bemessungsgrundlage anhebt, spricht man von einem *progressiven Steuertarif*. Das wird so bei der Einkommensteuer oder der Erbschaftsteuer gemacht, auch bei der Gewerbesteuer gibt es einen Freibetrag. Bei progressiven Steuertarifen ist es sinnvoll, zwischen *Grenzsteuersatz* und *Durchschnittsteuersatz* zu unterscheiden. Der Grenzsteuersatz ist die Steuerbelastung auf den letzten Euro. Er ist relevant für Entscheidungen zur Arbeitszeit oder ob man als Unternehmer noch einen Auftrag annimmt. Der Durchschnittsteuersatz ergibt sich als Verhältnis von Steuerbetrag zu Bemessungsgrundlage. Er gibt die gesamte Belastungswirkung an.

Beim *proportionalen* Steuertarif sind Grenz- und Durchschnittsteuersatz immer gleich. Beim *progressiven* Steuertarif – etwa bei der Einkommensteuer – ist der Grenzsteuersatz immer größer als der Durchschnittsteuersatz. Schon durch den steuerfreien Grundfreibetrag liegt der Durchschnittsteuersatz im Eingangsbereich des Tarifs zunächst deutlich unter dem Grenzsteuersatz. Bei konstantem Grenzsteuersatz würde der Durchschnittsteuersatz mit steigenden Einkommen schnell aufschließen, da der Anteil des Grundfreibetrags an der Bemessungsgrundlage sinkt. Das nennt man »*indirekte* Progression« bei einem proportionalen Steuertarif mit Freibetrag. Solch einen Flatrate-Einkommensteuertarif gibt es in vielen osteuropäischen Ländern, für Deutschland wurde er von Paul Kirchhof vorgeschlagen. Da aber beim deutschen Einkommensteuertarif die Grenzsteuersätze bei zunehmenden Einkommen steigen, von 14 Prozent bis 42 Prozent (45 Prozent bei sehr hohen Einkommen), bleibt die Durchschnittsbelastung weiter hinter der Grenzbelastung zurück – das nennt man »*direkte* Progression«. Erst wenn der Spitzensteuersatz erreicht ist und damit der Grenzsteuersatz konstant bleibt, schließt die Durchschnittsbelastung auf und nähert sich bei steigenden Einkommen immer stärker dem Spitzensteuersatz an.

Unterschiedliche Belastung: direkte und indirekte Steuern

Weit verbreitet ist die Einteilung in *direkte* und *indirekte* Steuern. Diese zentrale Unterscheidung der Steuern stellt auf die Steuertechnik und die beabsichtigte Belastungswirkung ab:

- *Direkte Steuern* werden im Regelfall von den Steuerpflichtigen bezahlt und nicht »überwälzt«, also nicht über die Absatzpreise an die Verbraucher weitergegeben. Sie belasten das Einkommen oder das Vermögen *direkt*. Die Einkommensteuer wird als Lohnsteuer oder Kapitalertragsteuer vom Lohn oder von den Kapitaleinkommen abgezogen. Selbstständige Unternehmer und Vermieter müssen ihre Gewinneinkommen in einer Buchhaltung ermitteln und versteuern. Auch die Erbschaftsteuer oder die früher erhobene Vermögensteuer zählen zu den direkten Steuern, da sie normalerweise nicht überwälzt werden.
- *Indirekte Steuern* sind so angelegt, dass sie bei den Unternehmen erhoben, aber von diesen auf die Absatzpreise aufgeschlagen und auf die Kunden überwälzt werden. Dadurch werden sie letztlich von den Verbrauchern gezahlt und belasten den Konsum *indirekt*. Indirekte Steuern sind die Umsatzsteuer (Mehrwertsteuer) als allgemeine Verbrauchsteuer sowie eine Reihe von Verbrauchs- und Besitzsteuern auf spezielle Güter, Leistungen und Vermögensobjekte.

Wenn man sein Einkommen spart, zahlt man keine Verbrauchsteuer, jedenfalls zunächst nicht – man zahlt sie erst, wenn man sein Vermögen abbaut, etwa im Alter. Umgekehrt ist es beim Kauf auf Kredit. Dann bezahlt man die Verbrauchsteuer direkt und muss später für Tilgung und Zinsen sparen.

Apropos Ersparnis: Einkommen minus Ersparnis ergibt den Konsum. Daher kann man eine allgemeine Verbrauchsteuer auch im Rahmen der Einkommensteuer erheben, indem man die Ersparnisse von der jährlichen Bemessungsgrundlage abzieht. Das wird so gemacht bei der Altersvorsorge: Die Beiträge an Rentenversicherungen werden als Vorsorgeaufwendungen vom steuerpflichtigen Einkommen abgezogen, die Rentenleistungen im Alter besteuert. Das nennt man »nachgelagerte« Besteuerung. Das ist sinnvoll, weil dann aus dem unversteuerten Einkommen gespart werden kann. Außerdem glättet das die Einkommensteuerbelastungen über das gesamte Leben, was bei der progressiven Besteuerung der jährlichen Einkommen sinnvoll ist.

Des Weiteren gibt es die »Verkehrsteuern«, die auf Vermögenstransaktionen erhoben werden, etwa die Grunderwerbsteuer oder die Kapitalverkehrsteuern. Deren Belastungswirkungen sind schwer einzuschätzen. Soweit die Grunderwerbsteuer langfristig auch die Mieten erhöht, wirkt sie als Verbrauchsteuer, welche die Wohnungskosten verteuert: Soweit sie Grundbesitzer trifft, ist sie eine direkte Vermögensteuer. Mit der Finanztransaktionssteuer will man vor allem die Spekulanten und Hochfrequenzhändler treffen. Soweit davon auch die normalen Kapitalanleger in geringem Umfang getroffen werden, wird sie zur breiten Steuer auf die Ersparnisse.

Warum so kompliziert? Der Steuerstaat verteilt seine Belastungen auf verschiedene Steuern, um deren Vor- und Nachteile zu optimieren. Da direkte Steuern in aller Regel nicht überwälzt werden, kann man mit dem Einkommen die individuelle wirtschaftliche Leistungsfähigkeit ziemlich genau erfassen und progressiv besteuern, also die Armen steuerfrei lassen und den Reichen höhere Steuersätze auferlegen. Ergänzend kann man hohe Vermögen oder Erbschaften und Schenkungen mit entsprechenden Steuern belasten, denn die repräsentieren ja eine zusätzliche steuerliche Leistungsfähigkeit. An ihre Grenzen gelangt die progressive Besteuerung von Einkommen oder Vermögen, wenn hohe Steuersätze wirtschaftliche Aktivitäten der Steuerpflichtigen erlahmen lassen oder zur Steuervermeidung einladen.

Nachteilig an den direkten Steuern ist auch, dass sie komplizierter zu verwalten sind als die indirekten Steuern. Es gibt 40 Millionen Privathaushalte in Deutschland, von denen drei Viertel bei der Einkommensteuer erfasst sind und die jedes Jahr steuerlich veranlagt werden müssen. Als Steuerbürger schlagen wir uns damit herum, das kostet uns Stunden und mitunter Tage. Oder wir engagieren einen Steuerberater, der Geld kostet. Um die Steuerverwaltung zu vereinfachen und auch die Steuerhinterziehung zu unterbinden, gibt es deshalb Quellensteuern im Rahmen der Einkommensteuer – das sind die Lohnsteuer und die Kapitalertragsteuern. Dabei verpflichtet der Staat die Arbeitgeber und die Banken als seine Hilfsbeamten, um diese Steuern direkt an der Einkommensquelle abzuschöpfen. Selbstständige und Vermieter erwirtschaften ihr Einkommen selbst und bekommen es von niemandem ausgezahlt. Daher müssen sie eine Buchhaltung über Erträge, Aufwand und Gewinn machen und das Finanzamt kontrolliert das ab und zu. Hier gelten mitunter das elfte und zwölfte Gebot: Man darf es nicht übertreiben mit der Schummelei, und man darf sich nicht dabei erwischen lassen. Daher sind Steuergestaltung und -hinterziehung bei diesen Einkommensarten höher.

Die indirekten Steuern sind einfacher zu verwalten. Statt den Verbrauch von Gütern und Dienstleistungen bei den 40 Millionen Privathaushalten zu ermitteln, hält man sich an die 3,6 Millionen Unternehmen. Dort erhebt man die indirekten Steuern und lässt diese über die Preise auf den Verbrauch überwälzen. Beim grenzüberschreitenden Warenverkehr werden die Importe belastet, damit sie den inländischen Gütern gleichgestellt sind, und die Exporte steuerfrei gestellt, damit sie im Bestimmungsland besteuert werden können.

Die Umsatzsteuer, die als Mehrwertsteuer alle Güter und Dienstleistungen breit belastet, ist bei der Erhebung etwas komplizierter, weil sie auch bei den vielen Kleinunternehmen erhoben werden muss und im europäischen Binnenmarkt für Steuerbetrug missbraucht wird. Günstig zu erheben sind die großen Verbrauchsteuern wie die Energiesteuer, die Tabaksteuer oder die Kaffeesteuer. Diese erzielen ein hohes Aufkommen bei wenigen steuerpflichtigen Unternehmen. Allerdings muss man den Schmuggel mit diesen Waren unterbinden, was bei Benzin und Diesel kein großes Problem darstellt, bei Zigaretten aber schon.

Als Einzelne spüren wir solche Verbrauchsteuern häufig gar nicht – solange sie nicht besonders hoch sind. Wie viel Kaffeesteuer zahlen wir auf ein Pfund Kaffee, wie viel Biersteuer für eine Flasche Bier? Bei der Benzinsteuer und Tabaksteuer ahnen die meisten, dass die Belastung ziemlich hoch ist. Bei der Mehrwertsteuer wird die Steuerbelastung auf Rechnung oder Kassenbon ausgewiesen. Wie viel Mehrwertsteuer haben Sie auf dieses Buch bezahlt, das 18 Euro für die gedruckte Ausgabe kostet, als E-Book 13,99 Euro?

Ein großer Nachteil der indirekten Steuern ist, dass man sie nicht nach den persönlichen Verhältnissen der Steuerzahler differenzieren kann. Denn der Buchhändler, der Ihnen dieses Buch verkauft hat, weiß ja nicht, ob Sie arm oder reich, alt oder jung sind, ob Sie verheiratet sind oder Kinder haben. Das Problem dabei ist, dass die indirekten Steuern häufig die armen Haushalte im Verhältnis zu ihrem niedrigen Einkommen viel höher belasten als die wohlhabenden, wie wir in Kapitel 3 sehen werden. Diesen Effekt kann der Staat mit gezielten Transfers an arme Haushalte ausgleichen. Das wird aber nur bei Haushalten gemacht, die Grundsicherungsleistungen erhalten, also Hartz IV oder die Grundsicherung im Alter. Diese Leistungen werden regelmäßig an die Preis- und Lohnentwicklung angepasst. Das hilft aber nicht den vielen armen Arbeitnehmern oder Rentnern, die knapp oberhalb der Grundsicherung liegen oder aus Scham oder Unwissenheit keine Hilfen beantragen. Man könnte noch die Steuerbelastungen nach Gütern ausdifferenzieren und Luxussteuern erheben, was aber nicht sehr zielgenau ist, kompliziert umzusetzen ist, zumeist gegen Europarecht verstößt und daher das Problem nicht löst.

Insgesamt sind daher indirekte Steuern ungerechter in der Verteilung, aber bei der Verwaltung und auch in ihren wirtschaftlichen Wirkungen günstiger. Direkte Steuern sind dagegen gerechter, aber schwieriger zu erheben und mitunter nachteiliger für die wirtschaftliche Entwicklung. Daher findet man in allen modernen Steuerstaaten eine Mischung beider Steuerarten und ihrer Komponenten. Das Mischungsverhältnis schwankt natürlich nach Ort und Zeit, entsprechend den wirtschaftlichen, politischen und ideologischen Verhältnissen.

Steuerüberwälzung: Wer bezahlt tatsächlich?

Die Überwälzungshypothesen bei direkten und indirekten Steuern entsprechen den Belastungsvorstellungen der Steuerpolitik und den Analysen der Ökonomen zur langfristigen wirtschaftlichen Belastungswirkung. Kurz- und mittelfristig muss das aber nicht so sein, wenn sich die Steuern oder die wirtschaftlichen Rahmenbedingungen ändern. So kann es den Unternehmen schwerfallen, Steuererhöhungen auf die Verbraucher zu überwälzen, wenn die Konjunktur insgesamt lahmt oder die eigene Branche gerade schlecht läuft. Dann bleiben sie auf der Steuerbelastung sitzen und müssen sie aus ihren Gewinnen zahlen, oder sie versuchen, die Steuerbelastung auf ihre Mitarbeiter oder Lieferanten zurückzuwälzen, indem sie niedrigere Löhne und Einkaufspreise fordern oder Personal abbauen und weniger Vorleistungen einkaufen. Wenn es dagegen gut läuft, können die Unternehmen die Preise stärker anheben, also neben der Weiterwälzung der Steuererhöhung gleich noch ihren Gewinn erhöhen. Auch die direkten Steuern auf die Unternehmensgewinne können so überwälzt werden, wenn der Wettbewerbsdruck nicht so stark ist und die Unternehmen einen gewissen Preissetzungsspielraum haben.

Letztlich repräsentieren die Standardüberwälzungshypothesen die langfristige wirtschaftliche Perspektive bei hinreichendem Wettbewerb. In der Realität gilt dagegen: Wer Marktmacht hat und flexibel reagieren kann, der kann die Steuern abwälzen, siehe Globalisierung, Steuerwettbewerb und Lohnzurückhaltung. Reiche, Manager und Unternehmen wurden steuerlich entlastet, und entsprechend wurden die wenig mobilen Arbeitnehmer und Mittelschichten belastet.

Wie funktioniert die Steuerüberwälzung?

»Dunkel und unergründlich sind die Wege des Herrn« schrieb einst der Apostel Paulus an die Römer. Schwer zu ergründen sind auch die Wege der Steuerbelastung, könnte man hinzufügen, wenn man sich den Erkenntnisstand zu den Steuerwirkungen anschaut.

Grundsätzlich muss man bedenken: Wenn jemand eine Steuer bezahlt, heißt das nicht, dass er sie auch wirtschaftlich trägt. Denn die Steuerpflichtigen reagieren auf die Steuerbelastung: Unternehmen können die Preise ändern, Investitionen und Arbeitsplätze anpassen oder ins Ausland gehen, Arbeitnehmer können mehr oder weniger arbeiten oder ihren Arbeitsplatz wechseln. Dadurch verändern sich dann die Einkommen, die Steuerbelastungen und damit auch die Steuereinnahmen.

In einer Marktwirtschaft mit Freizügigkeit und flexiblen Preisen hängt die tatsächliche Steuerbelastung letztlich von den wirtschaftlichen Wirkungen einschließlich der Einkommenswirkungen ab. Das nennt man materielle oder tatsächliche Steuerinzidenz, im Gegensatz zur formellen Steuerinzidenz, die sich steuertechnisch aus den Steuergesetzen ergibt.[1] Dabei kommt es auf die Stärke der Ausweichreaktionen an. Hier gilt, wie auch sonst im kapitalistischen Wirtschaftsleben: Den Langsamen beißen die Hunde – er zahlt die Steuer.

Wie gesehen sind die indirekten Steuern von ihrer Steuertechnik darauf angelegt, dass sie von den Unternehmern, bei denen sie erhoben werden, in die Absatzpreise und damit auf die Verbraucher überwälzt werden. Kurzfristig mag das bei Verbrauchsteuererhöhungen aber nicht funktionieren, wenn die Nachfrage schwach ist und die Verbraucher ausweichen können. Denn Unternehmer können ja nicht von heute auf morgen ihre Produktionskapazitäten reduzieren und anderswo investieren. Langfristig machen sie das aber, während viele Verbraucher auf das Produkt nicht verzichten können oder wollen. Daher bleibt die Steuerbelastung langfristig beim Verbraucher hängen, sie wird also von den Unternehmen auf die Verbraucher überwälzt.

Wichtig ist auch: Im einfachen Marktgleichgewicht ist es egal, ob der Anbieter oder der Nachfrager die Steuer bezahlt – die wirtschaftlichen Wirkungen und damit die Steuerbelastung sind gleich.

Bei den direkten Steuern werden zumeist Einkommen oder auch Vermögen besteuert. Hierbei hängt die Steuerbelastung von der konkreten wirtschaftlichen Situation ab oder auch von individuellen Faktoren wie Familienstand, Kinder oder Sonderausgaben. Das erschwert im Normalfall und bei hinreichendem Wettbewerb eine Steuerüberwälzung. Aber auf »unvollkommenen Märkten«, bei denen die Unternehmen oder Gewerkschaften Marktmacht und Preissetzungsspielraum haben, können auch Gewinnsteuern oder Lohnsteuern überwälzt werden.

Bei den direkten Steuern spielten in den letzten Jahrzehnten vor allem die Globalisierung und der internationale Steuerwettbewerb eine Rolle. Internationale Konzerne nutzen vielfältige Steuergestaltungsmöglichkeiten zwischen den nationalen Steuersystemen. Kleine Länder nutzen das aus, indem sie mit Steuerprivilegien Firmen und Arbeitsplätze anlocken, um so auch mit niedrigen Steuerbelastungen ein hohes Aufkommen zu erzielen. Dieser Steuerwettbewerb, manche sprechen von einem ruinösen Steuersenkungswettlauf (»race to the bottom«), hat maßgeblich dazu beigetragen, dass die Steuerbelastungen auf hohe Einkommen und auf Unternehmens- und Kapitaleinkommen in den letzten Jahrzehnten deutlich gesunken sind. Die Nationalstaaten haben darauf mit Steuersenkungen reagiert. Dagegen hilft internationale Koordination bei der Steuerbelastung und Kooperation der Steuerverwaltungen, um Steuervermeidung und Steuerflucht einzudämmen.

Einkommensteuer: Umverteilung mit angezogener Handbremse

Die Einkommensteuer ist die ertragreichste Steuer des deutschen Steuersystems. Sie erzielte mit ihren Erhebungsformen Lohnsteuer, veranlagte Einkommensteuer, nicht veranlagten Kapitalertragsteuern und Zinsabschlag Einnahmen in Höhe von 275 Milliarden Euro im Jahr 2015, das sind 9,1 Prozent des Bruttoinlandsprodukts (BIP). Sie gilt traditionell als die »beste« und »gerechteste« Steuer, als »Königin der Steuern«. Der Ökonomie-Altmeister Joseph Schumpeter lobte sie 1929 als »die reinste, technisch und juristisch schönste Gestalt des Steuergedankens überhaupt«, als »die beste Leistung und der Höhepunkt der Steuerkunst des liberalen Bürgertums«.

Das Einkommen ist ein guter Indikator für wirtschaftliche Leistungsfähigkeit (siehe Kapitel 2). Durch die personenbezogene Veranlagung kann man bei der Steuerbelastung persönliche Verhältnisse wie Alter, Familienstand, Kinder, Behinderung oder Vorsorgeaufwand für Rente, Krankenkasse et cetera berücksichtigen. Mit dem Einkommen wird nur das wirtschaftliche Ergebnis besteuert, Produktion und Handel werden hingegen nicht gestört, wie es bei manchen indirekten Steuern der Fall ist.

Der Nachteil der Einkommensteuer ist, dass man die verschiedenen Einkommen erfassen und ermitteln muss. Hier steckt der Teufel im Detail. Die verschiedenen Einkunftsarten der deutschen Einkommensteuer orientieren sich an den jeweiligen steuertechnischen Anforderungen, wobei die Konzepte teilweise schon über hundert Jahre alt sind und modernisiert werden könnten. Vertragsbestimmte Einkünfte wie Löhne, Renten, Zinsen, Dividenden und andere Gewinnausschüttungen von Unternehmen kann man leicht ermitteln und an der Quelle besteuern, also bei den leistenden Unternehmen oder auszahlenden Banken. Bei Sachleistungen (»geldwerter Vorteil«) ist das schon sehr viel schwieriger, denn diese muss man erst einmal erfassen und bewerten – man denke hier etwa an die Dienstwagenbesteuerung oder Privatentnahmen von Unternehmen.

Die Kosten zur Erwerbung der Einnahmen dürfen abgezogen werden, daher der ominöse Begriff der »Werbungskosten«. Bei den Unternehmenseinkommen spricht man von »Betriebsausgaben«. Umstritten sind dabei immer Kosten, die im Umfeld der privaten Lebensführung anfallen. Bei hohen Steuersätzen versuchen die Steuerpflichtigen gerne, private Ausgaben als Betriebsausgaben oder Werbungskosten zu deklarieren. Ebenso üblich wie umstritten sind bei Selbstständigen etwa Geschäftsessen, teure Firmenwagen oder Kunstwerke im Büro. Bei Arbeitnehmern geht es hingegen um Arbeitsmittel, Fahrtkosten oder Fortbildungskosten. So versuchte ein Fußballprofi, sein Pay-TV-Abonnement von der Steuer abzusetzen. Dieses brauche er für die Spielvorbereitung, doch damit kam er nicht durch.

Seit Langem umstritten ist die Entfernungspauschale, die mit 30 Cent je Kilometer Entfernung zwischen Wohn- und Arbeitsort die Fahrtkosten abgilt. Hier kann man argumentieren, dass es Privatsache ist, wo man wohnt und wie weit man zur Arbeit pendelt – die Arbeit beginnt erst am Werkstor. Dieses »Werkstorprinzip« gilt etwa in den USA, Kanada oder Großbritannien, wo keine Fahrtkosten geltend gemacht werden können. Aber um Geld zu verdienen und darauf Steuern zu zahlen, muss man zur Arbeit kommen, insoweit mindern die Fahrtkosten den effektiven Ertrag aus der Erwerbstätigkeit.

Bei der Abgrenzung spielen auch Ideologien und Wertewandel eine Rolle. Früher, als sich die Frauen noch um Heim und Herd kümmern sollten, waren beispielsweise erwerbsbedingte Kinderbetreuungskosten kein Thema. Bis 2002 konnten Bestechungsgelder steuerlich abgesetzt werden, die gerne dezent als »nützliche Aufwendungen« (»N. A.«) verbucht wurden. Seit auch private Bestechung strafbar wurde, werden sie steuerlich nicht mehr anerkannt.

Was können Normalbürger bei der Einkommensteuererklärung machen?

Im Vergleich zu Selbstständigen, Vermietern oder Wohlhabenden mit hohen Vermögenseinkommen können Arbeitnehmer oder Rentner nicht so viel bei ihrer Steuererklärung tun. Aber auch für sie gibt es Abzugsmöglichkeiten bei höheren Werbungskosten, Sonderausgaben oder außergewöhnlichen Belastungen. Viele Normalbürger beschäftigen sich nicht damit und schenken so dem Finanzamt viel Geld.

Natürlich nervt die jährliche Einkommensteuererklärung. Wer hier kein Risiko eingehen will, sollte zum Steuerberater oder zur Lohnsteuerhilfe gehen. Aber auch das kostet Zeit und Geld. Wer sich das sparen will, sollte die einschlägige Beratungsliteratur anschauen oder im Internet recherchieren. Zum Beispiel gibt das gemeinnützige Verbraucherportal Finanztip.de hierzu viele Hinweise. Ohne Gewähr und Anspruch auf Vollständigkeit finden Sie hier wichtige Punkte, auf die Sie achten sollten:

- *Fahrtkosten* für den Weg zur Arbeit, abzusetzen entweder über die Entfernungspauschale, indem man die Fahrtstrecke zur Arbeit angibt, oder die konkreten Kosten für öffentliche Verkehrsmittel
- *Arbeitsmittel* wie Berufskleidung, Werkzeuge, Fachliteratur, Bürobedarf und anderes mehr
- *Beratungshonorare,* etwa für Rechtsberatung zum Arbeitsvertrag oder zur Rente oder für Personal- und Kommunikationsberatung
- *Mitgliedsbeiträge* für Kammern, Wirtschaftsverbände und berufsständische Organisationen oder Gewerkschaften
- *Arbeitszimmer,* das heißt anteilige Wohnungskosten plus Büroausstattung, sofern der Arbeitgeber keinen Arbeitsplatz zur Verfügung stellt
- *Umzugskosten*, wenn sich die tägliche Fahrtzeit um mindestens eine Stunde verkürzt
- *Doppelte Haushaltsführung* für die Kosten einer Zweitwohnung am Arbeitsort – sofern sich der Lebensmittelpunkt am Ort der Hauptwohnung befindet, die Wohnung am Arbeitsort tatsächlich für Übernachtungen genutzt wird und sich dadurch die tägliche Fahrtzeit um mindestens eine Stunde verkürzt
- *Reisekosten* bei Dienstreisen für Fahrt, Unterkunft und Verpflegungsmehraufwand, soweit sie vom Arbeitgeber oder Auftraggeber nicht ersetzt werden
- *Aus- und Fortbildungskosten* für Weiterbildungen bis hin zu Zweitstudium oder Promotion oder Wiedereinstiegskosten nach einer Auszeit oder Umschulungen in einem ausgeübten Beruf; Ausbildungskosten für einen erstmaligen Berufsabschluss können dagegen nur begrenzt als Sonderausgaben abgezogen werden

- *Vorsorgeaufwendungen* für Rente inklusive Riester-Rente, Krankheit, Arbeitslosigkeit, Pflege, Erwerbs- und Berufsunfähigkeit, Unfall, Haftpflicht oder Todesfall
- *Unterhaltszahlungen* an geschiedene oder dauernd getrennt lebenden Ehe- oder Lebenspartner – sofern der Partner einverstanden ist und die Unterhaltszahlung versteuert (»Realsplitting«)
- *Kinder* für den Kinderfreibetrag
- *Kinderbetreuungskosten* wie Kosten für Betreuungseinrichtungen, Tagesmütter oder Haushaltshilfen, nicht aber Kosten für Unterricht und Freizeit wie Nachhilfe, Musikunterricht oder Sportverein für Kinder bis 13 Jahre beziehungsweise schwerbehinderte Kinder ohne Altersgrenze
- *Sonstige Sonderausgaben* wie Spenden und Beiträge für gemeinnützige Organisationen, Religionsgemeinschaften oder politische Parteien und Wählervereinigungen sowie Kirchensteuer oder Schulgeld für staatlich anerkannte Privatschulen
- *Außergewöhnliche Belastungen* wie Kosten für Krankheit und Pflege, für Schwangerschaft und Geburt, für Schäden an Haus und Wohnung bei Naturereignissen, soweit sie nicht versichert sind, ferner Beerdigungskosten von nahen Verwandten, wenn sie nicht durch das Erbe gedeckt sind, Unterhaltsleistungen an Angehörige und Pauschalbeträge für Behinderte
- *Haushaltsnahe Dienstleistungen* für Reinigung, Gartenpflege, Kinder- und Altenbetreuung sowie Renovierungs-, Erhaltungs- und Modernisierungsmaßnahmen an der Wohnung und an Haushaltsgeräten

Ehe- und Lebenspartner sollten bei besonderen Konstellationen die Einzelveranlagung wählen. Das kann günstiger sein, wenn ein Partner im Veranlagungsjahr höhere Lohnersatzleistungen wie Arbeitslosengeld oder Elterngeld bezogen hat oder andere Einkünfte hat, die dem Progressionsvorbehalt unterliegen, zum Beispiel Auslandseinkünfte. Bei der Einzelveranlagung werden beide Partner wie Ledige veranlagt, die Vorteile des Ehegattensplittings fallen weg. Ob das wirklich günstiger ist, sollte man mit einer Steuersoftware prüfen, beim Finanzamt erfragen oder einen Steuerberater konsultieren.

Arbeitnehmer mit Lohnsteuerkarte müssen keine Einkommensteuererklärung abgeben, wenn sie nicht mehrere Arbeitsverhältnisse haben, keine höheren Abzüge auf der Lohnsteuerkarte eingetragen, keine besondere Steuerklassenkombination mit dem Partner (III/V oder IV mit Faktor) und sonst keine steuerpflichtigen Einkünfte oder Lohnersatzleistungen bezogen haben – das Finanzamt meldet sich dann auch nicht. Einige der oben aufgelisteten Punkte betreffen aber die meisten Arbeitnehmer, sodass sie ohne Steuererklärung dem Finanzamt Geld schenken. Außerdem müssen Arbeitgeber mit wenigen Beschäftigten zum Jahresende keinen automatischen Lohnsteuerjahresausgleich machen, mit dem die Lohnsteuer aufs gesamte Jahr gerechnet und dem Arbeitnehmer zu viel gezahlte Lohnsteuer erstattet wird.

Besonders kompliziert wird es bei Auslandseinkünften. Dann sind neben dem normalen Steuerrecht auch internationale Steuerregelungen wie Doppelbesteuerungsabkommen zu beachten. Dazu sollte man sich genau informieren oder zum Steuerberater gehen.

Immerhin ermöglichen die Finanzämter inzwischen eine elektronische Steuererklärung über ElsterOnline. Die erleichtert das nervige Ausfüllen der komplizierten Formulare und macht den Postversand überflüssig. Die Steuererklärung vom letzten Jahr lässt sich wieder aufrufen und als Vorlage nutzen. Vor allem kann man die an die Finanzämter gemeldeten Informationen abrufen und direkt in die Steuererklärung übernehmen, insbesondere die Lohnsteuerbescheinigungen oder die Bescheinigungen über Renten, Kranken- und Pflegeversicherungsbeiträge, Riester- und Rürup-Renten oder Lohnersatzleistungen. Einer vorausgefüllten Steuererklärung, wie sie seit Jahrzehnten diskutiert wird, kommt das schon ziemlich nahe. Man kann auch kommerzielle Steuer-Software nutzen – diese sind meist etwas bequemer und geben zusätzlich Spartipps, kosten aber Geld.

Die Angaben in der Steuererklärung muss jeder natürlich genau überprüfen. Vor allem darf man unbedingt nichts zu seinen Ungunsten vergessen. Denn der Steuerbescheid wird normalerweise einen Monat nach Zugang bestandskräftig, sofern man keinen Einspruch einlegt. Danach ändert das Finanzamt die Steuerbescheide nicht mehr zu Gunsten der Steuerpflichtigen. Bei größeren Posten und höheren Steuersätzen kann man so dem Finanzamt schnell vierstellige Beträge schenken. Anders als im Geschäftsleben gibt es hier keine Kulanz.

Wenn man sich dagegen zu seinen Gunsten vertan hat oder Einkünfte vergessen hat, ändert das Finanzamt noch nach zehn Jahren die Steuerbescheide und kassiert die höhere Steuer, wenn es dem auf die Schliche kommt. Und wer dabei zu bewusst etwas »vergessen« oder zu viel abgezogen hat, kann wegen Steuerhinterziehung oder leichtfertiger Steuerverkürzung bestraft werden.

»Diejenigen Ausreden, in denen gesagt wird, warum die AG keine Steuern bezahlen kann, werden in einer sogenannten Bilanz zusammengestellt«, lästerte Kurt Tucholsky schon 1931. Die Gewinne der Unternehmen und Selbstständigen werden über eine Buchhaltung ermittelt, die Steuerpflichtige führen müssen. Da gibt es viele Gestaltungsmöglichkeiten – vom Kleinunternehmer, der »ohne Rechnung« arbeitet, bis zu den internationalen Steuertricks der Großkonzerne. Entsprechend aufwendig sind Prüfungen der Finanzbehörden. Im Rahmen der Gewinn- und Verlustrechnung werden Ertrag und Aufwand gegenübergestellt. Dabei müssen Investitionen durch Abschreibungen über die Zeit verteilt werden, was ganz schön kompliziert sein kann, Rückstellungen nehmen zukünftigen Aufwand vorweg, Rechnungsabgrenzungsposten korrigieren Zahlungen jenseits des Abrechnungsjahrs. Für Freiberufler und Landwirte gibt es besondere Vorschriften, die das Steuerleben etwas vereinfachen, und auch die Vermietungseinkünfte werden mit einer einfachen Überschussrechnung festgestellt. Verluste in einem Jahr können mit Gewinnen in anderen Jahren ausgeglichen werden, ebenso Gewinne aus der einen

Einkunftsquelle mit Verlusten aus der anderen. Steuerpflichtig sind auch Veräußerungsgewinne und -verluste bei Grundstücken, Aktien oder Unternehmen, wobei es Fristen gibt.

Wenn die verschiedenen Einkommen festgestellt sind, werden sie zusammengefasst, verschiedene persönliche Abzüge berücksichtigt und das verbleibende Einkommen mit einem einheitlichen Steuertarif belastet. Abgezogen werden dürfen Vorsorgeaufwendungen für Alter, Krankheit und Arbeitslosigkeit, im Gegenzug muss man die Renten später versteuern. Ebenso ist es bei Unterhaltsleistungen an den verflossenen Partner, die dieser versteuern muss. Als weitere Sonderausgaben kann man Kirchensteuer, Ausbildungskosten, Kinderbetreuungskosten, Schulgeld oder Spenden und Beiträge abziehen (Kasten). Daneben werden außergewöhnliche Belastungen anerkannt, etwa hohe Kosten für Krankheit, Scheidung, Schwangerschaft und Geburt, die von keiner Versicherung übernommen werden. Behinderte können Pauschalbeträge abziehen, die nach dem Grad der Behinderung gestaffelt sind.

Ferner gibt es einen Kinderfreibetrag: Im Rahmen des steuerlichen Familienleistungsausgleichs wird dessen Steuerersparnis mit dem Kindergeld verrechnet. Bei höheren Steuersätzen ist der Kinderfreibetrag günstiger, sodass er eine zusätzliche Steuerentlastung bringt. Das wird seit Langem kritisiert, weil damit die Kinder der Reichen mit den höheren Steuersätzen mehr »wert« sind als die Kinder der Armen, die keine oder nur geringe Steuer zahlen. Allerdings ist die progressive Abzugswirkung Konsequenz des progressiven Steuertarifs. Höhere Werbungskosten oder Sonderausgaben entlasten Reiche ebenfalls stärker als Arme.

Das resultierende »zu versteuernde Einkommen« wird dann progressiv besteuert, das heißt, die Steuerbelastung steigt mit höherem Einkommen. Der Grundfreibetrag soll das Existenzminimum steuerfrei lassen, er liegt 2016 bei 8652 Euro im Jahr. Bei höheren Einkommen steigt der *Grenzsteuersatz* stark an (Abbildung 2), also der Steuersatz, der auf den nächsten steuerpflichtigen Euro fällig wird: Schon bei knapp 14000 Euro des zu versteuernden Einkommens erreicht er 24 Prozent. Da gibt es beim Übergang in die zweite Progressionszone des Steuertarifs einen Knick, ab dem der Grenzsteuersatz langsamer ansteigt, bis er bei 54000 Euro den ersten Spitzensteuersatz von 42 Prozent erreicht. Der *Durchschnittssteuersatz*, also die gesamte Steuerbelastung bezogen auf das gesamte zu versteuernde Einkommen, steigt ebenfalls steil an, liegt aber immer unter dem Grenzsteuersatz, da sich hier der Grundfreibetrag und die niedrigeren Grenzsteuersätze für die niedrigen Einkommen bemerkbar machen. Erst bei sehr hohen Einkommen nähert er sich dem Spitzensteuersatz immer weiter an. Für Einkommen ab 254400 Euro steigt der Spitzensteuersatz auf 45 Prozent, das ist der sogenannte »Reichensteuerzuschlag«.

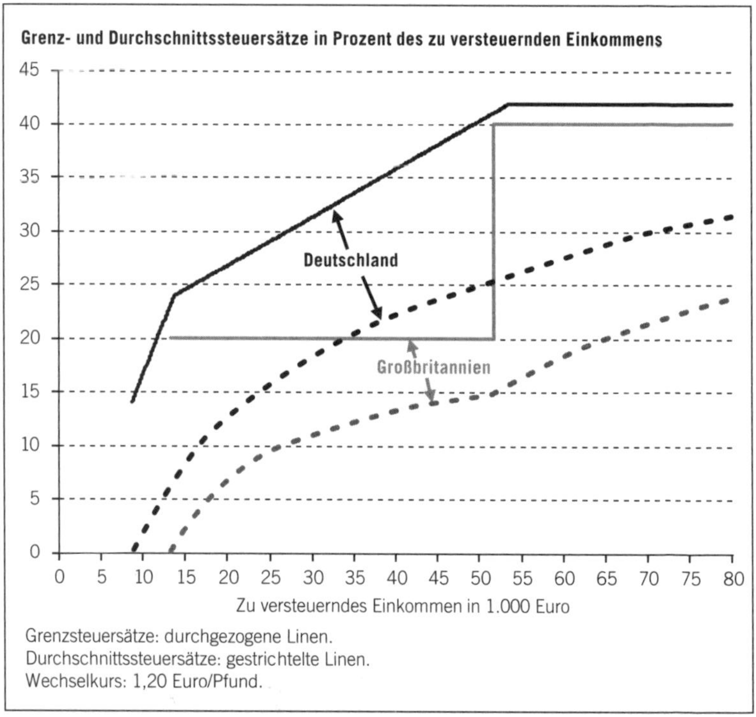

Abbildung 2: Einkommensteuertarife in Deutschland und Großbritannien 2016

Die meisten Steuerpflichtigen liegen mit ihren steuerpflichtigen Einkommen zwischen 10000 und 30000 Euro. In diesem Bereich sind die Grenzsteuersätze schon ziemlich hoch. Diese geben die Belastung des Mehrverdiensts an und sind relevant für wirtschaftliche Entscheidungen, zum Beispiel für die Aufnahme von Erwerbsarbeit, Veränderungen des Arbeitszeitumfangs oder einen Jobwechsel. Außerdem verstärkt das die »kalte Progression«, also die Belastungen von Einkommenszuwächsen, auch wenn die nur die Inflation ausgleichen. Die Durchschnittsbelastungen sind dagegen noch moderat durch den Grundfreibetrag. Diese geben die gesamte Belastungswirkung an, sie messen, wie viel die Steuerpflichtigen von ihrem Einkommen abgeben müssen. Der schnelle Anstieg der Grenzsteuersätze bis zum »Knick« wird auch als »Mittelstandsbauch« bezeichnet. Der belastet natürlich nicht so sehr die mittelständischen Unternehmer, die meistens deutlich mehr verdienen, sondern die Mittelschichten. Den Bauch abzumagern kostet aber hohe Steuermindereinnahmen, da alle Einkommensteuerzahler davon profitieren (dazu ausführlich Kapitel 4).

Die deutsche Tarifformel mit den linear steigenden Grenzsteuersätzen ist international ziemlich skurril, denn dahinter stehen kompliziertere mathematische Formeln. International üblich sind dagegen Stufentarife, deren Grenzsteuersätze wie eine Treppe aussehen. Es gelten also über mehrere Stufen steigende Grenzsteuersätze, die über ihr jeweiliges Einkommensintervall konstant bleiben. Zum Beispiel gilt in Großbritannien ab dem Grundfreibetrag von 11 000 Pfund (13 200 Euro) ein Grenzsteuersatz von 20 Prozent bis zu einem steuerpflichtigen Einkommen von 43 000 Pfund (51 600 Euro), dann 40 Prozent bis zu einem steuerpflichtigen Einkommen von 150 000 Pfund (180 000 Euro) und für höhere Einkommen 45 Prozent (Abbildung 2).

Mathematik des Einkommensteuertarifs

Hier ein kleiner Exkurs für die Freunde der Mathematik: Die linear steigenden Grenzsteuersätze im Progressionsbereich des deutschen Einkommensteuertarifs bedeuten, dass deren Stammfunktion quadratisch ist, also die eigentliche Steuerbetragsfunktion. Tatsächlich stehen entsprechende quadratische Gleichungen für die beiden Progressionszonen im Einkommensteuergesetz:

§ 32 a Einkommensteuertarif
(1) Die tarifliche Einkommensteuer im Veranlagungszeitraum 2016 bemisst sich nach dem zu versteuernden Einkommen. Sie beträgt vorbehaltlich der §§ 32b, 32d, 34, 34a, 34b und 34c jeweils in Euro für zu versteuernde Einkommen
1. bis 8652 Euro (Grundfreibetrag): 0;
*2. von 8653 Euro bis 13669 Euro: (993,62 * y + 1 400) * y;*
*3. von 13670 Euro bis 53665 Euro: (225,40 * z + 2397) * z + 952,48;*
*4. von 53666 Euro bis 254446 Euro: 0,42 * x – 8394,14;*
*5. von 254447 Euro an: 0,45 * x – 16027,52.*
Die Größe »y« ist ein Zehntausendstel des den Grundfreibetrag übersteigenden Teils des auf einen vollen Euro-Betrag abgerundeten zu versteuernden Einkommens. Die Größe »z« ist ein Zehntausendstel des 13669 Euro übersteigenden Teils des auf einen vollen Euro-Betrag abgerundeten zu versteuernden Einkommens. Die Größe »x« ist das auf einen vollen Euro-Betrag abgerundete zu versteuernde Einkommen. Der sich ergebende Steuerbetrag ist auf den nächsten vollen Euro-Betrag abzurunden.

Für die beiden Progressionszonen 2 und 3 geben die quadratischen Koeffizienten die jeweilige Steigung der Grenzsteuersätze an, die linearen Koeffizienten den jeweiligen Grenzsteuersatz am Beginn der Tarifzonen und die Konstante in Zone 3 die Steuerbelastung am Beginn der Tarifzone.

Bereits seit 1958 verwendet Deutschland solche Formeltarife, zeitweise verliefen die Grenzsteuersätze sogar über mehrere Progressionszonen konkav steigend, das heißt, sie stiegen zunächst stärker und dann schwächer an (»Mittelschichtbauch«), die zugrunde liegende Steuerbetragsfunktion war also kubisch.

Finanzbeamte, Steuerberater und Steuerjuristen müssen also in Mathe aufgepasst haben, wenn sie die Formel des Einkommensteuertarifs im Detail nachvollziehen wollen. »Juristen können nicht rechnen«, lautet ein alter Kalauer, in Verballhornung des römischen Rechtsgrundsatzes: »Iudex non calculat« – der Richter rechnet nicht, er wägt die Argumente ab und zählt sie nicht einfach zusammen. Na ja, zum Rechnen gibt es heute den Computer, früher gab es zum Steuertarif lange Tabellen.

Da ein Stufentarif leichter zu verstehen ist, wird er auch für Deutschland immer wieder gefordert. Aber bei einem Stufenmodell mit nur wenigen Sätzen sind die Tarifsprünge recht groß, siehe den Steuertarif in Großbritannien. Und die Steuermindereinnahmen wären bei uns hoch, wenn man in der Einstiegszone wie in Großbritannien besteuern würde. Baut man die deutsche Tarifformel mit ganz vielen kleinen Stufen nach, dann ist es genauso unübersichtlich wie heute. In jedem Fall sollte das Finanzamt im Steuerbescheid den aktuellen Grenz- und Durchschnittssteuersatz angeben, wie das bei manchen Steuerberechnungsprogrammen gemacht wird.

Günstig ist in Deutschland das Splittingverfahren, nach dem zusammen veranlagte Ehepaare und Lebenspartnerschaften besteuert werden. Das gibt es in Großbritannien nicht – dort versteuert jeder Partner sein eigenes Einkommen. Auch viele Abzüge vom steuerpflichtigen Einkommen wie den Kinderfreibetrag oder die Entfernungspauschale für die Arbeitswege gibt es in Großbritannien nicht. Daher sind die gesamten Einkommensteuerbelastungen dort nicht viel niedriger als bei uns, vor allem nicht für Familien.[2]

Wie wirkt das Ehegattensplitting?

Ehepartner oder Lebenspartner werden normalerweise zusammen veranlagt und füllen gemeinsam die Steuererklärung aus. Dabei können sie positive und negative Einkünfte gegenseitig ausgleichen, wenn beispielsweise ein Partner als Selbstständiger gerade Verluste macht, während der andere Arbeitseinkommen bezieht. Abzugsbeträge müssen nicht aufgeteilt werden.

Für die Steuerberechnung gilt das »Splittingverfahren«: Das gesamte gemeinsame zu versteuernde Einkommen beider Partner wird halbiert, die darauf entfallende Einkommensteuer nach dem Steuertarif berechnet und anschließend verdoppelt. Es wird also immer so getan, als ob beide Partner genau die Hälfte des gemeinsamen Einkommens verdienen. Dadurch ist die Steuerschuld des Paars unabhängig von der tatsächlichen Verteilung der Einkommen auf beide Partner.

Durch den progressiven Steuertarif entsteht ein Steuervorteil gegenüber unverheirateten Paaren mit gleichen Einkommensverhältnissen. Der Grund dafür liegt zum einen darin, dass durch das Splittingsystem immer zwei Grundfreibeträge berücksichtigt werden, auch wenn ein Partner keine steuerpflichtigen Einkünfte erzielt. Zum anderen wird durch die rechnerische hälftige Aufteilung des gemeinsamen Einkommens die Tarifprogression der Einkommensteuer gemildert. Der Splittingvorteil ist umso größer, je höher das gemeinsame Einkommen und je größer die Differenz zwischen den individuellen Einkommen der Partner ist. Der maximale Splittingvorteil liegt bei 16000 Euro im Jahr, wenn ein Partner mehr als 510000 Euro versteuert und der andere nichts. Aber auch bei Einkommen über 108000 Euro liegt der Vorteil schon bei 8400 Euro im Jahr, wenn nur einer verdient.

Der Splittingvorteil nimmt rasch ab, wenn sich die Einkommen der Partner angleichen, und er verschwindet, wenn beide Partner das gleiche Einkommen erzielen. Daher profitieren vor allem die klassischen Hausfrauenehen vom Splittingverfahren. Bei nebenverdienenden Partnern, meist Frauen, ist der absolute Vorteil zwar nur noch klein, zugleich hat der Partner mit dem niedrigen Einkommen aber den höheren gemeinsamen Grenzsteuersatz. Gerade im Eingangsbereich des Steuertarifs steigen die Grenzsteuersätze sehr schnell an (Abbildung 2), sodass nebenverdienende Ehefrauen deutlich niedrigere Grenzsteuerbelastungen hätten, wenn sie ihr Einkommen alleine versteuern würden. Daher gilt das Ehegattensplitting als Bremse für eine stärkere Erwerbstätigkeit von verheirateten Frauen mit Kindern.[3]

Leben die Partner getrennt, ist keine gemeinsame Veranlagung möglich, auch wenn die Ehe oder Lebenspartnerschaft noch nicht geschieden ist. Ferner können die Partner die Einzelveranlagung wählen. Dies ist bei besonderen Konstellationen sinnvoll, etwa wenn ein Partner Lohnersatzleistungen wie Arbeitslosengeld oder Elterngeld bezogen hat oder andere Einkünfte hat, die dem Progressionsvorbehalt unterliegen.

Nicht zu vergessen ist der Solidaritätszuschlag, kurz »Soli« genannt. Der wird als Zuschlag in Höhe von 5,5 Prozent auf die Einkommen- und Körperschaftsteuerbelastung erhoben. Dadurch steigen alle Grenz- und Durchschnittsteuersätze in Abbildung 2 um 5,5 Prozent, nicht um 5,5 Prozentpunkte. Der erste Spitzensteuersatz von 42 Prozent erhöht sich also auf 44,3 Prozent, der »Reichensteuersatz« von 45 Prozent steigt auf 47,5 Prozent.

Der Solidaritätszuschlag wurde Anfang der 1990er Jahre zeitweise eingeführt und ab 1995 dauerhaft erhoben, um die Kosten der deutschen Einheit zu finanzieren. Da die inzwischen schon lange zurückliegt, wird regelmäßig über die Abschaffung des »Solis« diskutiert – doch das würde Steuerausfälle von 16 Milliarden Euro bedeuten. Daher müsste der Zuschlag wohl teilweise in den Einkommensteuertarif eingearbeitet werden.

Auch die Kirchensteuer wird als Zuschlag auf die Einkommensteuer erhoben. Sie ist natürlich keine richtige Steuer, denn sie wird nur von Mitgliedern dazu berechtigter Religionsgemeinschaften erhoben (siehe Kapitel 4). Hier unterstützt der Steuerstaat die Kirchen und profitiert selbst davon, da er für den Steuereinzug mit einem kleinen Teil des Aufkommens entlohnt wird.

Auf dem Papier ist der Einkommensteuertarif also deutlich progressiv. Die Grenzsteuersätze liegen schon für gehobene Mittelschichtbürger schnell bei 40 Prozent, und bei sehr hohen Einkommen, etwa von Managern oder gut verdienenden Freiberuflern, liegt auch die Durchschnittsbelastung über 40 Prozent. Allerdings sind die Abzugsmöglichkeiten von der Bemessungsgrundlage recht günstig in Deutschland und die Kontrollen der Finanzämter zumeist nicht besonders intensiv. Und vor allem muss man berücksichtigen, dass ein großer Teil der hohen Einkommen kaum noch mit dem individuellen progressiven Einkommensteuersatz belastet werden, da sie als Unternehmenseinkommen oder Kapitaleinkommen deutlich begünstigt werden, wie wir im nächsten Abschnitt sehen werden. Daher ist die effektive Umverteilung durch die progressive Einkommensteuer geringer, wie auch die Analysen zur Steuerlastverteilung zeigen (siehe Kapitel 3).

Unternehmens- und Kapitaleinkommen: Begünstigung durch duale Einkommensteuer

Wie werden die Selbstständigen- und Unternehmenseinkommen besteuert? Hier geht es um ein breites Spektrum von Einkommen: kleine Einkünfte aus selbstständigen Nebentätigkeiten, Einkünfte von selbstständigen Gewerbetreibenden, Handwerkern, Freiberuflern oder Landwirten, Gewinne und Dividenden aus Unternehmensbeteiligungen bis hin zu Großunternehmen und Konzernen, die als Kapitalgesellschaft geführt werden. Die Idee der Einkommensteuer ist es ja, alle Einkommen zusammenzufassen und nach persönlichen Abzugsbeträgen mit dem progressiven Steuertarif zu belasten. Dabei müsste man eigentlich sämtliche Unternehmens- und Kapitaleinkommen einbeziehen – vom schmalen Gewinn des Dönerbudenbesitzers bis zu den Dividenden in dreistelliger Millionenhöhe, die Deutschlands Superreiche einstreichen. Aus steuertechnischen und steuerpolitischen Gründen wird das jedoch nicht getan.

Selbstständigeneinkünfte aus eigenen Betrieben, den »Einzelunternehmen«, werden bei der Einkommensteuer erfasst. In der Regel sind das »Einkünfte aus Gewerbebetrieb«. Landwirte haben eine eigene Einkunftsart, ebenso die Freiberufler, also Ärzte, Rechtsanwälte, Steuerberater, Journalisten oder Künstler. Auch Arbeitnehmer, die nebenbei freelancen, müssen ihre Einkünfte so versteuern. Vermieter haben ihre eigene Einkunftsart – »Einkünfte aus Vermietung und Verpachtung«. Für Personengesellschaften wiederum werden die Gewinne zunächst für die Firma festgestellt, auf die Gesellschafter verteilt und dann bei deren persönlicher Einkommensteuer berücksichtigt.

Bei größeren Unternehmen, die fast immer als Kapitalgesellschaft organisiert sind, kann man aber nicht die gesamten Gewinne bei den Anteilseignern besteuern. Denn vor allem bei den großen Aktiengesellschaften, die an der Börse notiert sind, wäre es viel zu kompliziert, die Gewinne den vielen und wechselnden Teilhabern zuzurechnen, zumal diese manchmal auch anonym bleiben wollen oder im Ausland sitzen. Daher gibt es die Körperschaftsteuer als Einkommensteuer der juristischen Personen. Der unterliegen nicht nur die Kapitalgesellschaften, also Gesellschaften mit beschränkter Haftung (GmbH) und Aktiengesellschaften (AG), sondern auch Vereine, Stiftungen oder öffentliche Anstalten und Körperschaften, die mit ihren unternehmerischen Tätigkeiten ebenfalls körperschaftsteuerpflichtig sind.

Die Körperschaftsteuer belastet den Gewinn zunächst auf Unternehmensebene, unabhängig von den persönlichen Verhältnissen der Teilhaber. Dann stellt sich aber die Frage, wie die Gewinnausschüttungen bei den Teilhabern besteuert werden, denn eine volle Besteuerung würde sie doppelt belasten. Daher gibt es in den meisten Ländern Steuerermäßigungen beim Teilhaber: Entweder setzt man niedrigere Steuersätze an, wie in Deutschland mit der Abgeltungsteuer von 25 Prozent, oder man lässt die Ausschüttung teilweise steuerfrei, wie es in Deutschland bis 2008 mit dem »Halbeinkünfteverfahren« gemacht wurde.

Bis 2001 wurde in Deutschland die Körperschaftsteuer auf die Einkommensteuer angerechnet. Dadurch war sie weitgehend in die persönliche Einkommensteuer integriert, sozusagen als Vorauszahlung. Maßgeblich waren die persönlichen Einkommensverhältnisse mit dem individuellen Steuersatz: War dieser niedrig oder null, bekam man die Körperschaftsteuer vergütet. Aber dieses grundsätzlich sinnvolle Anrechnungsverfahren war auf den internationalisierten Finanzmärkten nicht mehr durchzuhalten. Da es keine Anrechnung ausländischer Körperschaftsteuer gab, wurden Auslandsbeteiligungen benachteiligt, und das verstieß gegen europäisches Recht.

Der Körperschaftsteuersatz wurde in Deutschland 2008 auf 15 Prozent gesenkt. Das ist international ziemlich niedrig, liegt aber an der kommunalen Gewerbesteuer: Diese belastet die gewerblichen Gewinne zusätzlich mit durchschnittlich 14 Prozent, abhängig vom Steuersatz in der jeweiligen Gemeinde. Zusammen mit dem Solidaritätszuschlag auf die Körperschaftsteuer ergibt sich damit eine tarifliche Gesamtbelastung der Gewinne von Kapitalgesellschaften in Höhe von 30 Prozent (Abbildung 3). Damit ist Deutschland im internationalen Steuerwettbewerb halbwegs konkurrenzfähig.

Gewerbesteuer: zusätzliche Gewinnsteuer der Gemeinden

Die Gewerbesteuer ist eine kommunale Unternehmensteuer für Gewerbebetriebe, die jährlich Einnahmen von 45 Milliarden Euro erzielt. Nicht gewerbesteuerpflichtig sind Landwirte, Freiberufler oder private Wohnungsvermieter. Die historische Idee der Gewerbesteuer ist, die Unternehmen vor Ort zu belasten, die von der kommunalen Infrastruktur profitieren. Ursprünglich wurden nicht nur die Gewinne, sondern auch Zinsen, Löhne und Gewerbekapital besteuert. Heute werden nur noch Teile der Zinsen hinzugerechnet, sodass die Gewinne mehr als 90 Prozent der Bemessungsgrundlage ausmachen. Einzelunternehmen und Personengesellschaften werden durch einen Freibetrag von 24 500 Euro entlastet.

Die Gemeinden dürfen mit ihrem Hebesatz die Steuerbelastung variieren. Dazu wird die Bemessungsgrundlage bei Unternehmen mit Betrieben in verschiedenen Kommunen aufgeteilt. Die durchschnittliche Tarifbelastung liegt bei 14 Prozent bezogen auf den Gewinn. In kleinen ländlichen Gemeinden liegt sie aber deutlich niedriger, teilweise nur bei 7 bis 8 Prozent, in wirtschaftsstarken Ballungsräumen dagegen deutlich höher, etwa in München bei 17,2 Prozent, in Frankfurt am Main bei 16,1 Prozent und in Hamburg bei 16,5 Prozent.

Die große Bedeutung der Gewerbesteuer für die Kommunalfinanzen wird seit Langem beklagt. Dadurch hängen die Einnahmen der Gemeinden stark von schwankenden Unternehmensgewinnen weniger größerer Unternehmen ab. Wirtschaftsschwache Kommunen haben nur geringe Steuereinnahmen und müssen durch den Finanzausgleich gestützt werden. Die Steuerpolitik hat aber bisher nicht die Kraft gefunden, die Gewerbesteuer grundlegend zu reformieren oder abzuschaffen und den Gemeinden andere Steuerquellen zu geben (siehe Kapitel 4).

Skurril ist die Unterscheidung zwischen steuerpflichtigem Gewerbe einerseits und Freiberuflern, Landwirten und Vermietern andererseits, die gewerbesteuerfrei bleiben. Damit haben sich alte wirtschafts- und steuerpolitische Traditionen bis in unsere Tage erhalten: Hier die kapital-, infrastruktur- und umweltintensive »materielle Produktion«, dort die »Geistesberufe«, die bodenverbundene Naturproduktion und die private Vermögensverwaltung. Daraus ergeben sich Abgrenzungsprobleme, die zum Teil realsatirisch anmuten. Während beispielsweise der Viehkastrierer gewerbesteuerpflichtig ist, ist der Tierarzt Freiberufler. Der Fotograf ist gewerblich, der Bildberichterstatter freiberuflich. Tierhaltung und Tierzucht sind gewerblich, sofern keine entsprechenden Flächen bewirtschaftet werden, ansonsten Landwirtschaft. Vermietung ist nicht gewerblich, Beherbergung und Hotellerie hingegen schon. Und wer zeitnah mehrere Immobilien kauft und verkauft, gilt auch als gewerblich.

Die Anrechnung der Gewerbesteuer auf die Einkommensteuer hat die effektive Belastung mit Gewerbesteuer bei Personenunternehmen deutlich reduziert. Das hat auch die Bedeutung der Abgrenzungsfragen gemindert. Allerdings ist es steuersystematisch und verwaltungstechnisch wenig sinnvoll, zunächst die Gewerbesteuer auf der kommunalen Ebene zu erheben und sie dann vollständig oder weitgehend auf die Einkommensteuer anzurechnen.

Diese Belastung durch die eben genannten Steuern gilt aber nur, solange die Gewinne im Unternehmen einbehalten werden (»Thesaurierung«). Werden sie ausgeschüttet, kommt Abgeltungsteuer mit 25 Prozent plus Soli obendrauf. Dann liegt die Gesamtbelastung mit über 48 Prozent deutlich höher als bei der Spitzenbelastung der Einkommensteuer einschließlich »Reichensteuerzuschlag«. Und diese Belastung ist unabhängig vom individuellen Grenzsteuersatz bei der Einkommensteuer. Das ist die Schattenseite der Abgeltungsteuer, die Investoren mit niedrigeren Grenzsteuersätzen benachteiligt. Beim alten Halbeinkünfteverfahren bis 2008 wurde die Ausschüttung nur zur Hälfte besteuert. Hatte ein Anleger einen Grenzsteuersatz von 30 Prozent, bezahlte er nur 15 Prozent plus Solidaritätszuschlag auf die Dividende, statt heute 25 Prozent bei der Abgeltungsteuer plus Soli. Und bis 2001 wurde sogar die Körperschaftsteuer angerechnet – das heißt, für die Kleinaktionäre mit den niedrigen Einkommensteuersätzen ist die Aktienanlage steuerlich immer ungünstiger geworden.

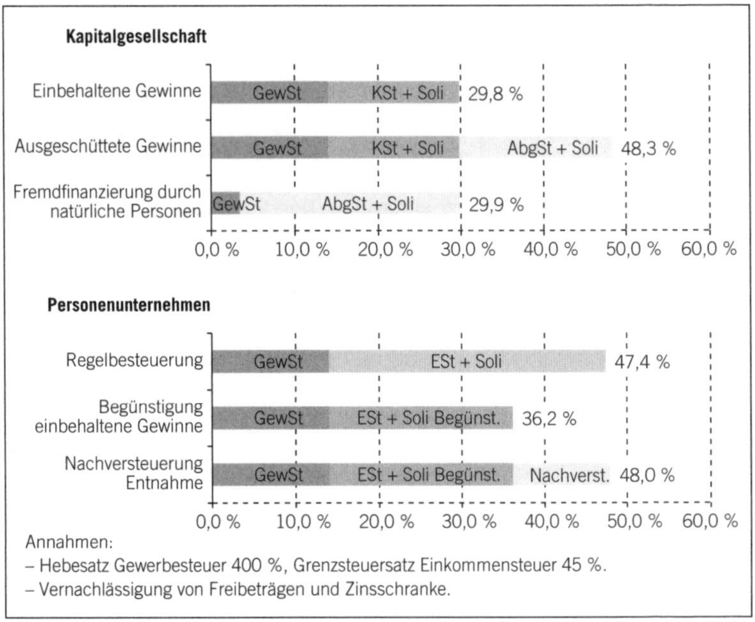

Abbildung 3: Tarifliche Grenzsteuerbelastung Unternehmensgewinne 2016

Die Abgeltungsteuer begünstigt vor allem die Zinseinkommen und damit die Fremdfinanzierung. Nimmt das Unternehmen einen Kredit auf, der durch Einlagen von inländischen Privathaushalten refinanziert wird, zahlt das Unternehmen Gewerbesteuer auf 25 Prozent der Zinsen. Der Anleger muss auf die Zinsen 25 Prozent Abgeltungsteuer plus Solidaritätszuschlag zahlen. Das ist für die Sparer mit hohen Einkommen günstiger, als wenn die Zinsen den höheren persönlichen Grenzsteuersätzen unterliegen würden, wie es vor der Abgeltungsteuer der Fall war. Inzwischen wird über die Abschaffung der Abgeltungsteuer nachgedacht, denn die Steuerflucht ins Ausland wird zunehmend erschwert durch den internationalen Informationsaustausch bei Finanzkonten.

In Abbildung 3 sind auch die Steuerbelastungen bei Personenunternehmen dargestellt, also bei Einzelunternehmern und Personengesellschaften. Diese werden mit ihren Gewinnen bei der Einkommensteuer veranlagt, sodass hier der persönliche Grenzsteuersatz gilt. Soweit sie Gewerbesteuer zahlen, wird diese weitgehend auf die Einkommensteuer angerechnet. Im Rechenbeispiel wird der maximale persönliche Grenzsteuersatz von 45 Prozent angenommen, der aber erst bei einem zu versteuernden Einkommen von 254400 Euro und mehr gilt. Das erreichen natürlich nur sehr gut verdienende Unternehmer und Freiberufler. Daher gibt es noch eine komplizierte »Thesaurierungsbegünstigung« für einbehaltene Gewinne, damit auch Personenunternehmer mit hohen Grenzsteuersätzen ihre Gewinne zunächst mit niedrigerer Belastung im Unternehmen einbehalten können und dafür keine GmbH gründen müssen. Bei späterer Ausschüttung werden die Gewinne dann ähnlich wie bei der Abgeltungsteuer nachversteuert.

Das ist alles zugegebenermaßen recht kompliziert. Und in der Praxis ist alles noch viel komplizierter, denn die Gewinnermittlungs- und Bilanzierungsvorschriften oder Steuergestaltungsmöglichkeiten bieten viele Möglichkeiten, die Steuerbelastungen zu reduzieren. Es sollte aber klar sein, dass weniger die viel geschmähte Abgeltungsteuer zur niedrigen Besteuerung von hohen Unternehmens- und Kapitaleinkommen beiträgt. Wichtiger ist die Möglichkeit, Gewinne in

Kapitalgesellschaften moderat versteuert zu thesaurieren. Davon profitieren nicht nur Unternehmer für ihre Sachinvestitionen, die im Inland Beschäftigung und Wertschöpfung schaffen, sondern auch die sehr wohlhabenden Bürger und Superreichen im Lande mit ihren globalen Finanzinvestitionen. Dazu nutzen sie »Family-Offices«, Stiftungen oder Holdinggesellschaften, in denen sie ihre Unternehmens- und Kapitaleinkommen thesaurieren. Dort zahlen sie nur 30 Prozent Steuerbelastung tariflich, wenn die Gewinne in Deutschland erwirtschaftet wurden. Effektiv sind es wohl häufig weniger, wenn sie Steuergestaltungen nutzen oder die Einkünfte aus dem Ausland stammen.

Diese Entwicklung nennt man »duale Einkommensteuer«. In den letzten Jahrzehnten war sie in vielen Ländern zu beobachten. Unternehmens- und Kapitaleinkommen werden nicht mehr gemeinsam mit den anderen Einkommen im Rahmen der persönlichen Einkommensteuer progressiv belastet, sondern sie unterliegen nur noch proportionalen Steuersätzen, die deutlich niedriger als die Spitzensteuersätze liegen.

Früher war es umgekehrt: Kapitaleinkommen wurden meist höher besteuert als Arbeitseinkommen. In den angelsächsischen Ländern gab es Zuschläge für Kapitaleinkommen oder Abschläge für Erwerbseinkommen im Rahmen der Einkommensteuer. In Deutschland und anderen Ländern gab es eine laufende Vermögensteuer, die als Ergänzung zur Einkommensteuer gedacht war. Seit den 1980er Jahren haben dann die meisten Länder die Einkommensteuerspitzensätze und die Unternehmens- und Kapitaleinkommensteuern gesenkt sowie die Vermögensteuer abgeschafft. Hintergrund waren die Internationalisierung der Wirtschaft, die Liberalisierung des Kapitalverkehrs, die Finanzmarktorientierung der Wirtschaft und der damit einhergehende Standort- und Steuerwettbewerb. »Lieber 25 Prozent von X als 42 Prozent auf nix«, sagte damals Bundesfinanzminister Peer Steinbrück bei der Einführung der Abgeltungsteuer. Neoliberale Konzepte betonten zudem die negativen Anreiz- und Wachstumswirkungen von hohen Steuerbelastungen.

Die duale Einkommenbesteuerung hat die Progression und Umverteilungswirkung des Steuersystems bei hohen Einkommen und Vermögen reduziert. Denn die Unternehmens- und Kapitaleinkommen und die Privatvermögen sind stark auf die oberen Einkommensgruppen konzentriert. Zugleich sind diese Einkommen in den letzten Jahrzehnten deutlich stärker gestiegen als die Lohneinkommen. Daher gibt es seit einigen Jahren eine Diskussion, diesen Trend wieder umzukehren. Die Möglichkeiten hierzu verbessern sich, da der internationale Steuerwettbewerb abnimmt.

Mehrwertsteuer: Masse füllt die Kasse

Die zweite tragende Säule des deutschen Steuerstaats ist die Mehrwertsteuer. Sie bringt 210 Milliarden Euro im Jahr ein, das entspricht 7 Prozent des Bruttoinlandsprodukts (BIP). In vielen Ländern Süd- und Osteuropas erzielt sie ein höheres Aufkommen als die Einkommensteuer. Die Mehrwertsteuer ist eine indirekte Steuer, die bei den Unternehmen erhoben und auf die Endverbraucher überwälzt wird. Sie ist die allgemeine Verbrauchsteuer des Steuersystems, denn sie belastet die meisten Konsumausgaben gleichmäßig mit dem Regelsatz, der in Deutschland bei 19 Prozent liegt. Ersparnisse und Investitionen bleiben steuerfrei. Erst wenn Vermögen aufgelöst wird für den Konsum, fällt die Steuerbelastung an. Daher gilt die Mehrwertsteuer als wirtschaftsfreundlicher als direkte Steuern. Nur für ausgewählte Güter und Dienstleistungen gibt es ermäßigte Steuersätze oder Steuerbefreiungen. Doch diese entlasten die armen Haushalte und das Existenzminimum nur teilweise.

Die Mehrwertsteuer heißt offiziell »Umsatzsteuer«. Der Name verweist auf ihren historischen Hintergrund, da sie während des Ersten Weltkriegs als Warenumsatzsteuer eingeführt und später zur allgemeinen Umsatzsteuer ausgebaut wurde. Dabei wurde jeder Umsatz der Unternehmen komplett besteuert, ohne Berücksichtigung der Vorumsätze für die Einkäufe. Das führte zur Kumulation der Steuerbelastung auf die Vorumsätze und begünstigte die vertikale Integration von Unternehmen entlang der Produktions- und Handelskette.

Seit den 1960er Jahren setzte sich dann in fast allen entwickelten Ländern das Mehrwertsteuerkonzept mit Vorsteuerabzug durch. Das bedeutet: Alle Umsätze der steuerpflichtigen Unternehmen werden weiterhin mit der Umsatzsteuer belastet, die in den Rechnungen ausgewiesen wird, doch zugleich dürfen die Unternehmen die Vorsteuer auf ihre Einkäufe von der Umsatzsteuerbelastung abziehen. Dadurch wird bei jeder Firma nur der »Mehrwert« besteuert. Gemeint ist nicht der berühmte Mehrwert von Karl Marx, sondern die gesamte Nettowertschöpfung des Unternehmens, also die Differenz zwischen Umsatzerlösen und Ausgaben für Käufe von Vorleistungs- und Investitionsgütern. Dadurch werden die Vorumsätze nicht mehrfach belastet.

Die Steuerbelastung bleibt beim Endverbraucher hängen, der keine Vorsteuer abziehen kann. Das sind Privathaushalte, aber auch gemeinnützige Organisationen und der Staat. Auch der Staat zahlt also Mehrwertsteuer an sich selbst für seine Vorleistungskäufe oder Investitionen. Steuertechnisch hat das Mehrwertsteuerkonzept den Vorteil, dass sämtliche Umsätze zunächst besteuert werden. Den Vorsteuerabzug gibt es nur, wenn der Verkäufer in den Rechnungen Mehrwertsteuer ausweist und diese tatsächlich gezahlt hat. Das ist allerdings nicht immer leicht zu kontrollieren, sodass hier Missbrauchsmöglichkeiten entstehen. Die steuertechnische Alternative sind einstufige Verkaufsteuern, die es noch als »sales taxes« in den amerikanischen oder kanadischen Bundesstaaten gibt.

In der Europäischen Union sind die Besteuerungsregeln für die Mehrwertsteuer weitgehend harmonisiert, um den Binnenmarkt nicht zu stören. Die Mehrwertsteuersätze unterscheiden sich allerdings erheblich (Abbildung 4), es gibt aber einen Mindeststeuersatz von 15 Prozent für den Regelsatz und von 5 Prozent für den ermäßigten Tarif. Der Mehrwertsteuer-Regelsatz belastet die meisten Güter und Dienstleistungen. In Deutschland liegt er seit 2007 bei 19 Prozent, in den meisten europäischen Nachbarländern ist er höher. In der EU haben nur Luxemburg und Malta niedrigere Sätze, die Schweiz kommt mit 8 Prozent aus.

Der ermäßigte Steuersatz von 7 Prozent gilt für ausgewählte Produkte des Grundbedarfs, vor allem Lebensmittel, Leitungswasser und öffentlicher Personennahverkehr, ferner für Bücher, Zeitungen, Zeitschriften, bestimmte kulturelle Dienstleistungen sowie für einzelne

Land	Steuersätze 2015 in Prozent			Steuereinnahmen in Prozent des BIP
	Regelsatz	Ermäßigter Satz	Nullsatz*	Durchschnitt 2011–2013
EU				
Deutschland	19	7	nein	7,0
Belgien	21	6/12	ja	7,0
Dänemark	25	0	ja**	9,6
Finnland	24	10/14	ja	9,0
Frankreich	20	2,1/5,5/10	nein	7,1
Griechenland	23	6,5/13	nein	7,4
Großbritannien	20	5	ja	6,9
Irland	23	4,8/9/13,5	ja	5,9
Italien	22	4/10	nein	5,9
Luxemburg	17	3/8/14	nein	7,1
Niederlande	21	6	nein	6,5
Österreich	20	10/12	nein	7,7
Polen	23	5/8	nein	7,4
Portugal	23	5/8	nein	8,2
Schweden	25	6/12	ja	9,1
Slowakei	20	10	nein	6,4
Spanien	21	4/10	nein	5,4
Tschechien	21	10/15	nein	7,1
Ungarn	27	5/18	nein	11,4
EU-Durchschnitt	21,8			7,5
Übriges Europa				
Norwegen	25	8/15	ja	7,6
Schweiz	8	2,5/3,8	ja	3,5
Türkei	18	1/8	nein	6,1

Land	Steuersätze 2015 in Prozent			Steuereinnahmen in Prozent des BIP
	Regelsatz	Ermäßigter Satz	Nullsatz*	Durchschnitt 2011–2013
Übrige Welt				
Australien	10	–	ja	3,4
Japan	8	–	nein	2,7
Kanada (Bund)	5	–	ja	4,3
Kanada (Provinzen)	13/14/15	–	nein	
Korea	10	–	ja	4,2
Neuseeland	15,0	–	ja	9,6
USA (Bundesstaaten)	0–7,5	–	ja***	2,0
USA (Gemeinden	0–7,5	–	ja***	

* Nullsatz: Steuerbefreiung mit Vorsteuerabzug (»echte Befreiung«) für bestimmte Inlandsumsätze.
** Für Zeitungen.
*** Lebensmittel und teilweise auch andere lebensnotwendige Güter zumeist steuerbefreit.

Abbildung 4: Umsatzsteuern in ausgewählten OECD-Ländern 2015
(Quellen: OECD, Bundesfinanzministerium, Europäische Kommission)

medizinische Produkte und Dienstleistungen gemeinnütziger Organisationen. Damit soll der Grundbedarf entlastet werden – was nicht immer einer leicht nachvollziehbaren Logik folgt. Heiß umstritten war beispielsweise die vor einigen Jahren eingeführte Ermäßigung für Hotelübernachtungen. Ferner gibt es Ermäßigungen für landwirtschaftliche Erzeugnisse oder lebende Tiere, die sich aus alten Zeiten erhalten haben, als die Landwirtschaft allenthalben gefördert wurde. Und natürlich ist die Abgrenzung von ermäßigt und regelsatzbesteuerten Produkten teilweise schwierig bis skurril, etwa der Verkauf von Lebensmitteln (ermäßigt) zu Restaurantdienstleistungen (regelsatzbesteuert) bei Imbissbuden und Lieferservice, oder von Kaffeebohnen oder -pulver (ermäßigt) zu Kaffeeaufgussmischungen oder der Kaffeeabgabe aus Getränkeautomaten (regelsatzbesteuert). Trinkmilch wird ermäßigt besteuert, Milchmixgetränke mit einem Milchanteil unter 75 Prozent werden voll besteuert. Traditionell landwirtschaftlich genutzte Tiere wie Schweine, Rinder, Hühner, Enten, Gänse, Hauskaninchen, Bienen und ausgebildete Blindenführhunde werden ermäßigt besteuert, mit dem vollen Satz belastet werden dagegen Hunde, Katzen, Kanarienvögel, Zierfische und Esel.

Bei den ermäßigten Steuersätzen ist Deutschland recht restriktiv. Die Vorgaben der EU erlauben sogar zwei ermäßigte Steuersätze und auch Steuerermäßigungen auf Medikamente, Kinderkleidung, Restaurantbewirtung, Unterhaltungs- und Sportveranstaltungen, Erdgas und Elektrizität oder ausgewählte haushaltsnahe Dienstleistungen. Ferner haben manche Länder ermäßigte Steuersätze unterhalb des Mindeststeuersatzes von 5 Prozent und sogar Nullsteuersätze. Das sind Ausnahmen, die in den betreffenden Staaten weitergeführt, aber von anderen Ländern nicht neu eingeführt werden dürfen. Daher ist in Deutschland die Mehrwertsteuerbelastung der Bürger trotz des niedrigen Regelsatzes nicht viel niedriger als in den Nachbarländern, bei Haushalten mit geringen Einkommen sogar eher höher.

Mehrwertsteuersatz: vom Hundert oder im Hundert?

Der Mehrwertsteuersatz wird auf den steuerpflichtigen Umsatz erhoben. Auf den Nettopreis von beispielsweise netto 100 Euro werden 19 Euro Steuer beim Regelsatz oder 7 Euro beim ermäßigten Satz aufgeschlagen. Das wird in den Rechnungen und zumeist auch im Kassenbon ausgewiesen.

Als Verbraucher orientieren wir uns an den Bruttopreisen. Wenn ein Produkt 149 Euro kostet, wie viel Mehrwertsteuer steckt da drin? Hierzu muss man die Mehrwertsteuer »im Hundert« rechnen. Für den Regelsteuersatz gilt dann: 19 Prozent durch 119 Prozent gleich 15,97 Prozent. Also stecken 23,80 Euro Mehrwertsteuer im Bruttopreis von 149 Euro. Das heißt konkret: Die tatsächliche Mehrwertsteuerbelastung beträgt beim Regelsatz von 19 Prozent nur knapp 16 Prozent bezogen auf die Bruttoausgaben. Dieser Steuersatz würde reichen, wenn man die Mehrwertsteuer durch eine Einkommensteuer ersetzt – vorausgesetzt, das Einkommen wird vollständig ausgegeben.

Zum Weiterrechnen: Wie viel Mehrwertsteuer steckt in den 18,00 Euro, die Sie für dieses Buch ausgegeben haben und das mit dem ermäßigten Mehrwertsteuersatz von 7 Prozent belastet wurde? Wenn Sie das Buch als E-Book gekauft haben, haben Sie übrigens 19 Prozent Mehrwertsteuer gezahlt.

Ferner gibt es Steuerbefreiungen, im Wesentlichen für Banken und Versicherungen, Wohnungsvermietung, Gesundheitsleistungen sowie weitere Dienstleistungen in den Bereichen Kultur, Soziales, Bildung und Wissenschaft. Allerdings gilt hier, dass die leistenden Unternehmen keinen Vorsteuerabzug geltend machen dürfen. Das nennt man »unechte« Befreiung, denn befreit wird ja nur die Nettowertschöpfung der leistenden Unternehmen. Für die Vorleistungen der Unternehmen bleibt es bei der Mehrwertsteuerbelastung, die dann über die Preise weitergegeben wird. So ist die Wohnungsmiete zwar mehrwertsteuerfrei, aber der Vermieter kann auch keine Vorsteuer auf die Bauleistungen und Nebenkosten abziehen, die er in die Bruttomiete überwälzt.

Eine echte Steuerbefreiung mit Vorsteuerabzug gibt es nur für die Exporte, die ja nicht im Inland verbraucht werden, sondern im Land des Verbrauchs besteuert werden sollen. Analog werden die Importe mit heimischer Mehrwertsteuer belastet, damit sie den inländischen Gütern gleichgestellt sind. Dafür gibt es die Einfuhrumsatzsteuer für Importe aus Drittländern, die der Zoll an den Grenzen erhebt, für Importe aus anderen EU-Ländern kontrollieren das die Finanzbehörden.

Früher gab es in einzelnen Ländern wie Frankreich, Italien, Österreich oder Belgien höhere Steuersätze auf gehobene Konsumgüter wie Unterhaltungselektronik, Schmuck, Uhren oder Fahrzeuge. Diese »Luxussteuersätze« mussten Anfang der 1990er Jahre mit der Einführung des europäischen Binnenmarkts ohne Zollkontrollen abgeschafft werden.

Versicherungen sind zwar mehrwertsteuerfrei, aber hier greift eine eigene Versicherungsteuer, die Versicherungsprämien mit einem Steuersatz von 19 Prozent belastet. Steuerpflichtig sind Schadensversicherungen, also Gebäude- und Hausratversicherung, Versicherungen von Fahrzeugen und anderen Gütern und Vermögenswerten sowie Unfallversicherungen; steuerfrei sind Lebensversicherungen, gesetzliche oder private Kranken- und Rentenversicherungen, Berufs- und Erwerbsunfähigkeitsversicherungen, die gesetzliche Arbeitslosenversicherung sowie die Rückversicherung. Für Feuerversicherungen gibt es ermäßigte Beiträge, da diese zusätzlich der Feuerschutzsteuer der Länder unterliegen. Das Aufkommen dieser Versicherungsteuern ist mit 13 Milliarden Euro im Jahr 2015 beträchtlich.

Energiesteuern: pro Umwelt und Finanzkasse

Energieprodukte werden seit jeher besteuert, vor allem Benzin und Diesel. Ursprünglich als »Petroleumzoll« erhoben, wurde die Energiebesteuerung im Zuge der Massenmotorisierung und der Umstellung auf Öl- und Gasheizungen als ertragreiche Verbrauchsteuer ausgebaut. Seit Ende der 1990er Jahre wird auch Strom zunehmend besteuert.

Autofahrer zahlen auf den Liter Benzin 65,45 Cent Energiesteuer, auf den Liter Diesel 47,04 Cent. Das ist ein beträchtlicher Teil des Tankstellenpreises, zu dem noch die Mehrwertsteuer auf die Energiesteuer kommt. Leichtes Heizöl, das chemisch weitgehend produktgleich mit Dieselkraftstoff ist, wird nur mit 6,14 Cent je Liter besteuert, Erdgas unterliegt einem ähnlichen Steuersatz gemessen am Energiegehalt. Schweres Heizöl und Kohle werden nur gering besteuert. Die Energiesteuer erzielte 2015 Einnahmen von 40 Milliarden Euro, das entspricht 1,3 Prozent des Bruttoinlandsprodukts, womit sie die aufkommensstärkste Verbrauchsteuer ist – und der Großteil stammt aus den Kraftstoffen.

Heizöl in den Heizöl-Ferrari?

Bis heute kontrolliert der Zoll ab und zu, ob Dieselfahrer Heizöl in den Tank schütten. Dazu ist leichtes Heizöl gefärbt und hat besondere Zusatzstoffe. Wer mit Heizöl statt Diesel im Tank erwischt wird, begeht Steuerhinterziehung.

Der klassische 1970er-Jahre-Mercedes 200 D, im Volksmund »Heizöl-Ferrari«, »Schweine-Daimler« oder »Bauern-Benz« genannt, hatte noch eine robuste Motortechnik, die so einiges vertrug. Entsprechend mies waren die Abgaswerte. Heutiger Dieselkraftstoff ist entschwefelt und mit diversen Additiven aufgepeppt, um Motorleistung und Abgaswerte zu verbessern. Daher ist dringend davon abzuraten, zeitgenössische Dieselmotoren mit Heizöl zu betanken, ganz abgesehen von der Steuerhinterziehung.

Traditionell gibt es für landwirtschaftliche Fahrzeuge eine Steuervergünstigung für »Agrardiesel«. Der darf eigentlich nur für landwirtschaftliche Maschinen und Schlepper eingesetzt werden, was aber früher nicht so genau genommen wurde. Wohl auch deshalb fahren Landwirte gerne Diesel-Pkw.

Der Stromverbrauch wird mit einer Stromsteuer von 2,05 Cent je Kilowattstunde belastet. Die erzielt 6,6 Milliarden Euro, die der Bundesfinanzminister kassiert. Hinzu kommt die EEG-Umlage auf den Stromverbrauch, die in den letzten Jahren deutlich gestiegen ist. Sie hängt ab vom Förderaufwand für die Stromerzeugung aus erneuerbaren Energiequellen, also aus Fotovoltaik, Windkraft und Biomasse, für die feste Abnahmepreise garantiert sind – derzeit insgesamt 23 Milliarden Euro, die Umlage liegt bei 6,354 Cent je Kilowattstunde. Formal handelt es sich hierbei um keine Steuer, sondern um eine Preisregulierung innerhalb der Stromwirtschaft. Die EEG-Umlage wird von den Netzbetreibern deutschlandweit auf die Endverbraucher umgewälzt und wirkt daher wie eine zusätzliche Stromsteuer.

Bezogen auf den Energiegehalt gemessen in Joule werden Kraftstoffe und Strom hoch besteuert, die Heizstoffe niedrig (Abbildung 5). Für die Stromsteuer muss man berücksichtigen, dass bei der konventionellen Stromproduktion auf Basis fossiler Brennstoffe hohe Umwandlungsverluste entstehen, soweit die Abwärme nicht genutzt werden kann. Moderne Kohlekraftwerke kommen gerade einmal auf einen thermischen Wirkungsgrad von gut 40 Prozent, moderne Gas-und-Dampfturbinen-Kraftwerke schaffen immerhin bis zu 60 Prozent, im Durchschnitt über alle Anlagen sind die Wirkungsgrade aber deutlich niedriger. Wenn man hier die Stromsteuer in Relation zur eingesetzten Energiemenge setzt, ist die Belastung also weniger als halb so hoch.

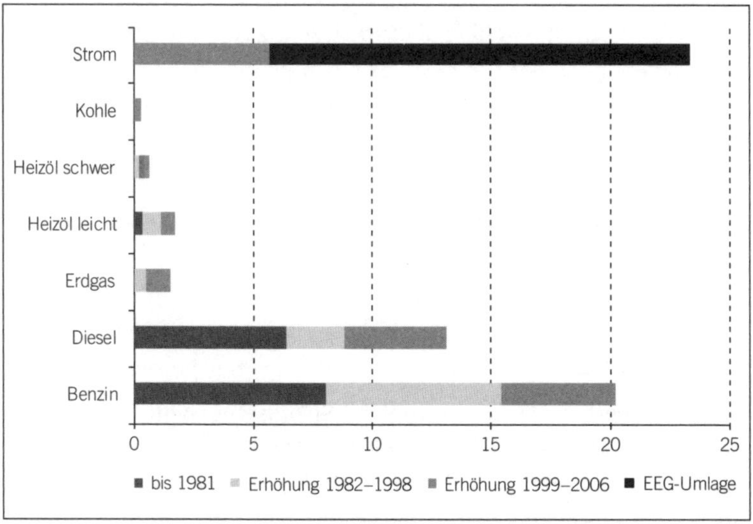

Abbildung 5: Energie- und Stromsteuersätze einschließlich EEG-Umlage 2016 in Euro je Gigajoule

Die dargestellten Steuerbelastungen bezahlen ohnehin nur Privathaushalte, kleinere Gewerbe- und Dienstleistungsunternehmen oder Behörden. Für größere Industrieunternehmen gibt es Steuervergünstigungen, vor allem für die energieintensiven Produktionsprozesse bei chemischen Grundstoffen, Metallerzeugung und -bearbeitung, Glas und Keramik oder Zement. Damit soll die internationale Wettbewerbsfähigkeit dieser energieintensiven Produktion nicht belastet werden, von denen es in Deutschland noch einige gibt. »Nicht-energetische« Verwendungen sind ohnehin steuerfrei, wenn etwa Kunststoff aus Öl oder Gas hergestellt wird.

Auch der öffentliche Personennah- und Fernverkehr genießt Steuerprivilegien. Der niedrigere Steuersatz auf den Dieselkraftstoff soll den Güterfernverkehr weniger belasten. Hier gibt einen Wettbewerb zwischen den Ländern, denn die Lastwagen haben große Tanks und tanken sonst in dem Nachbarland, wo es günstiger ist. Bei Diesel-Pkw soll die höhere Kraftfahrzeugsteuer die niedrigere Energiesteuer ausgleichen.

Auch bei privaten Pkw gibt es in den grenznahen Regionen Tanktourismus. Die EU versucht zwar, dem durch Mindeststeuersätze entgegenzuwirken, muss dabei aber Rücksicht auf die nationalen Interessen nehmen. Daher tun sich vor allem kleine Länder mit ärmerer Bevölkerung schwer, die Kraftstoffsteuern anzuheben, aber auch Deutschland war da in den letzten Jahren zurückhaltend. Die Briten in ihrer »splendid isolation« auf der Insel haben es da leichter – und folglich sind dort die Steuersätze höher, und es gibt keine Begünstigung für Diesel.

Die Kraftstoffbesteuerung dient traditionell auch dazu, die Verkehrsinfrastruktur zu finanzieren. Denn der Bau und Unterhalt von Straßen und Brücken ist teuer, und in den letzten Jahren wurde hier kräftig gespart, trotz hoher Steuereinnahmen. Straßennutzungsgebühren für konkrete Fahrleistungen auf einzelnen Strecken waren bisher technisch aufwendig. Mit der zunehmenden Navigations- und Überwachungstechnik werden diese aber bald auch bei Pkw möglich sein, bei Lkw sind sie heute schon Realität. Dann bräuchte man die Kraftstoffbesteuerung als Finanzierungsinstrument nicht mehr unbedingt. Aber aus umweltpolitischer Sicht spricht weiterhin einiges für höhere Kraftstoffsteuern, da der Straßenverkehr viele Belastungen im unmittelbaren Lebensumfeld mit sich bringt: Schadstoffe und Feinstaub, Lärm, Flächenverbrauch.

Heute werden die Energiesteuern vor allem als Umwelt- oder Ökosteuer wahrgenommen. Doch die Kraftstoffsteuern wurden schon in den 1990er Jahren kräftig angehoben (Abbildung 5), um die deutsche

Einheit zu finanzieren. Die rot-grüne Bundesregierung startete dann eine ökologische Steuerreform, deren Einnahmen für Zuschüsse an die Rentenversicherung eingesetzt werden: »Tanken für die Rente« lautete das Schlagwort. Aus der Umwelt- und Klimaperspektive war das grundsätzlich ein richtiger Schritt, aber die Umsetzung war zu zaghaft und zu inkonsequent. Bei Heizenergie und bei der industriellen Prozessenergie wurden die Energiesteuern nur geringfügig angehoben, sodass kaum Anreize zum Energiesparen entstanden.

Steuermythos: Ökosteuern, die wirken, erzielen keine Einnahmen

Als in den 1990er Jahren der breite Einsatz von Umweltsteuern diskutiert wurde, um Energieverbrauch und andere Stoffströme zu reduzieren, entstand die Idee, mit dem Aufkommen andere Steuern und Abgaben zu senken, nach dem Motto: »Tax bads, not goods!« Diese »ökologische Steuerreform« versprach eine »doppelte Dividende«. Es sollten sowohl die Umweltsituation verbessert als auch Steuern und Abgaben gesenkt werden, die schädliche wirtschaftliche Wirkungen oder ungerechte Verteilungswirkungen haben.

Die Generalkritik lautete: Wenn Ökosteuern wirklich wirken und ihr Umweltziel erreichen, erzielen sie keine Einnahmen mehr, mit dem man die Staatsausgaben finanzieren kann. Das ist aber ein Missverständnis: In der traditionellen Umweltpolitik ging es um Luftschadstoffe oder Wasser- und Bodenbelastungen, die schnell reduziert werden mussten, weil sie unmittelbare Gesundheitsgefahren oder irreversible Schäden am Ökosystem auslösten. Hier sind staatliche Ge- und Verbote oder Förderprogramme die Mittel der Wahl, die schnell wirken – es hat in der Tat keinen Sinn, hier Steuern zu erheben. In der Ökosteuerdiskussion ging es aber um breite Belastungen der Ökosysteme, vor allem durch CO_2-Emissionen oder weitere Treibhausgase, aber auch durch Abfallmengen oder Land- und Bodennutzung. Diese Umweltbelastungen lassen sich zumeist nicht schnell verbieten, sondern man muss sie langfristig herunterregeln.

Betroffen sind zudem sehr unterschiedliche Produktions- und Verbrauchszusammenhänge. Fossile Energieträger beheizen Räume, treiben Autos, Lastwagen, Schiffe, Flugzeuge und Maschinen an und werden in den unterschiedlichsten Produktionsverfahren als Prozessenergie eingesetzt. Hier ist es kaum möglich, mit Ordnungsrecht, Regulierungen oder Förderung die Umweltbelastungen dort zu reduzieren, wo es gesamtwirtschaftlich am günstigsten ist. Die stark gestiegene EEG-Förderung der letzten Jahre gibt dafür ein schlechtes Beispiel ab: Auf Jahrzehnte werden jährlich zweistellige Milliardenbeträge in die Förderung von wenig wirksamen Fotovoltaikanlagen gesteckt. Damit hätte man im Verkehr oder bei der Gebäudedämmung viel mehr Emissionen einsparen können.

Hier kommt der wesentliche ökonomische Vorteil von Umweltsteuern zum Tragen: Die Preise sollen die ökologische Wahrheit sagen. Es wird nicht vorgeschrieben, was man zu tun oder zu lassen hat. Der höhere Preis für die Nutzung der Umwelt setzt ökonomische Anreize, dort einzusparen, wo die geringsten Kosten entstehen.

Bei der politischen Umsetzung der ökologischen Steuerreform unter der rot-grünen Bundesregierung war allerdings die Aussicht auf höhere Steuereinnahmen verlockend für die Finanzpolitiker. Umweltpolitisch war die Bilanz eher gemischt: Rücksichtnahme auf die Wettbewerbsfähigkeit der Industrie und die Heizkosten der ärmeren Haushalte reduzierten die Wirkung der Reform bei energieintensiven Prozessen und im Raumwärmebereich weitgehend.

Langfristig drohen die hohen Steuereinnahmen aus Kraft- und Heizstoffen natürlich wegzubrechen, wenn eine weitgehende »Dekarbonisierung« der Wirtschaft erreicht werden soll. So vereinbarten die G7-Staaten 2015, die weltweiten Treibhausgasemissionen bis 2050 um 40 bis 70 Prozent im Vergleich zum Jahr 2010 zu reduzieren und bis 2100 vollständig auf fossile Energieträger zu verzichten. Aber das sind hehre Ziele und sehr lange Zeiträume. Bis dahin werden noch viele 100 Milliarden an Energie- und Stromsteuern fließen. Und wenn sie langsam versiegen, bleibt genug Zeit, andere Steuerquellen zu erschließen.

Daneben gibt es noch die Kraftfahrzeugsteuer, die den Besitz von Fahrzeugen belastet, die zum Verkehr auf öffentlichen Straßen zugelassen sind. Wer sein Auto nicht angemeldet hat und nur auf seinem Privatgrundstück damit rumkurvt, bleibt steuerfrei. Traditionell werden Pkw nach dem Hubraum besteuert und die Steuersätze nach Schadstoff- und Kohlendioxidausstoß differenziert – und damit seit den 1980er Jahren Anreize für die umweltschonende Erneuerung der Pkw-Flotte gesetzt. Elektroautos werden nach ihrem Gewicht besteuert, sind aber zehn Jahre steuerbefreit. Ferner gibt es höhere Steuersätze für Dieselfahrzeuge, zum Ausgleich für die niedrigere Energiesteuer auf Dieselkraftstoff. Die Steuersätze für Lkw sind abhängig vom Gewicht sowie von Schadstoff- und Geräuschklassen. Das Aufkommen ist mit 8,8 Milliarden Euro im Jahr beträchtlich. Die Autofahrer tragen damit noch einmal kräftig zum Steueraufkommen bei.

Die Automobillobby stellt Autofahrer gerne als Melkkuh der Nation dar. Dennoch ist die gesamte Steuerbelastung von Pkw in Deutschland recht moderat, denn andere Staaten haben höhere Mehrwertsteuern oder höhere Energiesteuern. Und in einer Reihe von Ländern gibt es zusätzlich gepfefferte Zulassungssteuern auf die Anmeldung von Fahrzeugen – in Dänemark beispielsweise beträgt sie 105 bis 180 Prozent des Verkaufspreises. Das heißt, bei gleichem Nettopreis ist das Auto in Dänemark mehr als doppelt so teuer wie in Deutschland. So schlecht ist der deutsche Autofahrer also gar nicht dran, wie er an der Zapfsäule vielleicht denkt.

Eine Luftverkehrsteuer gibt es in Deutschland seit 2011 auf Passagierflüge, die im Inland starten. Sie wird pauschal auf das Flugticket erhoben und beträgt 7,50 Euro für Flüge innerhalb Europas und in die Maghreb-Staaten, 23,43 Euro für Flüge in Länder der Sahelzone und des Nahen und Mittleren Ostens sowie 42,18 Euro für alle anderen Flüge. Die Erhebung einer Kerosinsteuer auf den hohen Kraftstoffverbrauch der Flugzeuge scheiterte bisher an den komplexen internationalen Abstimmungen in der EU und den internationalen Luftverkehrsabkommen. Die Höhe der Luftverkehrsteuer ist an den Europäischen Emissionshandel gekoppelt, ihr Aufkommen beträgt 1 Milliarde Euro,

Sündensteuern: rauchen, saufen, zocken, kiffen

Seit es Steuern gibt, werden Genussmittel mit höheren Verbrauchsteuern belastet. Traditionell ging es weniger darum, die Gesundheit der Bürger zu schonen, sondern die hohe Zahlungsbereitschaft für Genussmittel abzuschöpfen. Die entsteht durch den besonderen Geschmack, psychoaktive Wirkungen bis zum Rausch oder durch soziale Statussymbolik und Distinktion.

Früher wurden alle möglichen Genussmittel besteuert, die beliebt oder knapp und teuer waren, von exotischen Gewürzen über hochwertige Textilien bis zu Zucker, Salz und Tee, die in Deutschland noch bis 1992 besteuert wurden. Auch eine Spielkartensteuer, Leuchtmittelsteuer oder Zündwarensteuer gab es bis vor gar nicht allzu langer Zeit. Übrig geblieben sind die Verbrauchsteuern auf Tabak, alkoholische Getränke, Kaffee und Glücksspiel. Diese sollen die Gesundheit fördern und Suchtverhalten eindämmen und natürlich Einnahmen in die Staatskasse bringen. Anders als die kleinteiligen »Bagatellsteuern« erzielen sie ein recht hohes Aufkommen bei moderaten Verwaltungskosten und Ausweichreaktionen, einmal abgesehen von Schmuggel.

Häufig werden weitere »Sündensteuern« auf gesundheitsgefährdende Produkte oder sozial unangemessenes Verhalten gefordert. Politiker oder Verbände setzen sich damit gerne in Szene, um Aufmerksamkeit auf ihre Forderungen zu lenken. Beispiele dafür sind eine Zuckersteuer, eine Fettsteuer oder eine Junk-Food-Steuer auf zu fette und zu süße Lebensmittel wie Hamburger, Pizza, Chips, Gyros, Döner oder Cola.

»Der Tabak ist als ein entbehrliches Genussmittel, das aber gleichwohl von der Masse der Bevölkerung in beträchtlicher Menge verbraucht wird, unzweifelhaft ein sehr passender Gegenstand der indirekten Besteuerung«, schrieb das *Brockhaus Konversationslexikon* in seiner Ausgabe der 1890er Jahre. Bis heute ist die Tabaksteuer die aufkommensstärkste Sündensteuer: Sie erzielt jährlich 15 Milliarden Euro, das sind immerhin 0,5 Prozent des Bruttoinlandsprodukts. Zigaretten werden mit 9,82 Cent je Stück plus 21,69 Prozent des Verkaufspreises belastet. Bei Markenzigaretten macht die Steuer etwa

75 Prozent des Verkaufspreises aus, bei Discounter-Zigaretten liegt sie bei bis zu 90 Prozent. Auch Kräuterzigaretten sind steuerpflichtig. Zigarren, Zigarillos, Pfeifentabak und Feinschnitttabak werden deutlich günstiger besteuert. Schnupf- und Kautabak sind heute steuerfrei, offenbar zieht sich das kaum noch jemand rein. Auf E-Zigaretten gibt es bisher keine Steuern, eine Einführung wird gefordert.

Legalize! Wie hoch wären die Steuereinnahmen auf Haschisch und Marihuana?

»Kiffen für die schwarze Null«, so machten Bundestagsabgeordnete der Grünen 2015 die Öffentlichkeit auf ihre Pläne zur Legalisierung von Cannabis aufmerksam. Diese sahen auch ein Cannabissteuergesetz (CannStG) vor, das sicherstellen sollte, dass die Preise für das Dope nicht sinken. Grobe Schätzungen kommen auf potenzielle Steuereinnahmen von 1 bis 2 Milliarden Euro im Jahr – eingespart werden könnten auch Kosten bei Polizei und Justiz.

Das zeigt auch das Beispiel des US-Bundesstaats Colorado, wo 2014 der Cannabiskonsum legalisiert wurde. Die frisch eingeführte Verbrauchsteuer führte zu unerwartet hohen Steuereinnahmen, sodass es im Jahr darauf allgemeine Steuerrückzahlungen für die Bürger gab.

Für eine Legalisierung spricht, dass der Konsum von Cannabisprodukten ohnehin weit verbreitet ist und kaum noch konsequent unterdrückt wird. Ferner könnten Gesundheitsgefahren durch Streckmittel sowie andere negative Begleiterscheinungen des illegalen Handels vermieden werden. Die hohen Schwarzmarktgewinne könnte der Staat durch Steuern abschöpfen und damit den Preis besser kontrollieren sowie gegebenenfalls weiter anheben, um einer Ausweitung des Konsums nach der Legalisierung entgegenzuwirken. Dagegen spricht, dass keine neuen gesundheitsgefährdenden Drogen zugelassen werden sollten und die Hemmschwelle zum Konsum sinkt. Außerdem können weiche Drogen den Einstieg in den Konsum härterer Drogen erleichtern.

Die Branntweinsteuer belastet hochprozentige Getränke mit 13,03 Euro je Liter reinen Alkohol. Auf eine 0,7-Liter-Flasche Korn, Wodka oder Gin mit einem Alkoholgehalt von 40 Prozent kommen also 3,65 Euro Branntweinsteuer plus Mehrwertsteuer. Für Klein- und Hobbybrenner gelten niedrige Steuersätze. Die Branntweinsteuer erzielt gut 2 Milliarden Euro Steueraufkommen im Jahr.

Die Alkopopsteuer auf alkoholische Mischgetränke hat einen Steuersatz von 55 Euro je Liter reinen Alkohol. Sie wurde in den 2000er Jahren eingeführt, als Alkopops in Mode kamen, mit denen sich Jugendliche häufig die Kante gaben. Seitdem gingen Verkauf und Aufkommen deutlich zurück, dafür wird mehr selbst gemixt.

Die Schaumweinsteuer beträgt 1,36 Euro je Liter plus Mehrwertsteuer. Sie wurde 1902 als eine Art Luxussteuer eingeführt, um den kostspieligen Ausbau der Kriegsflotte zu finanzieren, die sich in der Kriegsgefangenschaft nach dem verlorenen Ersten Weltkrieg in der Bucht von Scapa Flow bei den Orkney-Inseln selbst versenkte. Die Schaumweinsteuer existiert bis heute und erzielt 400 Millionen Euro Aufkommen im Jahr.

Eine Weinsteuer gibt es in Deutschland nicht, anders als in vielen Nachbarländern. Sie wurde in den 1920er Jahren nach wütenden Protesten und Ausschreitungen der Winzer abgeschafft und nie wieder eingeführt.

Die Biersteuer wird erhoben auf den Stammwürzegehalt, also Hopfen und Malz vor der Gärung. Für durchschnittlich starkes Bier beträgt sie etwa 10 Cent je Liter plus Mehrwertsteuer. Im Vergleich zu Schnaps und Sekt wird Bier also recht moderat belastet, doch dank des hohen Bierverbrauchs ist das Steueraufkommen mit 680 Millionen Euro beträchtlich. Anders als bei den übrigen Verbrauchsteuern geht das Aufkommen nicht an den Bund, sondern an die Länder. Hier hat sich eine Regelung bei der Reichsgründung 1870/71 bis heute erhalten, nach der sich Bayern, Württemberg und Baden die Erträge aus Biersteuer und Branntweinsteuer zusichern ließen.

Das Lieblingsgetränk der Deutschen ist der Kaffee. Die Kaffeesteuer beträgt für Röstkaffee 2,19 Euro je Kilogramm, also immerhin 1,10 Euro je Pfund, plus Mehrwertsteuer; für löslichen Kaffee sind es sogar

4,78 Euro je Kilogramm. Das sind spürbare Steuerbelastungen, die kaum bekannt sind. Entsprechend hoch ist das Steueraufkommen mit 1 Milliarde Euro pro Jahr.

Die Rennwett- und Lotteriesteuer belastet Wetteinsätze bei Pferderennen, Sportwetten und Lotterien. Sie erzielt ein Aufkommen von 1,7 Milliarden Euro. Bei Pferderennen und Sportwetten werden die Wetteinsätze mit 5 Prozent besteuert, bei Lotterien mit 20 Prozent. Öffentlich konzessionierte Spielbanken unterliegen der Spielbankabgabe, die von den Ländern geregelt wird. Sie beträgt bis zu 80 Prozent der Bruttospielerträge, also dem Überschuss der Spieleinsätze abzüglich der ausgezahlten Gewinne. Spielautomaten werden im Rahmen der kommunalen Vergnügungsteuern belastet.

Ähnlich wie bei der Mehrwertsteuer wurden auch die wichtigen Verbrauchsteuern in der EU harmonisiert, um den Binnenmarkt nicht zu stören. Dazu gibt es Mindeststeuersätze, die aber recht niedrig sind, denn die EU muss Rücksicht auf nationale Interessen nehmen, vor allem auf die niedrigeren Einkommen in Süd- und Osteuropa. Daher gibt es große Unterschiede bei den Steuersätzen. Im Prinzip dürfen die Bürger für ihren persönlichen Bedarf unbegrenzte Mengen im Nachbarland einkaufen. Allerdings wird beim Überschreiten bestimmter Mengen genauer nachgefragt und kontrolliert, zum Beispiel bei mehr als 800 Zigaretten, 10 Litern Schnaps oder 10 Kilo Kaffee. An den EU-Außengrenzen gelten die alten Freimengen für die Einfuhr ins Zollgebiet von beispielsweise 200 Zigaretten oder 1 Liter Schnaps oder 1 Pfund Kaffee.

Schmuggel und andere Umgehungsmöglichkeiten sind notorisch bei den Verbrauchsteuern. In vielen Gegenden Ostdeutschlands ist der Zigarettenschmuggel weit verbreitet, mafiose Händlerringe organisieren Handel und Verkauf, das Unrechtsbewusstsein der Käufer ist gering. Der Verband der Zigarettenindustrie lässt regelmäßig »repräsentative« Stichproben aus dem Haushaltsmüll ziehen, um leere Zigarettenschachteln herauszufischen und auszuzählen, wie viele davon in Deutschland versteuert wurden. Dabei ist herausgekommen, dass in den westlichen Bundesländern der Anteil unversteuerter Zigaretten unter 10 Prozent liegt, während in Bayern und vor allem in den neuen Bundesländern der Anteil auf bis zu 40 Prozent steigt. Dort wird offenbar fleißig in den Nachbarländern oder beim Schwarzhändler eingekauft. Auch beim Glücksspiel kommt es durch die Liberalisierung der Märkte und das Internet zu erheblichen Ausweichreaktionen. Spielsucht ist hier ein großes Problem.

Vermögensteuern: Schonung der wirklich Reichen

Neben den klassischen direkten und indirekten Steuern gibt es eine Reihe von vermögensbezogenen Steuern. Die Grundsteuer und die Grunderwerbsteuer dienen der Gemeinde- und Länderfinanzierung und belasten die Grundstücksnutzungen für Wohnen und Wirtschaft. Vermögensteuer und Erbschaftsteuer sind dagegen »Reichensteuern« auf hohe Vermögen.

Die Grundsteuer ist eine gute Gemeindesteuer, denn sie belastet die Bürger und Unternehmen vor Ort, die damit für die öffentlichen Leistungen der Kommunen zahlen. Die Gemeinden dürfen den Steuersatz selbst festlegen. Ihr Aufkommen ist recht stabil, da die Grundstückswerte nicht so stark schwanken wie die Einkommen. Die Grundsteuer hat in vielen Staaten ein höheres Gewicht als in Deutschland. Dort dient sie auch zur Finanzierung von öffentlichen Leistungen wie Wasserversorgung, Abwasser- und Abfallentsorgung oder Schulen, für die in Deutschland Gebühren oder andere Steuern erhoben werden.

In Deutschland hat die Grundsteuer mit 13 Milliarden Euro im Jahr oder 160 Euro je Einwohner keine so große Bedeutung bei den Kommunalfinanzen. Das größte Problem ist, dass sie immer noch nach den uralten »Einheitswerten« von 1964 erhoben wird, in den neuen Bundesländern sogar noch nach Werten aus dem Jahr 1935. Politik und Verwaltung haben nie die Kraft gefunden, die vielen Grundstücke neu zu bewerten. Inzwischen gibt es aber intensive Beratungen der Länder zu einer Neuregelung, zumal auch ein Verfahren vor dem Bundesverfassungsgericht läuft.

Die Grunderwerbsteuer hat in den letzten Jahren an Bedeutung gewonnen und erzielt jährlich inzwischen 11 Milliarden Euro. Sie belastet jeden Grundstücksverkauf und wird auf den Kaufpreis erhoben. Die Bundesländer dürfen hier seit einigen Jahren den Steuersatz festlegen. Nur Bayern und Sachsen haben den alten Satz von 3,5 Prozent beibehalten, während die anderen Länder inzwischen 4,5 bis 6,5 Prozent nehmen. Das unterbindet zwar spekulative An- und Verkäufe, verteuert aber die Nebenkosten beim Grundstückserwerb beträchtlich und damit auch die Mobilisierung von Grundstücken für Neubau oder Umnutzungen. Ferner führt die Grunderwerbsteuer zu komplexer Steuervermeidung in der Immobilienwirtschaft.

Grundsteuer und Grunderwerbsteuer sind genau betrachtet keine »Reichensteuern«. Sie belasten den Grundstückswert, Schulden oder persönliche Merkmale des Steuerpflichtigen spielen keine Rolle. Bei den Mietern wird die Grundsteuer zumeist über die Nebenkosten auf die Bruttomiete überwälzt. Auch die Grunderwerbsteuer belastet Mieter längerfristig über höhere Immobilienpreise oder weniger Bautätigkeit. Allenfalls ein kleiner Teil der Belastung geht an die Immobilienbesitzer oder Investoren.

Hohe Vermögen werden momentan nur noch mit der Erbschaftsteuer belastet. Steuerpflichtig sind dabei unentgeltlich erworbene Vermögenswerte durch Erbschaften und Schenkungen – Schulden, Nachlassverbindlichkeiten oder Auflagen werden abgezogen. Die Steuerbelastung wird nach dem Verwandtschaftsgrad differenziert: Ehegatten oder Lebenspartner haben einen persönlichen Freibetrag von 500 000 Euro, Kinder 400 000 Euro, Enkelkinder 200 000 Euro – damit sollen normale Familienvermögen steuerfrei bleiben. Die Steuersätze steigen von 7 Prozent bis auf 30 Prozent. Bei entfernten Verwandten und sonstigen Begünstigten, zum Beispiel nichtehelichen Lebenspartnern oder Freunden, gibt es lediglich einen persönlichen Freibetrag von 20 000 Euro und die Steuersätze steigen bis auf 50 Prozent.

Um eine mehrfache Nutzung der Freibeträge durch wiederholte Schenkungen zu erschweren, werden Übertragungen innerhalb von zehn Jahren zusammengerechnet, erst danach kann der Freibetrag erneut genutzt werden. Da die Erbschaftsteuer aber im persönlichen Verhältnis veranlagt wird, können Vater und Mutter jedem Kind alle zehn Jahre jeweils 400 000 Euro steuerfrei schenken, Großvater und Großmutter können jedem Enkelkind alle zehn Jahre jeweils 200 000 Euro steuerfrei schenken. Sofern also Eltern und Großeltern noch leben, können sie jedem Kind beziehungsweise Enkelkind alle zehn Jahre 1,2 Millionen Euro steuerfrei schenken. Ein weiterer Trick ist, dass der Schenker sich die Erträge des übertragenen Vermögens vorbehält, die den steuerpflichtigen Wert der Schenkung mindern, zum Beispiel durch Nießbrauch. So lassen sich noch höhere Vermögen steuerfrei übertragen.

Um die Nachfolge in mittelständischen Familienunternehmen nicht zu belasten, stellt die Erbschaftsteuer Unternehmensvermögen weitgehend frei, sofern die Erwerber das Unternehmen eine gewisse Zeit weiterführen. Die Vergünstigungen sind nicht in der Höhe begrenzt und setzen nicht einmal voraus, dass die Nachfolger aktiv an der Geschäftsführung mitwirken. Daher können sie auch für Unternehmensvermögen im dreistelligen Millionenbereich oder von Minderjährigen genutzt werden. Das führt dazu, dass Riesenvermögen nur gering bis gar nicht belastet werden, da sie zumeist aus Unternehmensübertragungen bestehen, während Normalbürger auf ihre Immobilien- und Finanzvermögen schnell spürbare Erbschaftsteuer bezahlen, vor allem, wenn sie von entfernteren Verwandten oder Freunden stammen. Das Erbschaftsteueraufkommen ist mit 6 Milliarden Euro im Jahr sehr moderat, gemessen an den großen Vermögensbeständen, die jedes Jahr vererbt oder verschenkt werden.

Die vermögensbezogenen Steuern belasten also weniger die Vermögenden, sondern die Normalbürger beim Wohnen und bei Immobilien, und auch die Erbschaftsteuer schont die Superreichen weitgehend. Daher wird regelmäßig eine Wiedererhebung der Vermögensteuer diskutiert, die in Deutschland bis 1996 erhoben wurde. Dabei wird das gesamte Vermögen abzüglich Schulden jedes Jahr besteuert. Hohe persönliche Freibeträge sollen dabei die Steuerbelastung auf die sehr wohlhabenden Bürger begrenzen, moderate Steuersätze die Vermögenssubstanz schonen und gewährleisten, dass die Steuerbelastung aus den Vermögenserträgen gezahlt werden kann. Insoweit ist die Vermögensteuer eine Ergänzung zur Unternehmens- und Kapitaleinkommenbesteuerung für Reiche. Angesichts der beschriebenen Defizite dieser Steuern, hohe Unternehmens- und Kapitaleinkommen progressiv zu belasten, könnten Elemente der Vermögensteuer künftig wieder eine Rolle im Steuersystem spielen.

Steuerstrafrecht: Wann geht man für Steuerhinterziehung in den Bau?

Steuern sind staatliche Zwangsabgaben. Da ist der Anreiz groß, sich davor zu drücken, denn die staatlichen Leistungen bekommt ja jeder ohne Ausschluss von der Nutzung. Daher ist das Steuerrecht öffentliches »hoheitliches« Recht, das mit staatlichem Zwang durchgesetzt werden muss. Bürger und Unternehmen sind verpflichtet, beim Besteuerungsverfahren mitzuwirken und die Besteuerungsgrundlagen zu deklarieren – also Formulare auszufüllen, Belege aufzubewahren oder als Selbstständige oder Vermieter eine Buchhaltung zu führen. Wer das nicht ordentlich macht oder dabei schummelt, wird bestraft. Bei vorsätzlichen Steuerstraftaten wie Steuerhinterziehung oder »Bannbruch« (Schmuggel) gibt es eine Geld- oder Freiheitsstrafe. Steuerordnungswidrigkeiten, bei denen man leichtfertig oder fahrlässig seinen Pflichten nicht nachkommt, werden mit Geldbußen belegt. Und wer sich hartnäckig weigert, seinen Mitwirkungspflichten beim Besteuerungsverfahren nachzukommen, wird mit Zwangsgeldern oder -haft bedroht, und dessen Besteuerungsgrundlagen können geschätzt werden.

Für Steuerhinterziehung gibt es eine Freiheitsstrafe von bis zu fünf Jahren oder eine Geldstrafe. Verknackt wird, wer vorsätzlich gegenüber den Finanzbehörden zu steuerlich erheblichen Tatsachen falsche Angaben macht oder sie darüber in Unkenntnis lässt und dadurch zu wenig Steuern zahlt. Allein der Versuch ist strafbar. In besonders schweren Fällen können bis zu zehn Jahre aufgebrummt werden, etwa wenn man in großem Ausmaß Steuern hinterzieht, seine Stellung als Amtsträger ausnutzt, Amtsträger besticht, fortgesetzt Belege fälscht oder bandenmäßig vorgeht. Das konkrete Strafmaß hängt neben der Kooperation und Reue vor allem vom Umfang der hinterzogenen Steuern ab. Bei hinterzogenen Steuern bis zu 50000 Euro kommt man mit einer Geldstrafe davon, bei höheren Beträgen gibt es zusätzlich eine Bewährungsstrafe und ab 1 Million Euro muss man in den Bau.

Das hat in der letzten Zeit auch den einen oder anderen Prominenten erwischt. Die meisten kamen aber glimpflich davon, da über die Verjährungsfristen oder die Möglichkeit der Selbstanzeige das strafrechtlich relevante Hinterziehungsvolumen deutlich verringert werden konnte. Die Verjährungsfrist beträgt normalerweise fünf Jahre, nur in besonders schweren Fällen zehn Jahre. Davon ist die Festsetzungsverjährung zu unterscheiden, die bei Steuerhinterziehung generell zehn Jahre beträgt. Über diesen Zeitraum muss man die Steuern nachzahlen, auch wenn man nicht mehr bestraft wird.

Für die Steuerstrafverfolgung gibt es die Steuerfahndungsstellen der Finanzbehörden. Diese arbeiten mit Staatsanwaltschaft und Polizei zusammen, vorgegangen wird nach der Strafprozessordnung. In der Praxis geht es häufig ziemlich banal zu: Viele Steuerstraftaten werden bekannt durch Hinweise von betrogenen Ehefrauen oder verstoßenen Geliebten sowie von Geschäftspartnern, Mitarbeitern oder Mitgesellschaftern, die sich schlecht behandelt fühlen.

Bemerkenswert ist das Instrument der Selbstanzeige, das es im Strafrecht sonst nicht gibt. Selbst bei vollendeter Tat geht der Täter völlig straffrei aus, wenn er sich offenbart und die hinterzogenen Steuern nachzahlt. Das geht natürlich nur, bevor er erwischt wird. Klar, der Fiskus ist in erster Linie an den Einnahmen interessiert – da baut man Sündern goldene Brücken in die Steuerehrlichkeit. Wer erwischt wird, sollte sich daher auch nicht beschweren, wenn der Fiskus pragmatisch in Kopfgeldjägermanier geklaute Informationen über verheimlichte Auslandskonten aufkauft – auf einen groben Klotz gehört bekanntlich ein grober Keil.

»Führe uns nicht in Versuchung«: Möglichkeiten und Ausmaß der Steuerhinterziehung hängen vor allem von der Entdeckungswahrscheinlichkeit und den gesellschaftlichen Normen ab. Steuerhinterziehung von Kapitalerträgen war früher ein Breitensport der besseren Stände. Das Risiko war gering, denn der Fiskus schaute nicht so genau hin, und die Steueroasen hielten dicht. Selbst Kleinbürger brachten ihre sauer verdienten Spargroschen nach Luxemburg, Österreich oder in die Schweiz, wo sie von den Banken durch üppige Gebühren abgekocht wurden. Hier hat sich in den letzten Jahren vieles geändert. Durch den Ankauf der Steuer-CDs und die bessere internationale Kooperation der Finanzbehörden wird die Steuerflucht ins Ausland immer riskanter.

Zudem hat die gesellschaftliche Sanktionierung der Steuerhinterziehung zugenommen. Während Fälle früher häufig stillschweigend erledigt wurden, werden Prominente heute über die Medien an den Pranger gestellt, spektakuläre Hausdurchsuchungen und Verhaftungen liefern die Bilder dazu. Die Skandalisierung in der Medienöffentlichkeit schreckt die Täter ab und stabilisiert den sozialen Zusammenhalt. Denn Schadenfreude ist bekanntlich die schönste Freude, besonders wenn sie den Mächtigen gilt. Das schlägt aber leicht in Scheinheiligkeit und Heuchelei um. Niemand ist bekanntlich ohne Schuld, heißt es in der Bibel. Und: Im Himmel ist mehr Freude über einen reuigen Sünder als über neunundneunzig Gerechte. Das bedeutet für die Sünder konkret: Alles beichten, Demut und Reue zeigen, Buße tun und Besserung geloben – Uli Hoeneß ist hier ein leuchtendes Vorbild.

Sozialbeiträge: Versicherungsbeiträge statt Steuern

Die Sozialbeiträge sind in Deutschland ein eigenes Abgabensystem neben dem Steuersystem, das weite Bereiche der sozialen Sicherung finanziert (siehe Kapitel 3). Fast alle Arbeitnehmer und einzelne Berufsgruppen der Selbstständigen sind in den einzelnen

Sozialversicherungssystemen organisiert: Renten-, Arbeitslosen-, Kranken- und Pflegeversicherung. Steuertechnisch sind die Sozialbeiträge recht schlicht: Belastet wird bei Arbeitnehmern der Bruttolohn vor Abzügen, bei Selbstständigen der laufende Gewinn. Darauf wird ein Beitragssatz von insgesamt 39,75 Prozent (2016) erhoben, davon macht die Rentenversicherung 18,7 Prozentpunkte aus, die Krankenversicherung 15,7 Prozentpunkte. Beitragspflichtig sind aber nur Einkommen bis zur Beitragsbemessungsgrenze, die bei der Renten- und Arbeitslosenversicherung in Westdeutschland bei 6 200 Euro Bruttoeinkommen im Monat liegt und in Ostdeutschland bei 5 400 Euro, bei der Kranken- und Pflegeversicherung sind es einheitlich 4 237,50 Euro. Bei höheren Einkommen bleibt dadurch der Beitrag konstant, entsprechend sind aber auch die Leistungen bei Rente und Arbeitslosigkeit an die gedeckelten Beiträge gebunden.

Die Sozialbeiträge werden formal zur Hälfte von Arbeitgebern und Arbeitnehmern erhoben, wobei die Arbeitnehmer für Krankenversicherung und Pflegeversicherung Zusatzbeiträge zahlen. Allerdings sind die Arbeitgeberbeiträge Lohnkosten, sodass sie längerfristig in die Löhne zurückgewälzt und letztlich von den Arbeitnehmern getragen werden.

Steuermythos: Sozialbeiträge sind Steuern

Die hohen Sozialbeiträge werden häufig als Steuern betrachtet. Arbeitnehmer mit kleinen Einkommen sehen sie als Abzüge auf dem Lohnzettel, während bei ihnen die Einkommensteuer kaum eine Rolle spielt. Bei besserverdienenden Arbeitnehmern kumulieren sich die Grenzbelastungen von Sozialbeiträgen und Einkommensteuer schnell auf 50 Prozent und mehr. Die Arbeitgeber beklagen die hohen Lohnnebenkosten durch die Arbeitgeberbeiträge, obgleich sie die langfristig auf die Arbeitnehmer in Form von niedrigeren Bruttolöhnen überwälzen.

Steuern sind öffentliche Abgaben ohne Gegenleistungen, bei der Sozialversicherung gibt es aber individuelle Versicherungsleistungen: Die bekommt nur, wer vorher Beiträge gezahlt hat. Bei Rente, Arbeitslosengeld und Krankengeld gilt weitgehend das »Äquivalenzprinzip«, die Leistungen orientieren sich recht eng an den früheren Beiträgen. Wer viel einbezahlt hat, bekommt im Versicherungsfall auch viel heraus. Hier wird nicht nur das Existenzminimum gesichert, sondern auch der Lebensstandard. Daher sind die Sozialbeiträge in Deutschland primär Versicherungsbeiträge und keine Steuern – sie ersetzen private Vorsorge. Die Beitragsbemessungsgrenze begrenzt das System auf normale Beiträge. Bei hohen Einkommen steigt der Beitrag nicht mehr, dafür sind allerdings auch die Leistungen gedeckelt. Gegebenenfalls muss eine private Vorsorge einspringen.

In den Sozialversicherungen gibt es jedoch auch viele »versicherungsfremde Leistungen«, für die keine Beiträge gezahlt wurden. Diese werden zwar meistens mit Zuschüssen aus allgemeinen Steuermitteln finanziert. Soweit das aber nicht passiert, werden die Sozialbeiträge faktisch zu Steuern. Das ist bei der Aufstockung der Mütterrenten seit 2014 so, die erst in einigen Jahren durch Bundeszuschüsse teilweise ausgeglichen werden soll.

Vor allem bei der Krankenversicherung gibt es eine starke Umverteilung zwischen den Versicherten und damit eine implizite Steuerbelastung: Versicherte mit höheren Einkommen zahlen höhere Beiträge bei gleichen Leistungen, und Familienmitglieder sind kostenlos mitversichert. Daher ist es ziemlich merkwürdig, dass sich gerade die Wohlhabenden und Kinderlosen in die private Krankenversicherung verabschieden können. Das sollte man unterbinden und alle Bürger in die Sozialversicherung einbeziehen, einschließlich der Selbstständigen und Beamten. Das wurde in anderen Ländern immer schon so gemacht, während sich in Deutschland die berufsständischen Traditionen in der Sozialversicherung bis heute erhalten haben.

Abgesehen von diesen Feinheiten sollte man die Sozialbeiträge im Wesentlichen als Versicherungsbeiträge verstehen und nicht als Steuern. Die »versicherungsfremden Leistungen«, die das Versicherungsprinzip durchbrechen, im Einzelnen genau zu fassen, ist nur schwer möglich. Denn für viele Sozialversicherungsleistungen existieren keine funktionierenden privaten Versicherungsmärkte – genau dafür gibt es ja die Sozialversicherung. Da die »versicherungsfremden Leistungen« weitgehend durch Bundeszuschüsse an die Sozialversicherung ausgeglichen werden, ist die implizite Steuerbelastung in den Sozialbeiträgen gering.

Die Steueroase des kleinen Mannes und der kleinen Frau sind die Minijobs. Hierbei handelt es sich um geringfügige Beschäftigungen bis 450 Euro Verdienst im Monat. Die werden kaum besteuert und kommen günstiger weg bei den Sozialbeiträgen. Sie unterliegen nur einer Pauschalsteuer von 2 Prozent, daneben werden 13 Prozent Krankenversicherungsbeitrag und 15 Prozent Rentenversicherungsbeitrag fällig, bei Beschäftigungen in Privathaushalten gelten niedrigere Beitragssätze. Diese Beiträge zahlt der Arbeitgeber. Der Arbeitnehmerbeitrag zur Rentenversicherung beträgt 3,7 Prozent, von dem sich der Minijobber jedoch befreien lassen kann, wodurch aber verschiedene Leistungen der Rentenversicherung wegfallen. Selbst Arbeitnehmer mit einem sozialversicherungspflichtigen Hauptjob dürfen nebenbei einen Minijob ausüben. Dann gibt es noch kurzfristige Minijobs von maximal drei Monaten im Jahr, für die eine Pauschalsteuer von 25 Prozent gilt, dafür werden keine Sozialbeiträge fällig.

Mit den Minijob-Privilegien sollen Hinzu- und Nebenverdienste gefördert werden, die ansonsten aufgrund der hohen Grenzsteuersätze für viele Steuerpflichtige unattraktiv sind. Sonst müssten die Arbeitgeber die Nebenjobs besser bezahlen, oder diese würden teilweise in die Schwarzarbeit abwandern. Entsprechend werden Minijobs häufig schlecht bezahlt, sind Teil des wachsenden Niedriglohnsektors und bieten zumeist keine Karriereperspektiven.

Gebühren und sonstige Beiträge: Entgelte für staatliche Serviceleistungen

Neben den Sozialbeiträgen gibt es viele andere Gebühren oder Beiträge, die für zurechenbare staatliche Leistungen erhoben werden. Die Gebühren für einen neuen Personalausweis liegen mittlerweile bei 29 Euro, ein Reisepass kostet 59 Euro. Eine Baugenehmigung orientiert sich an den Rohbaukosten des Gebäudes und beträgt bei einem durchschnittlichen Eigenheim etwa 600 Euro. Für Wasser und Abwasser bezahlen Privathaushalte im Durchschnitt 400 Euro im Jahr, für die Müllabfuhr 300 Euro, wobei es große Unterschiede zwischen den Kommunen gibt. Der neue Rundfunkbeitrag kostet 210 Euro pro Jahr und Haushalt. Erschließungs- und Straßenbaubeiträge, häufig auch Anliegerbeiträge genannt, beteiligen die Grundstückseigentümer an den Kosten für die Erschließung ihrer Grundstücke. Je nach Grundstücksgröße und Kosten der Erschließungsmaßnahmen können sie leicht mehrere zehntausend Euro ausmachen. Und schließlich gibt es Kammerbeiträge für berufsständische Körperschaften des öffentlichen Rechts, also Industrie- und Handelskammern, Handwerkskammern, Landwirtschaftskammern oder entsprechende Organisationen der freien Berufe; im Saarland und in Bremen gibt es auch Arbeitnehmerkammern. Dabei werden öffentliche Aufgaben nicht von staatlichen Behörden organisiert, sondern auf besondere Körperschaften übertragen, bei denen sich die betroffenen Gruppen selbst organisieren (»Parafiskus«).

Die Höhe dieser Gebühren und Beiträge soll sich an den Kosten der öffentlichen Leistungen orientieren. Insoweit handelt es sich um Dienstleistungsentgelte, die recht »marktnah« erhoben werden und keine Steuern sind. Nur wenn Gebühren und Beiträge zu hoch angesetzt werden, um damit Einnahmen zu schinden, werden sie faktisch zu Steuern. Das war bei Abwassergebühren zeitweise beliebt: Aufgrund von hohem Kapitaleinsatz, komplexen Finanzierungen und langen Abschreibungsdauern für Kanalnetz und Kläranlagen konnten die Kommunen bei der Gebührenkalkulation leicht tricksen. Doch dem haben die Verwaltungsgerichte einen Riegel vorgeschoben. Natürlich kann man sich trefflich darüber streiten, was alles mit Gebühren und Beiträgen finanziert werden soll und wie effizient dabei gewirtschaftet wird, etwa beim Rundfunkbeitrag und bei vielen kommunalen Gebühren, aber das sind politische und betriebswirtschaftliche Fragen.

Ein aktuelles Thema sind Straßennutzungsgebühren, die es in vielen Ländern gibt, vor allem für Autobahnen, ausgewählte Tunnel und Brücken oder Innenstädte. Die Funk- und Navigationstechnik erlaubt künftig einen breiten Einsatz von streckenbezogenen Mautsystemen für alle Fahrzeuge. Für Lastwagen gibt es das bereits als gemeinsame Straßenmaut in Deutschland und weiteren Ländern. Ein weiteres Streitthema der letzten Jahre waren Studiengebühren: Bis 1970 gab es diese als Hörergelder auch in Deutschland. Ab 2005 führten unionsgeführte Landesregierungen in den meisten Bundesländern Studiengebühren in Höhe von 200 bis 500 Euro pro Semester ein, in den letzten Jahren wurden sie aber wieder abgeschafft.

Straßennutzungs- und Studiengebühren: vom Steuer- zum Gebührenstaat?

Bei vielen staatlichen Leistungen jenseits von reinen öffentlichen Gütern wie Sicherheit oder Umverteilung (siehe Kapitel 2) kann eine Gebührenfinanzierung oder sogar eine Privatisierung durchaus sinnvoll sein. Solche Organisations- und Finanzierungskonzepte für bisher steuerfinanzierte Leistungen entlasten die öffentlichen Haushalte und das Steuersystem. Das hat den Vorteil, dass die Leistungen stärker nach deren tatsächlicher Nachfrage ausgerichtet werden können und sich insoweit selbst tragen. Nachteilig sind unerwünschte Verteilungswirkungen. Für einkommensschwache Bürger muss man die Leistungen subventionieren, was aufwendig sein kann.

Eine nutzungsabhängige Straßenmaut ist sinnvoll, wenn man sie nach Strecken oder Zeiten staffelt. In ländlichen Gebieten kann man sie gering ansetzen, höhere Tarife sollte es hingegen in Ballungsräumen, auf stark befahrenen Strecken mit Staugefahr und in der Rush-hour geben, um die Infrastruktur besser auszulasten. Damit sich Autofahrer und deren Lobby nicht zu stark aufregen, kann man im Gegenzug die Kraftstoffsteuern und die Kraftfahrzeugsteuer senken, denn diese Steuern dienen auch dazu, den Straßenbau zu finanzieren. Langfristig liegen also Seehofer, Dobrindt und die CSU mit der Pkw-Maut richtig, sie haben das Projekt nur als »Ausländer-Maut« populistisch verbockt. Eine Vignette einzuführen, die unabhängig von den gefahrenen Strecken bezahlt werden muss, bringt nicht viel und macht nur Ärger.

Die Einführung von Studiengebühren in den 2000er Jahren war stark vom neoliberalen Mainstream dieser Zeit geprägt. Grundsätzlich ist die Idee durchaus vernünftig, denn ein Studium kostet viel Geld, ermöglicht später aber ein höheres Einkommen. Und in der Praxis studieren vor allem die Kinder der Mittel- und Oberschichten. Warum soll es diese hochwertige Ausbildung also komplett für lau geben? Warum sollen die nur mäßig bezahlten Handwerker und Facharbeiter sowie die immer schlechter bezahlten Niedriglohn-Malocher dafür mit ihren Steuern zahlen?

Aber Studiengebühren schrecken eben auch Studenten aus schlechtergestellten Milieus ab und konterkarieren damit die Bildungs- und Integrationspolitik.[4] Die Umverteilung zu Gunsten der Wohlhabenden ist ohnehin nicht so groß, denn durch die progressive Einkommensteuer zahlen Akademiker später mehr Steuern auf ihre zumeist höheren Einkommen. Man könnte zusätzlich für Uniabsolventen eine Akademikersteuer erheben, wie sie in Großbritannien und Irland immer wieder diskutiert wird, um die hohen Studiengebühren in diesen Ländern zu senken oder um die Steuern der Nichtakademiker zu senken.

Neben den Gebühren für die staatlichen Dienstleistungen gibt es Konzessions- und Verleihungsgebühren oder vergleichbare Abgaben. Diese werden für besondere Rechte oder Nutzungen von öffentlichen Ressourcen vergeben. Ein klassisches Beispiel dafür sind Bergbauabgaben, manchmal auch »Förderzins« genannt, mit denen der Staat Gewinne aus dem Abbau von Bodenschätzen abschöpft. In Ländern mit wertvollen Rohstoffen haben solche Einnahmen große Bedeutung für die Staatsfinanzen. Da es in Deutschland nur wenige lukrative Rohstoffquellen gibt, spielen Förderabgaben nach dem Bundesberggesetz, die auf Landesebene erhoben werden, nur eine geringe Rolle. Nur Niedersachsen erzielte in den letzten Jahren auf die Erdöl- und Erdgasgewinnung ein Abgabenaufkommen von immerhin 500 Millionen Euro im Jahr, was 2 Prozent des Landesetats ausmachte.

Erhebliche Einnahmen lassen sich mitunter aus der Vergabe von Mobilfunkfrequenzen erzielen. So gab es bei der Versteigerung von UMTS-Lizenzen im Sommer 2000 ein ziemliches Gerangel zwischen verschiedenen Anbietern, die in das aufstrebende Mobilfunkgeschäft mit größeren Bandbreiten einsteigen wollten. Am Ende kam ein sensationeller Erlös von 51 Milliarden Euro heraus, was damals 2,4 Prozent des Bruttoinlandsprodukts entsprach. Eine Versteigerung von zurückgegebenen und weiteren Frequenzblöcken erzielte 2010 noch einmal gut 4 Milliarden Euro. Die Versteigerung von Frequenzen für schnelle mobile Internetverbindungen des 4G-Netzes (LTE) erzielte im Juni 2015 Einnahmen von 5,1 Milliarden Euro. Die Erlöse gehen an Bund und Länder und werden teilweise in die Förderung des Netzausbaus gesteckt.

Schließlich gibt es in der Umweltpolitik die Möglichkeit zu Verkauf oder Versteigerung von Emissions- und Verschmutzungsrechten, die weiterverkauft und auf Märkten gehandelt werden können. Diese Systeme wirken so ähnlich wie Umweltabgaben oder Ökosteuern und können bei vergleichbarer Gestaltung ähnliche Einnahmen erzielen. Statt direkt den »Preis« für die Emission mit Abgaben festzulegen, wird deren Menge begrenzt. Deren Preis bildet sich dann bei Versteigerungen und auf Märkten für die Emissionszertifikate.

Mit dem Europäischen Emissionshandel wurde ein umfassendes Handelssystem für den Kohlendioxidausstoß von emissionsstarken Anlagen in 31 europäischen Ländern errichtet. Es erfasst rund 11 000 Anlagen der Stromerzeugung und der energieintensiven Industrie. Aufgrund der großzügigen Ausstattung und kostenlosen Vergabe der Emissionszertifikate an die Anlagenbetreiber ist deren Preis zurzeit niedrig und die Einnahmen bewegen sich in Deutschland nur noch bei 1 Milliarde Euro im Jahr. Aber grundsätzlich kann die Vergabe von

Emissionszertifikaten funktionieren: In den USA wurde seit Mitte der 1990er Jahre der Schwefeldioxidausstoß mit einem Emissionshandelssystem erfolgreich reduziert.

Sonderabgaben und Quasi-Steuern: vom Kohlepfennig über die Filmabgabe bis zur Bankenabgabe

Neben den eigentlichen Steuern gibt es noch einen Wildwuchs an kleinteiligen Quasisteuern, die in Deutschland Sonderabgaben genannt werden. Dabei geht es zumeist um die Finanzierung von branchen- oder gruppenbezogenem Sonderbedarf oder um Lenkungs- und Umweltabgaben. Die bekanntesten Sonderabgaben sind die Abwasserabgabe, die Filmabgabe, die Schwerbehindertenausgleichsabgabe oder seit 2011 die Bankenabgabe. Sie sind keine Gebühren und Beiträge, weil es an der unmittelbaren Gegenleistung für die Abgabenpflichtigen fehlt. Insoweit sind sie eigentlich Steuern, aber keine richtigen und breiter wirksamen, weil sie sich eng an einzelnen Gruppen oder Branchen orientieren. So finanziert die Bankenabgabe einen Rettungsfonds, damit marode Banken nicht wieder vom Staat gerettet werden müssen.

Die Abgrenzung zu den Steuern hat in Deutschland vor allem verfassungsrechtliche Gründe, da die Aufteilung der Steuereinnahmen auf Bund, Länder und Gemeinden in der Finanzverfassung des Grundgesetzes detailliert geregelt ist. Regulierungen der Wirtschafts-, Sozial- oder Umweltpolitik und damit verbundene Abgaben sollen nicht als Steuerquelle missbraucht werden. Das Bundesverfassungsgericht verlangt daher, dass Sonderabgaben nur von abgrenzbaren Gruppen erhoben werden dürfen, die eine besondere Sachnähe und Verantwortung für den Abgabenzweck haben und denen das Aufkommen wieder zufließen muss.

Mit dieser Argumentation wurde vor zwanzig Jahren der Kohlepfennig gekippt – eine Abgabe auf den Strompreis, die ein erhebliches Aufkommen erzielte, um den Steinkohlebergbau zu subventionieren. Heute wird der Strom ungleich stärker mit der EEG-Umlage belastet, die immerhin den Strom aus sauberen regenerativen Quellen fördert. Deren Aufkommen ist mit 23 Milliarden Euro (2015) dreimal so hoch wie die Stromsteuer. Sie gilt aber nicht als Steuer oder Sonderabgabe, obwohl sie genauso wirkt, sondern als reine Wirtschaftsregulierung.

An dieser Stelle zeigt sich, dass man in stark regulierten Märkten staatliche Steuern und Ausgaben gut verstecken kann. Statt Steuern zu erheben und damit bestimmte Leistungen zu finanzieren, zwingt der Staat die Unternehmen, bestimmte Leistungen zu erbringen und die Kosten auf die Allgemeinheit der Kunden umzulegen.

Örtliche Verbrauchs- und Aufwandsteuern: von der Hundesteuer über die Kurtaxe bis zur Sexsteuer

Schließlich gibt es bei der Gemeindebesteuerung eine Reihe von örtlichen Verbrauchs- und Aufwandsteuern. Diese haben verschiedene Besteuerungsziele, muten häufig recht skurril an und repräsentieren mitunter auch eine gewisse Besteuerungswillkür. Sie werden von den Gemeinden nach landesrechtlichen Vorgaben erhoben. Daher gibt es hier eine große Vielfalt.

Die bekannteste und aufkommensstärkste dieser Steuern ist die Hundesteuer, die deutschlandweit immerhin 260 Millionen Euro im Jahr in die Gemeindekassen spült. Deren historischer Hintergrund ist es, die Hundehaltung einzuschränken und zugleich die Liebe zum Hund fiskalisch auszunutzen. In manchen Gemeinden werden Kampfhunde deutlich höher besteuert, in anderen gibt es Nachlässe für Grundsicherungsempfänger. Steuerfrei bleiben Hunde, die zu gewerblichen Zwecken gehalten werden, sowie Polizei-, Blinden- oder Hütehunde. Früher wurden auch weitere Haustiere mit kommunalen Steuern belegt, etwa Nachtigallen und andere Singvögel. Eine Pferdesteuer gibt es in manchen Gemeinden, eine Reitabgabe für die Anlage und Unterhaltung von Reitwegen erheben manche Bundesländer.

Die Kurtaxe kennen wir als Urlauber: Sie wird in den klassischen Fremdenverkehrsorten bei den Beherbergungsbetrieben auf die entgeltliche Übernachtung von Personen erhoben, in vielen Seebädern werden auch Tagesbesucher für den Strandbesuch zur Kasse gebeten. Mit dem Aufkommen wird die touristische Infrastruktur finanziert. Auch Mallorca, liebstes Urlaubsziel der Deutschen und liebevoll »Malle« oder »17. Bundesland« genannt, erhebt seit Kurzem eine ähnliche Urlaubssteuer. Viele größere Städte verlangen seit einigen Jahren eine Übernachtungsabgabe zur Kulturförderung, auch Bettensteuer, Hotelsteuer oder City-Tax genannt. Sie wird auf das Übernachtungsentgelt erhoben und beträgt meist um die 5 Prozent. Hier haben die Kommunen das Besteuerungspotenzial genutzt, das durch die Mehrwertsteuerermäßigung von Beherbergungsdienstleistungen seit 2010 frei geworden ist. Ferner gibt es die Zweitwohnungsteuer auf Wohnungen von Bürgern ohne Hauptwohnsitz in der Gemeinde. Die maßgebliche Begründung für diese Steuer ist, dass die Gemeinden für Personen ohne Hauptwohnsitz im Rahmen des kommunalen Finanzausgleichs keine Zuweisungen bekommen.

Daneben gibt es noch eine Reihe von Kommunalabgaben, die Sondervorteile einzelner Gruppen abschöpfen, unerwünschte Entwicklungen zurückdrängen oder schlicht die Kaufkraft der Bürger abschöpfen sollen. Das betrifft etwa die Jagdsteuer und die Fischereisteuer auf die Pachtwerte der Jagd- und Fischgründe oder die Schankerlaubnissteuer auf die Lizenz zum Betrieb von Gastronomie. Ein beträchtliches Aufkommen hat die Vergnügungsteuer mit ihren diversen Komponenten, die früher »Lustbarkeitsteuer« genannt wurde. Sie erzielt insgesamt 400 Millionen Euro im Jahr, die im Wesentlichen aus der Besteuerung der Eintrittsgelder von Unterhaltungsveranstaltungen (Kartensteuer) und der Spielautomaten (Spielgerätesteuer) erzielt werden. Die Stadt Essen wollte vor einigen Jahren eine Solariensteuer einführen, in Berlin wurde zeitweise eine Motorbootsteuer diskutiert. Seit Aufhebung der Sittenwidrigkeit der Prostitution haben einzelne Gemeinden damit begonnen, Steuern auf sexuelle Dienstleistungen zu erheben, volkstümlich »Sexsteuer« genannt.

Markteinkommen, Schulden und Steuern

»The king has to live on his own«, lautete ein Grundsatz des vormodernen Domänenstaats, bei dem sich Fürsten und Klerus aus den Einnahmen ihres Besitzes finanzierten. Anheimelnde Restbestände davon gibt es noch heute, etwa Staatsforsten, Staatsweingüter oder Staats- und Klosterbrauereien. Heute spielen eigene Erwerbseinkünfte nur noch eine untergeordnete Rolle bei den Staatseinnahmen, denn für die normale Staatsfinanzierung gibt es Steuern, Beiträge und Gebühren.

Dennoch gibt es noch viele staatliche Unternehmen oder Unternehmensbeteiligungen. Zumeist finden sie sich im Verkehrs-, Energie-, Telekommunikations-, Wohnungs- und Bankensektor, wo der Staat als Akteur präsent ist und zugleich Wirtschaftsförderung betreibt. Management und Governance der öffentlichen Unternehmen sind immer eine heikle Sache: Dabei können erhebliche Kosten für die öffentliche Hand entstehen, siehe die zusammengebrochenen Landesbanken oder die vielen gescheiterten Infrastrukturprojekte. Werden die Unternehmen gut bewirtschaftet, können sie aber auch eine schöne Rendite erzielen. Die fällt weg bei Privatisierungen, die damit langfristig sogar ein Verlustgeschäft darstellen können. Da die Privatisierungen von manchen Infrastrukturdienstleistungen nicht gut funktioniert haben, etwa in der Wasser- oder Energiewirtschaft, gibt es hier wieder einen Trend zur Rekommunalisierung. Häufig werden staatliche und kommunale Dienstleistungen in privatrechtlich organisierte Firmen ausgelagert. Das ist mehr eine betriebswirtschaftliche Frage, wie man die öffentlichen Leistungen effizient organisiert.

Das geräuschloseste und zunächst vermeintlich marktwirtschaftlichste Instrument zur Staatsfinanzierung sind neben Steuern deshalb Staatsschulden. Dabei wird niemandem Geld weggenommen, allenfalls wird private Kreditnachfrage verdrängt. Daher neigen die Politiker zur Schuldenfinanzierung. Der Haken dabei ist, dass später zur Refinanzierung der Schulden entweder die Steuern erhöht oder öffentliche Leistungen gekürzt werden müssen. Die tatsächlichen Belastungen der Staatsfinanzierung werden also in die Zukunft verschoben. Daher gibt es die Schuldenbremsen in den Verfassungen.

Schuldenbremse: wirklich drauftreten?

Die neue deutsche Schuldenbremse, die seit 2011 gilt und über den Fiskalpakt auch nach Europa exportiert wurde, ist ziemlich streng. Weil die Staatsschulden in der Vergangenheit stark gestiegen sind, soll sich der Staat nur noch in Krisensituationen verschulden dürfen, etwa bei einer schweren Rezession oder bei Naturkatastrophen. Selbst Schulden für Bau- und Infrastrukturinvestitionen, bei denen Vermögen geschaffen werden und von denen Wirtschaft und Gesellschaft künftig profitieren, sind davon nicht mehr ausgenommen. Das ist allerdings fragwürdig, da die Zinsen momentan sehr niedrig sind, sodass Staatsschulden praktisch nichts kosten und die öffentliche Infrastruktur marode ist.

Die Haushaltssituation ist in Deutschland momentan günstig, die öffentlichen Haushalte kommen ohne neue Schulden aus. Allerdings haben die Finanzminister auch die Haushalte zusammengehalten und größere Ausgabenwünsche oder Steuersenkungspläne abgeblockt. Insoweit hat die Schuldenbremse ihre finanzpolitische Bremswirkung erreicht. Ansonsten wären sicher die Steuern gesenkt worden – Stichwort »kalte Progression«. Insoweit ist die Schuldenbremse auch eine Steuersenkungsbremse.

Teilweise umgehen Bund und vor allem die Länder die Schuldenbremse, indem sie Finanzierungen in öffentlich-private Partnerschaften, staatliche Unternehmen oder private Dienstleister auslagern. In den europäischen Krisenländern wird der Stabilitäts- und Fiskalpakt kaum noch ernst genommen, in Frankreich sowieso nicht. Die niedrigen Zinsen und die Schuldengarantie durch die Europäische Zentralbank für hoch verschuldete Eurozonenländer halten die Finanzierungskosten im Rahmen. Dadurch erlahmen aber auch die Anstrengungen, die Haushalte zu konsolidieren und unpopuläre wachstumsfreundliche Strukturreformen umzusetzen. Wenn die Zinsen künftig wieder steigen und die EZB bei einer neuen Wirtschafts- und Finanzkrise mit ihrem Latein am Ende ist, drohen heftige Staatspleiten und der Euro bricht auseinander.

In Deutschland wird der demografische Wandel ab 2025 deutlich zuschlagen. Da werden vor allem in den sozialen Sicherungssystemen erhebliche Belastungen entstehen. Das spricht dafür, jetzt Schulden abzubauen oder zumindest keine neuen aufzunehmen, um für spätere Belastungen vorzusorgen. Auch bei der »schwarzen Null« oder leichten Defiziten geht die Staatsschuldenquote zum Bruttoinlandsprodukt spürbar zurück, soweit das Wachstum der Steuereinnahmen höher ist als die Defizitquote. So verschaffen wir uns finanzpolitische Spielräume für künftige Herausforderungen.

Steuern auf das Geld: Seigniorage, Inflationssteuer und finanzielle Repression

Immer wieder wichtig sind die mittelbaren Staatseinnahmen aus der Geldschöpfung und der Finanzmarktregulierung. In der internationalen Wirtschafts- und Finanzwelt nennt man das »Seigniorage«. Der Begriff bezeichnet historisch den Münzgewinn, den die Fürsten früher auf die Münzprägung erhoben. Der wurde mitunter durch Münzverschlechterung aufgebessert, also durch Verringerung des Feingehalts der Gold- und Silbermünzen. Heute meint man damit den Zentralbankgewinn, der durch die Emission von nicht verzinstem Zentralbankgeld entsteht, also Bargeld und Giroeinlagen der Banken bei der staatlichen Zentralbank. Dieser Effekt verschwindet zurzeit durch die extrem niedrigen Zinsen und die lockere Geldpolitik der EZB. Dadurch lag der Bundesbankgewinn in den letzten Jahren nur noch bei wenigen Milliarden Euro – in den 1990er Jahren bewegte er sich meist zwischen 5 und 10 Milliarden Euro und übertraf damit das Aufkommen einer Reihe von kleineren Steuern.

Eine Inflationssteuer entsteht bei einer preistreibenden expansiven Geldpolitik der Zentralbank, die staatliche Budgetdefizite direkt über Staatskredite oder indirekt über die Banken und Kapitalmärkte finanziert. Sie belastet alle Finanzvermögen, bei denen die Kaufkraftverluste der Inflation nicht durch höhere Zinsen ausgeglichen werden. Das gilt vor allem für Bargeld und Girokonten, aber meist auch für Spareinlagen, Lebensversicherungen und private Rentenversicherungen. Hyperinflationen in Zeiten staatlicher Finanzkrisen in Folge von Kriegen oder schweren Wirtschaftskrisen führen zu einer weitgehenden Zerrüttung des Geld- und Finanzsystems.

»Bei der Inflationsmisere war'n wir alle Milliardäre«, sang Otto Reutter in den 1920er Jahren. Die Inflation nach dem Ersten Weltkrieg, an deren Ende 1923 ein Laib Brot 300 Milliarden Mark kostete, hat sich tief in das kollektive Gedächtnis der Deutschen eingebrannt und wohl maßgeblich zur strikten Stabilitätskultur der Bundesbank beigetragen. Dank niedriger Inflationsraten spielte die Inflationssteuer in den letzten Jahren keine Rolle. Im Gegenteil: Angesichts der Rezession in vielen Ländern der Eurozone und der drohenden Deflation ignoriert die EZB inzwischen alle Beschränkungen aus dem Maastrichter Vertrag und ist zu einer sehr expansiven Geldpolitik übergegangen, um das Abrutschen in eine gefährliche Deflation zu vermeiden. Nebenwirkung dieser »quantitativen Lockerung« ist allerdings eine Umverteilung der Vermögen von den Mittelschichten zu den Reichen.

Steuermythos: Mario Draghi und die EZB enteignen die deutschen Kleinsparer

Der Verfall der Zinsen, den die sehr expansive Geldpolitik der großen Zentralbanken anheizt, wird häufig als »finanzielle Repression« gegeißelt. Tatsächlich wirkt das wie eine Vermögensabgabe auf die Finanzvermögen der Mittelschichten.

Gerade in Deutschland halten die Normalbürger ihr Vermögen zu einem großen Teil in Sparguthaben, Lebensversicherungen, betrieblicher Altersversorgung oder Riester-Verträgen. Diese Anlagen leben vor allem von Zinsen auf sichere Anlagen wie Staatsanleihen oder Pfandbriefen, die seit einigen Jahren weitgehend verfallen und sogar negativ geworden sind, wenn man die schwache Inflation abzieht. Immobilienbesitz ist in Deutschland nicht so verbreitet wie anderswo – wir sind ein Volk von Mietern. Und Aktien oder Aktienfonds scheuen die meisten Kleinanleger nach schlechten Erfahrungen der Vergangenheit. Aber diese Werte haben sich entsprechend positiv entwickelt, denn die Anleger fliehen ins Sachvermögen, wenn es bei Finanzanlagen nichts mehr zu verdienen gibt. Wer Schulden hat, profitiert durch günstige Anschlussfinanzierungen. Vor allem profitieren die Vermögen der Reichen und Superreichen spürbar von den deutlich steigenden Vermögenspreisen, da sie vor allem in Immobilien, Fonds und Unternehmensbeteiligungen investiert haben. Und die Staaten werden entlastet durch die niedrigeren Zinsen. Das bedeutet immerhin niedrigere Steuern in der Zukunft, insofern profitieren auch die Bürger davon.

Es gibt kein Grundrecht auf Sparzinsen. Wenn zu viel Kapital im Angebot ist und zu wenig investiert wird, sinken die Zinsen. Außerdem sollen die Zentralbanken die Geldwertstabilität sichern. Das heißt eben nicht nur, Inflation zu verhindern, sondern auch eine Deflation, also einen Verfall der Preise auf breiter Front. Die Unternehmen geraten dann schnell in die Krise, da ihre Lohnkosten nicht so schnell sinken und der reale Wert ihrer Schulden steigt. Die Folge ist eine Rezession oder sogar längere Stagnation, die dann über Arbeitslosigkeit und niedrigere Masseneinkommen auch breite Bevölkerungsschichten trifft. Und wenn die Staaten noch der Krise hinterhersparen und die Nachfrage weiter sinkt, lohnen sich Investitionen und Arbeitsplätze erst recht nicht. Manche Ökonomie-Großmeister glauben, dass viele Volkswirtschaften nach der Finanzkrise in eine »säkulare Stagnation« gefallen sind[5] und daher die Staaten mehr Gas geben müssen, um die strukturell schwache Nachfrage wieder anzuheizen.

Zugleich gilt aber auch: »Man kann die Pferde zur Tränke führen, saufen müssen sie selber.«[6] Erzwingen können die Zentralbanken mehr Kredite, Investitionen und Beschäftigung nicht. Wenn in vielen Ländern Banken und Staaten überschuldet sind und die Wirtschaftsstrukturen nicht modernisiert werden, bleibt das Wachstum schwach. Und zugleich treten die Schattenseiten der Geldschwemme deutlich zutage in Form von ungerechten Verteilungswirkungen und Gefahren für die Finanzstabilität.

Die Rettungsaktionen für marode Banken und Staaten und die niedrigen Zinsen haben viele Investoren gerettet. Die Kosten der Finanzkrise wurden breit auf Steuerzahler und Sparer verteilt. Mit einer einmaligen Vermögensabgabe oder einer laufenden Vermögensteuer könnte man die Belastungen stärker auf die wohlhabenden Bürger verteilen, deren Vermögen durch den Boom auf den Vermögensmärkten deutlich gestiegen sind.

Steuerrechtsordnung: Ordnung muss sein

Zum Abschluss unserer Tour d'Horizon zum Steuersystem noch ein Blick auf die Steuerrechtsordnung. Die Grundlagen des Steuerrechts und des Besteuerungsverfahrens finden sich in der bereits erwähnten Abgabenordnung. Zu den einzelnen Steuern gibt es jeweilige Steuergesetze, etwa das Einkommensteuergesetz, das Körperschaftsteuergesetz oder das Umsatzsteuergesetz. Ausführungsbestimmungen zu diesen Einzelsteuergesetzen werden in Verordnungen erlassen. Und schließlich gibt es verwaltungsinterne Richtlinien, in denen genaue Handlungsanweisungen für die Finanzverwaltung vorgegeben werden, wie das Recht konkret angewendet werden soll, die aber für die Bürger nicht bindend sind. Steuerbescheide sind hoheitliche Verwaltungsakte – und dagegen gibt es Rechtsbehelfsverfahren: Zunächst kann man Einspruch beim Finanzamt einlegen, klagen kann man vor den Finanzgerichten, die als eigenständige Verwaltungsgerichte nur für Steuerangelegenheiten dienen.

Der Steuergesetzgeber muss das höherrangige Verfassungsrecht beachten. Dabei haben die Grundrechte eine große Bedeutung. Steuergesetze verstoßen leicht gegen den Gleichbehandlungsgrundsatz, gegen das Eigentums- und Erbrecht, gegen die Berufsfreiheit oder gegen den Schutz von Ehe und Familie. Das Bundesverfassungsgericht spielt deshalb eine recht aktive Rolle. Es hat schon häufig Steuerregelungen außer Kraft gesetzt und den Gesetzgeber zur Neuregelung aufgefordert, zuletzt bei der Erbschaftsteuer.

Die Finanzverfassung des Grundgesetzes regelt detailliert die bundesstaatliche Aufteilung von Gesetzgebungskompetenz, Verwaltungszuständigkeit und Aufkommen auf Bund, Länder und Gemeinden. Anders als in den USA oder in der Schweiz, wo die einzelnen Bundesstaaten beziehungsweise Kantone im Prinzip ohne große Beschränkungen ihr eigenes Steuersystem gestalten können, muss in Deutschland immer gleich das Grundgesetz geändert werden, wenn die föderale Aufteilung des Steuersystems angepasst werden soll.

Hinzu kommt das Europarecht, das die nationale Steuergesetzgebung bindet. So gibt es bei den indirekten Steuern eine weitgehende Harmonisierung der Bemessungsgrundlagen, damit der Binnenmarkt ohne Zollkontrollen an den Grenzen funktioniert. Bei den direkten Steuern spielen die »vier Grundfreiheiten« der EU – die Arbeitnehmer- und Niederlassungsfreiheit, die Warenverkehrsfreiheit, die Dienstleistungsfreiheit sowie die Kapitalverkehrsfreiheit – eine große Rolle. EU-Ausländer dürfen somit von den nationalen Steuergesetzen nicht benachteiligt werden. Zugleich soll der Wettbewerb durch Steuervergünstigungen nicht verzerrt werden, daher unterliegen sie der Beihilfenkontrolle der Europäischen Kommission.

Steuermythos: 80 Prozent der weltweiten Steuerliteratur ist deutsch

Ein Großteil der weltweiten Steuerliteratur stammt aus Deutschland, so lautet ein alter Steuermythos, der sich bis heute hartnäckig hält. Insbesondere vor zehn Jahren geisterte er durch Talkshows und Politikerreden, als die große Steuerreform mit grundlegender Steuervereinfachung in aller Munde war. Stoiber sprach von 60 Prozent Anteil, Westerwelle von 70 bis 80 Prozent, obwohl weltweit nur 2 Prozent aller Steuerzahler aus Deutschland kommen.

Der Mythos bringt das große Unbehagen an der Komplexität des Steuerrechts zum Ausdruck. Wie er entstanden ist oder wer ihn in die Welt gesetzt hat, lässt sich nicht klären. Internationale Vergleiche zeigen aber schnell, dass sich das deutsche Steuersystem bei der Kompliziertheit nicht nennenswert von anderen Ländern unterscheidet.[7] Den pragmatischen Auftakt machte vor Jahren ein bekannter deutscher Steuerberater, der mit dem Zollstock in die Bibliothek des International Bureau of Fiscal Documentation in Amsterdam ging, die den größten Bestand an weltweiter Steuerliteratur gesammelt hat. Dort maß er aus, wie viele der gesamten Regalmeter auf Bücher und Zeitschriften entfallen, die sich mit dem deutschen Steuerrecht beschäftigen – er kam auf 10 Prozent. Eine Analyse der elektronischen Bestände ergab später einen Anteil von knapp 15 Prozent. Die Beratungsfirma Pricewaterhouse-Coopers (PwC) hat in Studien den Umfang der Unternehmensteuergesetze in verschiedenen Ländern verglichen: Demnach liegt Deutschland im Mittelfeld und deutlich günstiger als etwa Großbritannien oder die USA. Ähnliche Ergebnisse zeigen Analysen zu den Steuerbefolgungskosten der Unternehmen und Bürger, also zum Kosten- und Zeitaufwand für Buchführung, Belegdokumentation und Steuererklärung.

Dass die Mär vom undurchdringlichen deutschen Steuerdschungel kaum totzukriegen ist, liegt wohl auch am viel gerühmten deutschen Ordnungssinn und dem Logik- und Systematisierungswahn der deutschen Juristerei. Die Angelsachsen mit ihrer Tradition des fallorientierten, natürlich gewachsenen und wenig kodifizierten »common law« haben damit weniger Probleme, auch wenn es bei ihnen eher noch komplizierter ist. Historisch gewachsene Steuersysteme, in denen Generationen von Finanzpolitikern ihre Spuren hinterlassen haben, sind eben nicht nur mit den Gesetzen der Logik zu verstehen.

Eine grundlegende Steuerreform ist extrem aufwendig und nur schwer gegen die Einzelinteressen durchzusetzen, die an den bestehenden Normen hängen. Die Wirtschaftsverbände und Lobbyisten bemühen zwar gerne das Argument der Steuervereinfachung, wenn sie Steuersenkungen verlangen oder Steuererhöhungen verhindern wollen. Zugleich haben sie natürlich gar kein Problem damit, die kompliziertesten Steuervergünstigungen zu entwickeln und zu fordern, die den Befolgungs- und Verwaltungsaufwand des Steuersystems kräftig hochtreiben – man denke etwa an die Reform der weitreichenden Vergünstigungen für Unternehmensübertragungen bei der Erbschaftsteuer 2016.

Genährt wird der Mythos von der riesigen deutschen Steuerliteratur wohl auch durch den Publikationseifer des deutschen Steuerberatungsgewerbes. Hier gilt das altbewährte Motto: Wer schreibt, der bleibt. Es gibt unendlich viele Fachzeitschriften, Monografien, Sammelbände und Kommentare, in denen die Steuerberater, -juristen und Finanzbeamten ihre laufende Arbeit veröffentlichen: Fälle und Sparmodelle beschreiben, Gerichtsurteile darstellen, Gesetze, Verordnungen und Richtlinien kommentieren, Reformvorschläge entwickeln und beschreiben. Besonderen Neuigkeitswert haben viele dieser Publikationen nicht. Abgesehen von Nebenverdienst und Freizeitbeschäftigung geht es dabei vor allem auch darum, im Geschäft zu sein oder die »herrschende Meinung« zu beeinflussen, die großen Einfluss auf Finanzverwaltung und Gerichte hat.

Internationales Steuerrecht: Steuern ohne Grenzen

Bei den direkten Steuern gibt es noch das internationale Steuerrecht, das die grenzüberschreitende Besteuerung von Einkommen, Vermögen und Erbschaften regelt. Die meisten Länder besteuern das gesamte Welteinkommen ihrer unbeschränkt steuerpflichtigen Bürger oder Unternehmen, also einschließlich deren Auslandseinkommen. Unbeschränkt steuerpflichtig sind alle Personen mit Wohnsitz oder ständigem Aufenthalt im Inland, unabhängig von der Staatsangehörigkeit. Zugleich besteuern die Länder aber auch die Inlandseinkommen von Ausländern – jedenfalls dann, wenn sie größere wirtschaftliche Interessen im Inland haben, etwa bei Unternehmen oder Grundstücken oder bei ausländischen Arbeitnehmern. Das nennt man beschränkte Steuerpflicht. Manche Länder, etwa die USA, besteuern auch nach der Staatsangehörigkeit, damit die eigenen Bürger nicht in Steuerparadiese fliehen.

Dadurch droht eine mehrfache Besteuerung von Auslandseinkommen, die durch die Doppelbesteuerungsregelungen vermindert wird. Dabei wird entweder die ausländische Steuerbelastung auf die inländische angerechnet oder die im Ausland besteuerten Einkünfte werden von der inländischen Besteuerung freigestellt. Dazu gibt es Vorschriften in den nationalen Steuergesetzen. Darüber hinaus gibt es zwischen den größeren Ländern Doppelbesteuerungsabkommen (DBA), in denen die Besteuerungsansprüche der Länder für einzelne Einkunftsarten detailliert geregelt werden und dem nationalen Steuerrecht vorgehen. Die Regelungen sind ziemlich kompliziert und teilweise auch lückenhaft. Durch geschickte Gestaltungen gelingt es international operierenden Unternehmen, steuerpflichtige Einkommen weitgehend steuerfrei in Steueroasen zu verschieben. Noch kompliziertere Vorschriften und internationale Übereinkommen versuchen das zu begrenzen.

Stones in Exile: Wie die Reichen und Schönen Steuern vermeiden

Anfang 1971 waren die Rolling Stones pleite und hatten hohe Steuerschulden. Ihr neuer Finanzmanager Rupert von Loewenstein (»Rupie the Groupie«) überzeugte sie, Großbritannien wegen der hohen Steuern zu verlassen. Sie zogen nach Südfrankreich, wo sie ihr klassisches Album *Exile on Main Street* einspielten, das heute in keiner bildungsbürgerlichen Plattensammlung fehlen darf. Dank des anhaltenden Erfolgs und geschickter Steueroptimierung waren sie schnell wieder bei Kasse. Nicht zuletzt war dort auch die Versorgung mit harten Drogen günstiger als in England.

Noch bis Anfang der 1980er Jahre nahm die britische Regierung gepfefferte Einkommensteuer-Spitzensätze, die bis 80 Prozent reichten – auf Kapitaleinkommen waren sie sogar noch höher. Erst in den neoliberalen Thatcher-Jahren sanken die Spitzensteuersätze deutlich. Viele berühmte und erfolgreiche Musiker verließen in den 1970er Jahren ebenfalls aus steuerlichen Gründen das Vereinigte Königreich, etwa Marc Bolan, David Bowie, Rod Stewart oder Tom Jones. Klar, als Musiker ist man mobiler im Vergleich zu Schauspielern oder Sportlern, die stärker vor Ort präsent sein müssen.

»What this country really needs is a good 5 percent income tax«, witzelte Comedy-Altmeister Julius »Groucho« Marx Anfang der 1960er Jahre über den seinerzeit oft zitierten Ausspruch eines Politikers, das Land brauche eine gute Fünf-Cent-Zigarre.[8] In den USA galten damals Einkommensteuer-Spitzensätze von über 90 Prozent auf sehr hohe Einkommen, noch bis 1980 betrug der Spitzensteuersatz bei Kapitaleinkommen 70 Prozent. Steuerflucht gilt allerdings in der amerikanischen Öffentlichkeit schnell als egoistisch und unpatriotisch, sodass Prominente damit vorsichtig sind.

In Frankreich sorgten die Reichensteuererhöhungen nach dem Amtsantritt von Präsident François Hollande 2012 für lauten Protest bei den Reichen. Der Spitzensteuersatz wurde zeitweise auf 75 Prozent erhöht und die Vermögensteuer angehoben. Daraufhin gab es merkliche Wohnsitzverlagerungen nach Belgien und in die Schweiz. Mediale Aufmerksamkeit erregte der Wegzug des bekannten Schauspielers Gérard Depardieu nach Russland.

In Deutschland gibt es ebenfalls einige sehr gut verdienende Künstler und Sportler oder reiche Privatanleger, die aus steuerlichen Gründen ins Ausland gezogen sind. Der Gesetzgeber versuchte, das mit diversen Abwehrgesetzen zu erschweren. Durch die Wegzugsbesteuerung müssen stille Reserven aufgedeckt und versteuert werden. Auswanderer in Niedrigsteuerländer unterliegen mit ihren Inlandseinkünften zehn Jahre der erweiterten beschränkten Steuerpflicht. Beim Wegzug in andere EU-Länder gelten diese Regeln jedoch nicht, da sie die Niederlassungsfreiheit verletzen.

Ohnehin haben sich in den letzten Jahrzehnten die internationalen Steuersparmöglichkeiten deutlich verbessert, sodass man auch als Inländer mit international gestreuten Anlagen seine Steuerbelastung drücken kann. Gerade Musiker verlagern ihre Lizenzeinnahmen legal auf die einschlägigen Steueroasen. Angeblich haben zum Beispiel die Rolling Stones kaum noch Steuern gezahlt, seit sie solche Gestaltungsmöglichkeiten nutzen. Auch andere Wohlhabende profitieren von Offshore-Finanzplätzen und Steueroasen, was allerdings schnell die Grenze zur Steuerhinterziehung überschreitet. Inzwischen kommt hierüber einiges ans Licht, was früher im Dunkeln blieb.

Spitzensportler können leicht ins steuerbegünstigte Ausland gehen, wenn sie nicht im Inland präsent sein müssen. In Deutschland haben das Spitzenverdiener wie Michael Schumacher oder Boris Becker gemacht. Der eine oder andere wurde aber dabei erwischt, die Aufenthaltsgrenzen für die beschränkte Steuerpflicht nicht eingehalten zu haben, und wegen Steuerhinterziehung verknackt. Fußballer können sowieso nicht ins Ausland verziehen, denn sie müssen vor Ort auf dem Spielfeld stehen. Hier sind die Spitzensteuersätze ein wichtiger Standortfaktor für die Vereine und für die Stärke der Liga. Denn bei Spitzenspielern sind Nettoverträge üblich. Wenn ein Land die Steuersätze anhebt, muss der Verein tiefer in die Tasche greifen – die Steuererhöhung wird hier voll auf den Arbeitgeber überwälzt. Studien finden dazu deutliche Effekte.[9] In vielen Ländern gibt es aber Vergünstigungen für zuwandernde Spitzenverdiener. Oder der Fiskus ist großzügig beim Vollzug der Besteuerung, was in einzelnen Ländern durchaus Praxis sein soll.

2 Steuerziele und -ideologien: zwischen Neoliberalismus und Wohlfahrtsstaat

Fiskalisches Ziel: Finanzierung öffentlicher Güter

Steuern dienen dazu, öffentliche Aufgaben zu finanzieren – das ist trivial. Aber was sind öffentliche Aufgaben, was soll der Staat an sich ziehen und was nicht? In der privatkapitalistischen Marktwirtschaft überlässt man das wirtschaftliche Geschehen zunächst der Privatinitiative von Bürgern und Unternehmern. Das funktioniert meistens ganz gut und hat auch etwas mit Freiheit zu tun. Denn die Wirtschaftsbürger wollen sich nicht vom Staat vorschreiben lassen, wo und wie sie arbeiten oder ihr Geld anlegen.

Aber auch im neoliberalsten Nachtwächterstaat gibt es ein Mindestmaß an öffentlichem Bedarf in Form von Sicherheit, sozialer Sicherung und allgemeiner Infrastruktur. Und in den regelmäßig wiederkehrenden Krisen der kapitalistischen Entwicklung muss der Staat die Privatwirtschaft stützen. Umgekehrt hat es immer wieder Großexperimente mit einer weitgehenden Verstaatlichung der Wirtschaft gegeben, zuletzt im Sozialismus der Sowjetunion und ihrer Satellitenstaaten des Ostblocks – Modelle, die gescheitert sind.

Die Ökonomen machen sich seit Langem Gedanken über die Rolle des Staats in der Marktwirtschaft. Generell kann man sagen: Der Staat muss immer dann tätig werden, wenn die Märkte beziehungsweise die Selbstorganisation durch Bürger und Unternehmen nicht richtig funktionieren. Das Stichwort lautet »Marktversagen«.

»Öffentliche Güter« machen dabei den Kern der wirtschaftlichen Aktivitäten des Staats aus. Gemeint sind hier vor allem Dienstleistungen, die gekennzeichnet sind durch Nichtrivalität und Nichtausschließbarkeit bei ihrem Konsum (Abbildung 6). Das ist nicht der Fall bei den meisten Gütern und Dienstleistungen des täglichen Lebens, die von Privatfirmen angeboten werden. Das Brot, das ich mir kaufe, esse ich allein auf, das kann kein anderer gleichzeitig konsumieren. Schneidet der Friseur mir die Haare, habe nur ich was davon. Das sind reine private Güter. Daneben gibt es immer mehr Produkte, die gemeinsam konsumiert werden können, bei denen es also keine Rivalität gibt, etwa bei Musik, Filmen, Computerprogrammen und weiteren Medien. Das sind »Klubgüter«, die zwar privat angeboten werden, da sich der Ausschluss organisieren lässt, konsumieren darf nur, wer bezahlt.

	Keine Rivalität im Konsum	Rivalität im Konsum
Ausschluss nicht möglich	Reines öffentliches Gut (Rechtsordnung, soziale Sicherung, Umverteilung)	Allmendegut (überfüllte Straßen und Parks)
Ausschluss möglich	Klubgut (Kino, Pay-TV)	Reines privates Gut (Brot, Haarschnitt)

Abbildung 6: Güterarten nach Ausschließbarkeit und Rivalität im Konsum
(Quelle: Wikipedia, 2015)

Die Ausschließbarkeit funktioniert aber nicht mehr bei rein öffentlichen Gütern wie Rechtsordnung, Polizei, Militär, sozialer Sicherung, Umverteilung und vielen Gesundheits-, Bildungs- und Kulturangelegenheiten. Davon profitieren alle, ohne dass man sie von der Nutzung ausschließen kann, wenn sie nicht zahlen. Folglich neigen die einzelnen Bürger und Unternehmen dazu, sich bei Angebot und Finanzierung dieser Leistungen zu drücken. Trittbrettfahrerproblem nennen das die Wirtschafts- und Sozialforscher, auf Neudeutsch »free riding«. Bei »Allmendegütern« wie Straßen oder Parks gibt es zusätzlich Konsumrivalität, wenn sie zu intensiv genutzt werden, also Staus und Warteschlangen.

Solche öffentlichen Güter werden also gar nicht oder nur unzureichend von privaten Anbietern hergestellt. Der traurige Blick auf die vielen gescheiterten Staaten macht das deutlich: Dort herrschen Chaos, Willkür und bittere Armut. Es müssen kollektive Vereinbarungen möglichst aller Nutzer geschaffen werden, wie diese Güter hergestellt und finanziert werden. Das ist die Aufgabe des Staats, und dessen Finanzierungsinstrument sind Steuern. Die müssen dann mit Zwang durchgesetzt werden, damit sich niemand drückt.

Rein öffentliche Güter wie Landesverteidigung, Rechtsordnung, soziale Sicherung oder Umverteilung sollten möglichst auf übergeordneter Ebene angesiedelt werden, also beim Zentralstaat oder gar auf EU-Ebene, soweit sie ganz Europa betreffen. Weltweite öffentliche Güter wie Frieden, Klimaschutz oder Welthandelspolitik gehören auf die Ebene der UNO und anderer internationaler Organisationen. Daneben gibt es viele öffentliche Aufgaben von regionalem oder lokalem Zuschnitt, die auf untergeordneter staatlicher Ebene entschieden werden können. Dazu gehören Infrastrukturleistungen in den Bereichen Verkehr, Ver- und Entsorgung, soziale und kulturelle Daseinsvorsorge. Bei vielen dieser Leistungen gibt es außerdem Konsumrivalität bei zu starker Nutzung, etwa wenn man auf der Einfallstraße immer im Stau steht oder keine Betreuungsmöglichkeiten für die Kinder findet. Hier muss dem jeweiligen Bedarf entsprechend gesteuert werden.

Solche lokalen öffentlichen Aufgaben kann man dann mit lokalen Steuern finanzieren, die sich in der Höhe je nach Bedarf und Präferenzen der jeweiligen Regionen oder Gemeinden unterscheiden können. Typische Lokalsteuern sind Grundsteuern auf den Grundbesitz, Gewerbesteuern auf lokale Betriebsvermögen oder kommunale Verbrauchs- und Aufwandsteuern für Gaststätten, Hotels, Kinos und Veranstaltungen.

Fiskalische Äquivalenz und Effizienz: Kosten und Nutzen des Staats beachten

Im Alltag wie im Wirtschaftsleben kommt es auf das Preis-Leistungsbeziehungsweise das Kosten-Nutzen-Verhältnis an. Ökonomen nennen das Effizienz, im Sinne von Wirtschaftlichkeit. Billig einkaufen ist häufig teuer, wenn das Produkt nicht richtig funktioniert oder schnell kaputtgeht. In ähnlicher Weise besteht auch immer eine mittelbare fiskalische Äquivalenz zwischen den öffentlichen Leistungen des Staats und den sie finanzierenden Steuern. Das muss man immer im Blick behalten, statt nur auf die Höhe der Steuerbelastung zu schauen.

Für die Standortkonkurrenz zwischen Gemeinden, Regionen und Staaten sind Steuern und andere Abgaben kein reiner Kostenfaktor, denn sie sind Voraussetzung für eine funktionierende öffentliche Infrastruktur, für Bildung, Forschung, sozialen Frieden und Sicherheit, die wiederum wichtige Voraussetzungen für einen modernen Wirtschaftsstandort sind. Wenn ein Standort produktiv ist und gute Gewinne verspricht, sind Investoren gerne bereit, dort höhere Steuern zu zahlen, denn entscheidend ist ja, was unter dem Strich rauskommt.

Das sollten auch die Mittelschichten berücksichtigen, die sich gerne über die hohen Steuerbelastungen beklagen, sich vom Staat ausgebeutet fühlen und damit neoliberalen Ideologen auf den Leim gehen. Tatsächlich profitieren sie erheblich von den öffentlichen Leistungen, denn sie haben meistens nicht genug Geld, um selbst für Alter und Krankheit vorzusorgen oder die Kinder auf Privatschulen zu schicken.

Die fiskalische Nettorechnung geht natürlich nicht auf, wenn der Staat schlecht wirtschaftet, etwa seine Bürokratie aufbläht und die Interessengruppen mit Pfründen bedenkt, siehe Griechenland oder Italien. Auch bei uns soll es das ja geben, wenn auch glücklicherweise in weit geringerem Umfang. Darauf müssen die Bürger achten und sich nicht mit linksliberalen Plattitüden abspeisen lassen, der Staat könne nicht sparen. Insoweit kann auch ein gewisser fiskalischer Wettbewerb zwischen Kommunen, Regionen und Staaten nicht schaden, denn dieser belebt bekanntlich das Geschäft. Im Extremfall wandern dann Unternehmen oder auch Privathaushalte in die Gegenden ab, wo der Staat besser funktioniert. Das machen zumeist junge Leute, Fachkräfte oder Unternehmer, wenn sie in ihrer Heimat keine Perspektive mehr sehen.

Aber ebenso wie der private Wettbewerb muss ein solcher Fiskalwettbewerb geregelt werden, denn sonst droht Rosinenpickerei und unlauterer Steuer- und Subventionswettbewerb. Das war in den letzten Jahrzehnten ein zunehmendes Problem der Globalisierung: Unternehmen und reiche Privathaushalte nehmen die guten öffentlichen Leistungen im Inland gerne in Anspruch, verlagern aber ihre Gewinne und Kapitaleinkommen in ausländische Steueroasen. Kleine Länder nutzen das, indem sie mit Steuervergünstigungen und Subventionen Unternehmen und Reiche anlocken, um mit niedrigen Steuerbelastungen ein hinreichendes Aufkommen zu erzielen. Inzwischen hat die internationale Steuerpolitik das Problem erkannt: Steueroasen werden zunehmend trockengelegt, unlautere Steuerpraktiken der internationalen Konzerne bekämpft.

Steuern mit Steuern

Angesichts der großen wirtschaftlichen Bedeutung von Steuern liegt es nahe, damit zu steuern, sprich: damit Wirtschafts-, Sozial- und Umweltpolitik zu betreiben, indem erwünschtes Handeln subventioniert wird oder niedriger besteuert und unerwünschtes Handeln höher. Begründen lässt sich das mit »externen Effekten« – nicht kompensierten Wirkungen wirtschaftlichen Handelns auf Dritte. Klassisches Beispiel ist die Umweltverschmutzung: Damit werden die Betroffenen geschädigt, ohne dass sie von den Verschmutzern einen Ausgleich bekommen. Aber es gibt auch viele positive externe Effekte, wenn jemand etwas für das Allgemeinwohl tut, ohne dafür belohnt zu werden. Die im vorigen Abschnitt beschriebenen öffentlichen Güter sind eine Extremform positiver externer Effekte.

Externe Effekte sind also eine Spielart des Marktversagens und erfordern staatliches Handeln. Der Staat kann die negativen externen Effekte verbieten oder regulieren. Das ist sinnvoll, wenn sie gefährlich sind, etwa bei der Anlagen-, Gewerbe- und Verkehrssicherheit oder beim Arbeitsschutz. Es gibt aber viele Bereiche mit minderen Gefahren, die man nicht kurzfristig verbieten kann, aber langfristig reduzieren will. Das beste Beispiel dafür ist der Klimaschutz. Da Verbesserungen nur langfristig möglich sind, können Steuern auf konventionelle Energieträger noch lange Zeit ein erhebliches Aufkommen erzielen. Mit dem Geld können andere Steuern und Abgaben gesenkt werden – das ist die Idee der »ökologischen Steuerreform«.

Die Alternative sind Verschmutzungsrechte, die verkauft oder versteigert werden wie beim bereits erwähnten Europäischen Emissionshandel. Bei ähnlichen Belastungen können damit vergleichbar hohe Einnahmen wie bei der Ökosteuer erreicht werden, sofern die Verschmutzungsrechte nicht kostenlos vergeben werden. Apropos kostenlos: Die Regierung kann das Steuerungsziel aber auch erreichen, indem sie den Übeltätern Subventionen zahlt, damit sie von ihrem Übel ablassen. Die Verteilungswirkungen sind dann genau umgekehrt: Der Schädiger bekommt Geld, und die Allgemeinheit der Steuerzahler muss dafür zahlen.

Steuervergünstigungen gibt es für alle möglichen Zwecke, wobei die Steuervergünstigungen nur eine Form von Subventionen darstellen. Statt direkte Zahlungen aus Haushaltsmitteln zu leisten, werden die Steuerbelastungen und Steuereinnahmen gesenkt. Die Förderwirkung ist ähnlich, insoweit sind Subventionen negative Steuern. Der »Subventionsbericht der Bundesregierung« listet sowohl Arten und Umfang der direkten Subventionen als auch der Steuervergünstigungen auf. Die staatliche Förderung spielt eine große Rolle in Landwirtschaft, Verkehr, Wohnungs- und Städtebau, bei der Wirtschaftsstruktur- und Regionalpolitik, der Forschungsförderung und in der Sozial- und Familienpolitik.

Früher wurden bei hohen Steuersätzen viele Steuervergünstigungen gewährt. Doch diese sind wenig transparent, vor allem wenn sie als Abzüge von der Bemessungsgrundlage der Steuern gewährt werden – die Begünstigungswirkung hängt dann vom Steuersatz ab. Und wenn der Steuersatz wie bei der Einkommensteuer mit höherem Einkommen steigt, nutzen eher wohlhabende Steuerpflichtige diese Vergünstigungen. Das führt manchmal zu einer übermäßigen Nutzung der Steuervergünstigungen und zu Fehlsteuerungen, etwa bei der Investitionsförderung in den neuen Bundesländern in den 1990er Jahren. Daher gewährt man inzwischen eher Abzüge von der Steuerschuld, die bei allen Begünstigten gleich sind und genauso wirken wie direkte Subventionszahlungen.

Die größten Steuervergünstigungen

Der aktuelle Subventionsbericht der Bundesregierung aus dem Jahr 2015 listet die zwanzig größten Steuervergünstigungen in Deutschland auf. Den Spitzenplatz haben Steuerbefreiungen für Übertragungen von Unternehmensvermögen bei der Erbschaftsteuer inne, die deren Einnahmen um 7,9 Milliarden Euro vermindern. Dabei liegt das gesamte Erbschaftsteueraufkommen gerade mal bei 5 Milliarden Euro – es könnte also um mehr als das Zweieinhalbfache höher liegen. Diese Begünstigungen sind in ihrer Höhe nicht begrenzt und werden auch für Unternehmensvermögen im dreistelligen Millionenbereich in Anspruch genommen. Daher privilegieren sie vor allem die Reichen und Superreichen, deren Vermögen zum großen Teil aus Unternehmen oder Unternehmensbeteiligungen besteht. Nach einem Urteil des Bundesverfassungsgerichts wurden diese Regelungen inzwischen ein wenig verschärft, viel geändert hat sich aber nicht.

Der ermäßigte Mehrwertsteuersatz für kulturelle und unterhaltende Leistungen kostet Steuerausfälle von 3,7 Milliarden Euro im Jahr. Er gilt für Bücher, Zeitungen und Zeitschriften sowie ausgewählte kulturelle Dienstleistungen. Bezahlfernsehen oder Videostreamings sind dagegen nicht steuerermäßigt.

Steuerfreie Zuschläge für Sonntags-, Feiertags- und Nachtarbeit schlagen mit 2,8 Milliarden Euro zu Buche. Davon profitieren viele normale Werktätige, vor allem die Malocher in der Industrie, aber auch Ärzte und Krankenschwestern, Feuerwehrleute und Rettungssanitäter sowie viele Dienstleistungsberufe, die sonn- und feiertags oder nachts arbeiten müssen.

Die Steuerermäßigung auf Handwerkerleistungen für Renovierungs-, Erhaltungs- und Modernisierungsmaßnahmen im Privathaushalt kostet den Staat 1,5 Milliarden Euro. Damit soll die beliebte Schwarzarbeit in diesem Bereich eingedämmt werden.

Der ermäßigte Mehrwertsteuersatz für den öffentlichen Personennahverkehr verursacht Steuerausfälle von 1,2 Milliarden Euro im Jahr. Begünstigt werden hierbei nur Distanzen unter 50 Kilometern.

Es folgt der ermäßigte Mehrwertsteuersatz für Beherbergungsleistungen mit 1,2 Milliarden Euro. Diesen umstrittenen Hotelsteuerrabatt hatte die CSU 2009 in die Koalitionsverhandlungen eingebracht, um das bayrische Tourismusgewerbe gegen die österreichische Konkurrenz zu wappnen. In die Schuhe geschoben wurde sie dann der FDP, die im Wahlkampf eine Großspende von einem Hotelier erhalten hatte. Seitdem müssen Beherbergungsleistungen und Frühstück oder andere Leistungen getrennt abgerechnet werden. Stundenhotels wurden explizit ausgenommen, da hier die Beherbergung und Übernachtung nicht im Vordergrund stehe – wohl wahr.

Die Riester-Zulagen bei der Förderung der privaten kapitalgedeckten Altersvorsorge durch Zulagen kosten pro Jahr 1,1 Milliarden Euro. Sie werden allen Riester-Sparern ausgezahlt, allerdings bei der Einkommensteuerveranlagung wieder der Steuerbelastung hinzugerechnet, sodass sie faktisch mit der Entlastungswirkung des Vorsorgeabzugs verrechnet werden.

Der ermäßigte Mehrwertsteuersatz bei zahntechnischen und zahnärztlichen Leistungen kostet 0,5 Milliarden Euro im Jahr.

Es gibt noch einige Positionen auf der Liste, die sich auf Steuervergünstigungen bei der Energie- und Stromsteuer beziehen. Damit sollen Industrieunternehmen, energieintensive Produktionsprozesse oder Verkehrsunternehmen entlastet werden, um deren Wettbewerbsfähigkeit zu schonen.

Insgesamt weist der Bericht Steuervergünstigungen in Höhe von jährlich etwa 30 Milliarden Euro aus. Das sind 1 Prozent des Bruttoinlandsprodukts oder 4,3 Prozent des Steueraufkommens. Dabei ist die Abgrenzung der Steuervergünstigung von anderen Abzügen oder Begünstigungen nicht immer einfach zu ziehen. Denn im Einzelnen ist es umstritten, welche Regelung zur systematischen Belastungskonzeption gehört und was diese durchbricht. So findet man die Steuerbegünstigung für Minijobs nicht im Subventionsbericht, obwohl es sich hierbei um normale Lohneinkommen handelt und die Vergünstigung 3 Milliarden Euro Steuermindereinnahmen verursacht. Die steuerfreien Zuschläge für Sonntags-, Feiertags- und Nachtarbeit tauchen dagegen auf, obwohl man hierzu argumentieren könnte, dass diese ein hohes Arbeitsleid oder gesundheitliche Risiken ausgleichen und damit eine verringerte steuerliche Leistungsfähigkeit repräsentieren. Ebenso fehlen die Pendlerpauschale mit etwa 5,5 Milliarden Mindereinnahmen oder die Mehrwertsteuerermäßigung für Nahrungsmittel, die 20 Milliarden Euro kostet. Hier ist man offenbar der Ansicht, dass diese Begünstigungen zur Belastungskonzeption der Einkommensteuer oder der Mehrwertsteuer gehören.

Besteuerung nach wirtschaftlicher Leistungsfähigkeit

»Es ist ein grundsätzliches Gebot der Steuergerechtigkeit, dass die Besteuerung nach der wirtschaftlichen Leistungsfähigkeit ausgerichtet wird. Dies gilt insbesondere für die Einkommensteuer.« So urteilte das Bundesverfassungsgericht im Jahr 1984. Das Leistungsfähigkeitsprinzip ist als grundsätzliche Leitlinie der Besteuerung allgemein akzeptiert und bietet einen soliden Rahmen für die steuerpolitischen Diskussionen und Entscheidungen. Aber es ist naturgemäß politisch und ideologisch äußerst umstritten, was steuerliche Leistungsfähigkeit im Einzelnen bedeutet. Hierzu ist es sinnvoll, zwischen Fragen der *horizontalen* und der *vertikalen* Steuergerechtigkeit zu unterscheiden.

Auf der *horizontalen* Ebene der Steuergerechtigkeit geht es erst einmal darum festzulegen, was genau besteuert werden soll, damit wirtschaftlich gleich leistungsfähige Bürger die gleichen Steuern zahlen.

Die wichtigsten wirtschaftlichen Indikatoren dafür sind Einkommen, Konsum oder Vermögen. Darüber hinaus könnte man auch Lebensglück oder Arbeitsfreude und -leid einbeziehen. Denn wer glücklich ist und keine schwere Arbeit leisten muss, um seinen Unterhalt zu bestreiten, ist besser dran und könnte eigentlich mehr Steuern zahlen als unglückliche und hart arbeitende Menschen. Auch die volkswirtschaftliche Effizienz würde es eigentlich verlangen, die potenzielle persönliche Leistungsfähigkeit und nicht die tatsächlich realisierte zu besteuern, wie wir im nächsten Abschnitt sehen werden. Aber das ist kaum umzusetzen und daher nur ansatzweise möglich.

Bei den wirtschaftlichen Indikatoren steckt der Teufel im Detail. Was ist Einkommen, und welche Einkommensarten sollen steuerlich erfasst werden? Auch Sachleistungen, Erbschaften und Schenkungen, einmalige Veräußerungsgewinne und -verluste oder der Mietwert des Eigenheims? Sollen nur das Jahreseinkommen oder auch Schwankungen über die Jahre oder sogar das gesamte Lebenseinkommen berücksichtigt werden? Bei der Einkommensteuer gilt das Nettoprinzip, das heißt, besteuert wird lediglich der Überschuss der Erträge über die Aufwendungen. Aber sollen zum Beispiel auch Kosten für den Arbeitsweg oder Kinderbetreuungskosten abgezogen werden? In welchem Umfang sollen bei der Einkommensteuer Vorsorgeaufwendungen für die Zukunft, Unterhaltsverpflichtungen, Kinder oder Behinderung und andere außergewöhnliche Belastungen berücksichtigt werden, die das steuerpflichtige Einkommen mindern? Ferner kann man das Existenzminimum der Steuerpflichtigen und ihrer Angehörigen mit einem Grundfreibetrag steuerfrei lassen – wobei das nur bei den direkten Steuern auf das persönliche Einkommen oder auf das Vermögen möglich ist, nicht bei den indirekten Steuern auf den Konsum.

Sind die Besteuerungsgrundlagen festgelegt, stellt sich die Frage der *vertikalen* Steuerlastverteilung zwischen Steuerpflichtigen mit unterschiedlicher Leistungsfähigkeit. Dass man Reiche höher besteuern sollte als Arme, ist grundsätzlich wenig umstritten – aber um wie viel mehr, darum wird seit Ewigkeiten heiß gestritten. In linksliberalen, sozialdemokratischen und sozialistischen Milieus präferiert man ein *progressives* Steuersystem, also höhere Steuerbelastungen bei höheren Einkommen, Vermögen oder Konsumausgaben. Damit soll ein hohes Angebot an öffentlichen Leistungen finanziert und zugleich die ungleiche Einkommens- und Vermögensverteilung korrigiert werden. Auch das Sozialstaatsziel des Grundgesetzes rechtfertigt grundsätzlich eine progressive Besteuerung.

Aus der »Glücksforschung« gibt es ebenfalls deutliche Anhaltspunkte dafür, dass bei hohen Einkommen der individuelle »Grenznutzen« deutlich abnimmt. Klar, wenn ein Millionär 1 000 Euro zusätzlich bekommt, fällt ihm das kaum auf, während das für einen Hartz-IV-Empfänger ein Riesenglück ist. Geld allein macht bekanntlich nicht glücklich. Bei hohen Einkommen sind die Grundbedürfnisse befriedigt, und die wirklich wichtigen Dinge wie Gesundheit, Familie und Freunde sind wichtiger für Lebenszufriedenheit und Glück. Mit »Opfertheorien« lassen sich daraus deutlich progressive Steuerbelastungen konstruieren.

Bürgerliche und konservative Kreise stehen dagegen stark progressiven Steuersystemen mit hohen Steuerbelastungen auf hohe Einkommen oder Vermögen kritisch gegenüber. Ausweichreaktionen und weniger Leistungsbereitschaft der Steuerpflichtigen können die gesamtwirtschaftliche Effizienz und das Wachstum reduzieren und dadurch die Steuereinnahmen und die Umverteilungswirkung verringern. Dieser Zielkonflikt, der in den 1980er Jahren mit der berühmten Laffer-Kurve popularisiert wurde, prägt die Besteuerung von hohen Einkommen und Vermögen bis heute.

In Kapitel 3 werden wir sehen, wie progressiv das deutsche Steuersystem tatsächlich ist. Festhalten lässt sich aber hier schon: Besteuerung nach der Leistungsfähigkeit und Umverteilung durch progressive Besteuerung muss vor allem mit direkten Steuern auf Einkommen und Vermögen realisiert werden. Diese können nach den individuellen Verhältnissen der Steuerpflichtigen differenziert werden und die Wohlhabenden progressiv nach ihren Einkommen oder Vermögen besteuern. Deshalb gilt vor allem die Einkommensteuer als die gerechteste Steuer. Bei indirekten Steuern ist das nur grob möglich durch eine indirekte Steuertechnik. Außerdem sind die indirekten Steuern zumeist das Gegenteil von progressiv, nämlich »regressiv«: Sie belasten die armen Haushalte relativ zu ihrem ohnehin niedrigen Einkommen mehr als wohlhabende Haushalte. Daher sind sie weniger gerecht, gelten aber als wirtschaftlich günstiger, weil sie keine großen Steuervermeidungsreaktionen auslösen.

Wie ungleich ist Deutschland?

Zunehmende Ungleichheit ist ein »Megatrend« in vielen entwickelten Ländern. Auch in Deutschland wurde die Verteilung der Einkommen und Vermögen über die letzten Jahrzehnte ungleicher. Die Unternehmens- und Vermögenseinkommen haben deutlich zugelegt, während die Masseneinkommen stagnierten und niedrige Erwerbseinkommen gesunken sind. Das Wirtschaftswachstum der letzten Dekaden ist zu einem erheblichen Teil den Beziehern von Unternehmens- und Vermögenseinkommen sowie Managern und anderen Spitzenverdienern zugutegekommen. Da sich diese Einkommen weitgehend bei den wohlhabenden Teilen der Bevölkerung konzentrieren, ist die Verteilung der Markteinkommen spürbar ungleicher geworden.

Die Umverteilung durch das Steuersystem und die sozialen Sicherungssysteme hat diese Wirkungen gemildert, wurde aber ebenfalls reduziert. Denn die Steuern auf hohe Einkommen und Vermögen wurden gesenkt, die indirekten Steuern angehoben und die Sozialsysteme reformiert. Ferner haben der Trend zu kleineren Haushalten sowie die steigende Teilzeitarbeit die Einkommensungleichheit moderat erhöht. Analysen mit Haushaltserhebungen zeigen einen deutlichen Anstieg der Einkommensungleichheit in den Unter- und Mittelschichten.[1] Die Mittelschicht schrumpft. Dabei wird die Ungleichheitsentwicklung in Richtung der Wohlhabenden und Reichen noch unterschätzt, denn diese Gruppe ist in den Haushaltserhebungen nicht hinreichend erfasst.

In Deutschland sind die Vermögen besonders stark konzentriert. Von den gesamten Nettovermögen der privaten Haushalte (nach Abzug von Schulden, ohne Altersvorsorgevermögen und Hausrat) entfallen knapp zwei Drittel auf die reichsten 10 Prozent, knapp ein Drittel auf die reichsten 1 Prozent und 16 Prozent auf die reichsten 0,1 Prozent – das sind die reichsten 40000 deutschen Haushalte, zu denen man gehört, wenn man über ein Vermögen von mindestens 11 Millionen Euro verfügt.[2] Warum haben die Deutschen so wenig Vermögen, und wo ist das Volksvermögen geblieben? Wir sind ein Volk von Mietern, daher besitzen die deutschen Mittelschichten deutlich weniger Immobilienvermögen als in anderen europäischen Ländern. Ferner machen sich hierzulande die gut ausgebauten sozialen Sicherungssysteme bemerkbar, welche die Notwendigkeit privater Vorsorge reduzieren und spiegelbildlich hohe Belastungen mit Sozialabgaben und Steuern auslösen und so die Sparmöglichkeiten der Normalbürger begrenzen. Außerdem haben die monströsen Weltkriege das deutsche Volksvermögen früher regelmäßig ruiniert, im Osten kamen noch vierzig Jahre DDR-Misswirtschaft hinzu.

Diese Ungleichheitsentwicklungen sind nicht dramatisch und haben sich seit der Finanzkrise nicht weiter verschärft. Bei der günstigen gesamtwirtschaftlichen Entwicklung und einer anhaltend guten Beschäftigungslage ist für die nächsten Jahre mit einer stärkeren Entwicklung der Masseneinkommen zu rechnen. Sie verunsichern aber breitere Bevölkerungsschichten und lösen regelmäßig aufgeregte Diskussionen in Medienöffentlichkeit und Politik aus. Die Entwicklungen wirken umso bedrohlicher, als zuletzt langfristige Tendenzen diskutiert wurden, nach denen der moderne Kapitalismus zu einer immer stärkeren Konzentration der Einkommen und Vermögen neige. Das gefährdet die Mittelschichtgesellschaft und delegitimiert die soziale Marktwirtschaft mit ihren Versprechen von Chancengleichheit und Leistungsgerechtigkeit. Dynamischer Strukturwandel in Wirtschaft und Gesellschaft sowie zunehmende Migration, zuletzt in Deutschland durch die hohe Flüchtlingszuwanderung im Jahr 2015, verunsichern Teile der Bevölkerung und schüren Ängste vor Statusverlust. Ferner wird spätestens ab 2025 die demografische Alterung die Einkommensungleichheit erhöhen und die Altersarmut spürbar zunehmen.

»Wo aber Gefahr ist, wächst das Rettende auch«, sagt der Dichter. In den letzten Jahren wurden höhere Steuern auf hohe Einkommen oder Vermögen intensiv diskutiert. Die steuerpolitischen Möglichkeiten hierzu werden dabei immer besser, da Steuerflucht und Gestaltungsspielräume sowohl national als auch international bekämpft werden. Ferner kann die Wirtschafts- und Sozialpolitik die Vermögensbildung fördern, vor allem bei Altersvorsorge und Wohneigentum. Arbeitnehmer können sich mit Lohnbestandteilen am Erfolg ihrer Arbeitgeber beteiligen. Machtverschiebungen auf den Arbeitsmärkten durch demografische Trends und staatliche Regulierungsmaßnahmen (zum Beispiel Mindestlohn, Leiharbeit oder Tarifbindung) können die Verhandlungsmacht der Beschäftigten stärken und wieder einen höheren Anteil des Volkseinkommens in die Kassen der Massen lenken, soweit sie nicht zu höherer Arbeitslosigkeit führen. Längerfristig sollte man durch Bildung und gesellschaftliche Integration die Produktivität von Menschen erhöhen, die bisher nur geringe Einkommen erzielen können. Durch die Stärkung der Chancengleichheit wird dann auch die Ergebnisgleichheit bei der Einkommens- und Vermögensverteilung verbessert.

In einer Reihe von neueren Studien werden negative Wirkungen von steigender Ungleichheit auf die politische und soziale Stabilität, auf die Stabilität des Finanzsystems, auf gesamtwirtschaftliche Ungleichgewichte und auf das Wachstum untersucht.[3] Insoweit kann eine Rückführung der Ungleichheit durch die staatliche Steuer- und Wirtschaftspolitik nicht nur die Verteilungsgerechtigkeit erhöhen, sondern auch positive Wirkungen auf die gesamtwirtschaftliche Effizienz haben.

Optimale Besteuerung: Effizienz vs. Gerechtigkeit

Betriebswirte lieben den Gewinn, Volkswirte die Effizienz. In der Ökonomie geht es immer um die Bewirtschaftung von knappen Gütern, denn seit der Vertreibung aus dem Paradies leben wir unter dem

»kalten Stern der Knappheit«. Effizienz meint Wirtschaftlichkeit im Sinne einer optimalen oder zumindest hinreichenden Relation von Kosten und Nutzen beziehungsweise Aufwand und Ertrag. Auf der güterwirtschaftlichen Ebene spricht man von Produktivität als Relation der produzierten Güter (Output) zum Einsatz der Produktionsfaktoren wie Arbeit, Kapital und Vorleistungsgütern (Input).

Dabei geht es der Volkswirtschaftslehre nicht um den Gewinn des Einzelnen, sondern um die Wohlfahrt der Gesellschaft insgesamt, die durch den optimalen Einsatz der Produktionsfaktoren maximiert werden soll. Der gesamte Kuchen soll so groß wie möglich gemacht werden, bevor er aufgeteilt und gegessen wird. Unter bestimmten restriktiven Annahmen der neoklassischen Wohlfahrtsökonomie führt die Marktwirtschaft bei vollständiger Konkurrenz zu einem optimalen Einsatz der Produktionsfaktoren entsprechend den Präferenzen der Bürger. Das ist das ominöse »Pareto-Optimum«. Nur bei Marktunvollkommenheiten und Marktversagen muss der Staat eingreifen, indem er die Wirtschaftsabläufe reguliert und die öffentlichen Güter mit Steuern finanziert.

Dabei wird aber vernachlässigt, dass es Arme und Reiche gibt und dass in einer dynamischen Wirtschaft und Gesellschaft ständig neue Gewinner und Verlierer entstehen. Die genauen Wirkungen des Wirtschaftswandels oder von Reformen sind nur schwer vorauszusagen. Häufig sind die Verlierer kaum zu identifizieren, sodass sie nicht entschädigt werden. Außerdem gibt es viele nichtmonetäre Wirkungen. Arbeitslosigkeit zum Beispiel bedeutet nicht nur weniger Einkommen, sondern macht vor allem unglücklich, wie viele Studien aus der Glücksforschung zeigen. Stress im Beruf gefährdet die Gesundheit, das Familienleben und den sozialen Zusammenhalt. Diese Kosten müssen berücksichtigt werden, wenn Strukturwandel oder Struktur- und Steuerreformen die Produktivität und Effizienz der Wirtschaft erhöhen sollen.

Neoliberale und viele Wirtschaftsberater sind häufig auf dem linken Auge blind, wenn sie die Verteilungswirkungen und nichtmonetären Wirkungen ihrer Vorschläge vernachlässigen. In Forschung und Praxis werden diese Wirkungen aber zunehmend wahrgenommen. Die holzschnittartigen Modelle des »Homo oeconomicus« als nutzenmaximierender Egoist, der alles weiß und ständig rationale Entscheidungen trifft, treten langsam ab. Es geht um Wohlstand und Lebensqualität im weiteren Sinne, was auch die Verteilung, die Umweltsituation, politische Stabilität und viele weitere Elemente der Lebenszufriedenheit einschließt.

Zugleich sollten wir die Effizienzaspekte aber auch nicht vernachlässigen oder gar als »Terror der Ökonomie«[4] abtun. Die Leute reagieren auf finanzielle Anreize, auch wenn Linke und Sozialromantiker das gerne ignorieren oder sogar tabuisieren. Viele denken zu statisch, zu kurzfristig und zu viel an Umverteilung. Das klappt aber nicht, wenn die Wirtschaft schlecht läuft. Daher ist es wichtig zu wissen, ob eine Steuerreform die Wirtschaftskraft der Gesellschaft erhöht und in welchem Umfang man die Verlierer entschädigen kann – dabei muss man aber die sozialen Kosten ehrlich analysieren und abwägen.

Vor diesem Hintergrund geht es in der volkswirtschaftlichen Steuerlehre um die optimale Besteuerung, neudeutsch »optimal taxation«: Die öffentlichen Güter sollen mit Steuern finanziert werden, die möglichst geringe Wohlfahrtsverluste auslösen. Dabei ist der *Einkommenseffekt* der Steuern unumgänglich, der die Einkommen oder Vermögen der Bürger und Unternehmen reduziert. Denn ohne Steuern gäbe es keine öffentlichen Güter, ohne die alle viel ärmer wären. Effizienzprobleme entstehen aber, wenn die Steuerpflichtigen der Belastung ausweichen. Das ist der *Substitutionseffekt*, der entsteht, wenn relevante Entscheidungsgrößen unterschiedlich belastet werden. Denn beobachten und besteuern lassen sich nur realisierte Einkommen, Konsumausgaben oder Vermögen, und nicht die tatsächlichen Fähigkeiten der Steuerzahler.

Die Steuerzahler können weniger arbeiten, weniger sparen und investieren, sich nicht so gut aus- und weiterbilden, weniger Unternehmen gründen oder die vielen Gestaltungsmöglichkeiten nutzen, die das komplizierte Steuerrecht bietet. Das ist nicht nur ungerecht gegenüber denjenigen, die engagiert, fleißig und steuerehrlich sind, es vermindert auch die gesellschaftliche Effizienz. Der optimale Einsatz der Produktionsfaktoren wird gestört, das Wachstum geht zurück, es gibt weniger zu verteilen. Indirekte Verbrauchsteuern können die Konsumentenentscheidungen beeinflussen. Die Ökonomen nennen das »Zusatzlast« (»excess burden«) der Besteuerung. Neben der unvermeidbaren Belastung durch den Einkommenseffekt der Steuern entstehen zusätzliche Belastungen durch die Effizienznachteile der Substitutionseffekte. Steuern können sogar bis in die private Lebensführung hineinwirken, etwa wenn die Familienbesteuerung mit dem Ehegattensplitting oder die Steuerprivilegien für Minijobs die Hausfrauenehe oder das Kindergeld das Kinderkriegen fördern.

Besser wäre es, die Steuern auf ihren reinen Einkommenseffekt zu begrenzen. Dann müsste man sie aber pauschal und unabhängig von allen wirtschaftlichen und sozialen Hintergründen erheben, die Substitutionseffekte auslösen. Das läuft letztlich auf eine Kopfsteuer hinaus, die für alle gleich ist. Das geht natürlich nicht und widerspricht allen Verteilungszielen. Daher müssen wir mit gewissen Substitutionseffekten leben, die wirtschaftliche Nachteile haben. Das gilt erst recht, wenn nach dem Leistungsfähigkeitsprinzip höhere Einkommen oder Vermögen stärker besteuert werden sollen, denn reiche Bürger oder Unternehmen haben zumeist mehr Möglichkeiten zur Steuervermeidung. Das ist der klassische Zielkonflikt zwischen Umverteilung und sozialer Gerechtigkeit einerseits sowie Effizienz und Wirtschaftswachstum andererseits (»equity-efficiency trade-off«).

Steuermythos: Hohe Steuern schaden der Wirtschaft, Steuersenkungen finanzieren sich selbst

Der wohl berühmteste Steuermythos lautet: Hohe Steuern schaden der Wirtschaft, sie reduzieren die Leistungsbereitschaft und kosten Wachstum und Arbeitsplätze. Das ist eine neoliberale Plattitüde, die bis heute reflexhaft aus der Wirtschaft oder von wirtschaftsnahen Politikern vorgetragen wird, wenn Unternehmen oder Wohlhabende höhere Steuern zahlen sollen. Die FDP hat sich unter ihrem früheren Vorsitzenden Guido Westerwelle sehr stark auf dieses Thema fokussiert und damit 2009 ein sensationelles Wahlergebnis eingefahren, um danach umso tiefer abzustürzen.

Der Mythos wurde seit den 1970er Jahren mit der Laffer-Kurve popularisiert, benannt nach dem Ökonomen Arthur Laffer. Der Legende nach soll er sie beim Dinner mit den damaligen Nixon-Beratern Donald Rumsfeld und Dick Cheney auf die Serviette gemalt haben. Die Idee: Wenn Steuern ein bestimmtes Niveau übersteigen, weichen ihnen die Steuerzahler immer stärker aus. Bei weiter steigenden Steuersätzen erhöhen sich die Steuereinnahmen kaum noch und sinken ab einem bestimmten Punkt sogar. Umgekehrt gilt: Steuersenkungen bedeuten geringere Steuerausfälle, als es zunächst scheint. Es gibt einen Selbstfinanzierungseffekt, weil die Besteuerungsgrundlagen steigen und Effizienzverluste der Steuervermeidung zurückgehen.

Natürlich ist dieser Effekt bekannt, seit es Steuern gibt. So mokierte sich 1728 der irische Schriftsteller Jonathan Swift über die Erfahrungen der Finanzbehörden, dass bei hoher Steuerbelastung zwei mal zwei selten mehr als eins ergebe. Früher nannte man das »Swiftsches Steuereinmaleins«.

Steuern runter, dann läuft die Wirtschaft besser und die Steuerausfälle halten sich in Grenzen. Das war das Mantra der angebotsökonomischen und neoliberalen Steuerpolitik seit den 1980er Jahren. Ronald Reagan in den USA und Maggie Thatcher in Großbritannien haben so Steuerpolitik gemacht. Und die deutsche FDP hat noch bis zuletzt daran geglaubt.

Der Erfolg dieser Politik war aber durchwachsen. Die Selbstfinanzierung der Steuerausfälle durch mehr Wachstum klappte nur zum kleinen Teil, und die Haushaltsdefizite stiegen. Primär wurden wohlhabende Bürger und Unternehmen bei Einkommensteuerspitzensätzen, Unternehmensteuern, Kapitaleinkommensteuern und Vermögensteuern entlastet. Das hing auch mit der zunehmenden Internationalisierung zusammen, die Steuervermeidungsaktivitäten erleichterte und einen Steuersenkungswettlauf zwischen den Staaten anheizte. Die indirekten Steuern wurden in fast allen Ländern erhöht und die Normalbürger verstärkt in die »kalte« Progression der Einkommensteuer einbezogen. Die gesamtwirtschaftlichen Steuerbelastungen haben sich dadurch in den meisten Ländern nur wenig geändert, Steuerprogression und Umverteilung gingen aber spürbar zurück. Die Steuerbelastungen wurden ungerechter, während die Wachstumswirkungen nur gering waren.

Schaut man sich die Entwicklung der wichtigen Industrieländer über die letzten Jahrzehnte an, zeigt sich kein klarer Zusammenhang zwischen Steuerbelastung und Wirtschaftswachstum: In Skandinavien findet man beispielsweise hohe Steuerbelastungen mit guter wirtschaftlicher Entwicklung, während in süd- und osteuropäischen Staaten, manchen Schwellen- und vielen Entwicklungsländern niedrige Steuerbelastungen nicht mit hohem Wachstum einhergehen.

Inzwischen gibt es eine Menge Studien zu den Wirkungen der Steuerreformen der vergangenen Jahrzehnte.[5] Dabei werden die Ausweichreaktionen der Steuerpflichtigen deutlich geringer eingeschätzt als zu den Glanzzeiten von Neoliberalismus und Laffer-Kurve. Tatsächlich reagieren die Besserverdiener und Unternehmer, die einen großen Teil der direkten Steuern zahlen, nur wenig bei ihren realwirtschaftlichen Aktivitäten, also bei Arbeitszeit, Engagement oder Investitionen. Schon der Ökonomie-Altmeister Joseph Schumpeter vermutete, dass vor allem Gestaltungsfreude und der Wille zum Erfolg die Wirtschaftsbürger antreiben, weniger Bedürfnisbefriedigung, Nutzenkalkül oder Gier. Die wirtschaftlichen Eliten sind zudem stark durch soziale Herkunft und Gruppenzugehörigkeit geprägt. Insoweit ist der Einfluss der Besteuerung auf die grundlegenden wirtschaftlichen Entscheidungen wohl eher gering.

Nennenswerte Steuerausweichreaktionen und Steuerausfälle sind vor allem auf Steuervergünstigungen und Gestaltungsmöglichkeiten bei der Einkommensermittlung zurückzuführen, die häufig auch im internationalen Zusammenhang stattfinden. Diese Steuervermeidungsmöglichkeiten sind aber nicht naturgegeben oder gottgewollt, sondern Folge politischer Entscheidungen wie Deregulierung oder Internationalisierung. Sie können langfristig zurückgeführt werden, politischer

Wille und steuertechnische Möglichkeiten vorausgesetzt. Hier hat sich in den letzten Jahren einiges geändert: Steuervergünstigungen wurden in vielen Ländern abgebaut. Steueroasen und unfairer Steuerwettbewerb werden auf internationaler Ebene zunehmend bekämpft.

Entsprechend zeigen Studien mit Optimalsteuermodellen, dass die Spitzensteuersätze der Einkommensteuer und die Kapitaleinkommen-, Vermögen- oder Erbschaftsteuern wieder erhöht werden könnten, ohne dass die gesamtwirtschaftliche Effizienz darunter groß leidet.[6] Zugleich sollte man es auch nicht übertreiben mit »Reichensteuern« und vorsichtig vorgehen, denn es gibt große Schätzrisiken hinsichtlich langfristiger wirtschaftlicher Wirkungen von Steuererhöhungen sowie steuertechnische und politische Unwägbarkeiten bei der Umsetzung.

Wenn auch vieles unsicher bleibt, weil die Ökonomie keine exakte Naturwissenschaft ist, die Zusammenhänge sehr komplex und die Datengrundlagen unsicher sind, so lässt sich zur Steuereffizienz doch Folgendes zusammenfassen: Steuern sind nicht per se schlecht für die gesamtwirtschaftliche Effizienz und das Wachstum, denn wir brauchen sie zur Finanzierung der öffentlichen Aufgaben. Ungünstig sind die Substitutionseffekte, wenn die Steuern falsche Anreize setzen und dadurch die Effizienz reduzieren. Das kann man nicht vollständig vermeiden, sollte es aber so weit wie möglich begrenzen. Das Steuersystem sollte hier wirtschaftlich »neutral« sein, die Wirtschaftsabläufe so wenig wie möglich stören.

Insbesondere sollten wir keine verzerrenden Steuern auf die Produktion erheben, etwa Zölle oder andere Steuern auf einzelne Produkte, zum Beispiel auf Computer, Fahrzeuge oder Maschinen, denn das stört das volkswirtschaftliche Produktionsoptimum. Das gilt natürlich nicht für Steuern, die zur Korrektur von Marktversagen eingesetzt werden, etwa Umweltabgaben und Ökosteuern. Auch die Konsumsteuern sollten gleichmäßig wirken – daher sind ermäßigte Mehrwertsteuersätze heikel. Allerdings dienen sie bei Lebensmitteln oder im Nahverkehr dazu, die Armen zu entlasten. Alkohol, Nikotin und Glücksspiel dürfen aber ruhig höher besteuert werden, damit wir nicht so viel rauchen, saufen und zocken.

Die Einkommensteuer soll progressiv sein, damit von oben nach unten umverteilt wird. Wie stark, hängt von den Ausweichreaktionen und Vermeidungsmöglichkeiten ab. Um ihre Effizienz und Gerechtigkeit zu verbessern, kann man sie nicht nur nach dem Einkommen, sondern auch nach leicht messbaren persönlichen Charakteristika differenzieren, die zumindest statistisch eine geringere Produktivität oder höhere Ausweichreaktionen indizieren. Bei den meisten Einkommensteuern differenzieren wir die Belastung nach Alter, Behinderung, abhängigen Partnern ohne eigenes Geld oder unterhaltsberechtigten Kindern.

Mitunter wird vorgeschlagen, die Einkommensteuern auch nach Geschlecht, Bildungsstand, Gesellschaftsschicht oder Migrationshintergrund zu differenzieren.[7] Frauen verdienen in Deutschland deutlich weniger als Männer, arbeiten als Mütter häufig in Teilzeit und reagieren deutlich stärker auf die Steuerbelastungen. Daher könnte man die Frauen weniger und die Männer stärker besteuern. Kinder aus bildungsfernen Schichten oder mit Migrationshintergrund haben es schwerer im Leben, daher könnte man sie bei gleichem Einkommen niedriger besteuern. Das könnte das Sozialprodukt spürbar erhöhen und würde eigentlich auch die Gerechtigkeit erhöhen. Aber viele stört daran die formale Ungleichbehandlung, die ja auch in anderen Bereichen durch Antidiskriminierungsvorschriften verboten ist. Daher werden solche Benachteiligungen eher mit Förderprogrammen ausgeglichen und nicht im Steuersystem berücksichtigt.

Steuermythos: Der Steuerspartrieb ist in Deutschland stärker als der Geschlechtstrieb

Der skurrilste Steuermythos lautet, dass in Deutschland der Steuerspartrieb stärker ist als der Sexualtrieb. Während die Mär von der riesigen deutschen Steuerliteratur langsam verblasst, wird diese Anekdote nach wie vor gerne erzählt. »Sex sells«, solche launigen Sprüche kommen gut an, zumal wenn ein wahrer Kern enthalten ist.

Auch bei diesem Mythos ist der Ursprung schwer auszumachen, vermutlich entstand er in den 1970er Jahren, als die berüchtigten Steuersparmodelle ihre Hochzeit hatten. Diese wenden sich an gut verdienende Privatanleger mit hohen Steuersätzen, die ihre Belastung vermindern wollten. Der Trick dabei war, durch clevere Nutzung von Vergünstigungen und Gestaltungsmöglichkeiten bei der Einkünfteermittlung den Anteil von sofort abzugsfähigen Kosten an der gesamten Investitionssumme hochzutreiben und in den Anfangsjahren der Investition zu massieren. Dadurch entstanden zunächst hohe steuerliche Verluste, die mit den Einkünften aus der Haupterwerbstätigkeit verrechnet werden konnten, also mit den Arbeits- oder Selbstständigeneinkommen. Besserverdiener mit hohen Steuersätzen konnten dadurch viel Steuern sparen.

Der Anreiz zum Steuersparen war bei vielen dieser Besserverdiener tatsächlich so groß, dass sie teilweise in windige Geschäftsmodelle investierten, ohne sich vorab genau informiert zu haben. Steuervergünstigungen scheinen eine stärkere Wirkung zu haben als Subventionen mit gleichem Förderumfang – ein Effekt, den die Politik gerne nutzt, um Investitionen schnell anzuschieben. Gesamtwirtschaftlich hat das meist erhebliche Fehllenkungen von Investitionen zur Folge. Zuletzt wurden in den 1990er Jahren in Ostdeutschland große Leerstände produziert, die teils bis heute bestehen.

Mitunter endeten die Steuersparmodelle für die Investoren im finanziellen Fiasko, denn die Projekte rechneten sich ohne die Steuervorteile nicht oder wurden durch den Investitionsboom und den dadurch ausgelösten Überangebotsdruck entwertet. Aus fiktiven steuerlichen Verlusten wurden schnell echte Verluste. Vor allem hatten zunächst die Initiatoren kräftig abgesahnt, indem sie die »weichen« Kosten für Konzeption, Vertrieb, Steuerberatung, Treuhänder, Mietgarantie et cetera hochtrieben und daran verdienten.

Änderungen der Rechtsprechung und sukzessive Einschränkungen der Gestaltungsmöglichkeiten haben dann die Verlustzuweisungsbranche sukzessive ausgetrocknet. Heute gibt es zwar immer noch viele alternative Investments oder Ähnliches, und auch dabei werden Anleger bisweilen übers Ohr gehauen. Steuersparmotive spielen dabei aber glücklicherweise keine große Rolle mehr. Das hat die gesamtwirtschaftliche Effizienz des Steuersystems sicher deutlich verbessert.

Gewachsen ist vermutlich auch die Steuerfrustration der besserverdienenden Bürger aus den oberen Mittelschichten und den unteren Oberschichten. Nachdem Steuergestaltung und -hinterziehung jahrzehntelang ein Breitensport der besseren Stände war, hat sich das in den letzten fünfzehn Jahren deutlich geändert: Neben der Abschaffung der Steuersparmodelle wurde auch die beliebte Steuerflucht von Kapitalanlagen in die Nachbarländer unterbunden. Gleichzeitig werden diese Bürger von den hohen Einkommensteuersätzen voll getroffen. Nur die wirklich Reichen haben über Unternehmensbeteiligungen und weltweit gestreute Anlagen noch große Steuersparmöglichkeiten – zugleich wurden deren Steuerbelastungen gesenkt. Und die kleinen Leute können sich in ihrer Steueroase umtun, in der Schwarzarbeit oder im Minijob.

Angesichts der latent staatskritischen Einstellung der bürgerlichen Mittelschichten und Besserverdiener ist der Steuerspartrieb zweifellos weiterhin vorhanden, kann sich aber nicht mehr so recht austoben. Der Vergleich mit dem Geschlechtstrieb hat wohl auch damit zu tun, dass Besserverdiener und Steuersparer zumeist ältere Männer sind. Die denken zwar ständig an das Eine, im gesetzteren Alter wird die Praxis allerdings weniger geübt – der Autor dieser Zeilen weiß, wovon er spricht. Psychologen haben herausgefunden, dass seltener Sex unzufriedener macht als geringes Einkommen.

Fazit: Hohe steuerliche Leistungsfähigkeit geht mitunter mit verringerter sexueller Leistungsfähigkeit respektive Aktivität einher. Das ist wohl der kleine wahre Kern des Mythos.

Vollzugskosten des Steuersystems nicht vergessen

Bei der wirtschaftlichen Effizienz des Steuersystems sollten wir die Vollzugskosten des Steuersystems nicht vergessen. Das sind zum einen die Kosten der Finanzverwaltung: Dort arbeiteten 187 000 Beamte und Angestellte im Jahr 2014. Bei durchschnittlichen jährlichen Personalausgaben von etwa 60 000 Euro kosten diese 11 Milliarden Euro im Jahr – 1,6 Prozent des Steueraufkommens. Zum anderen muss man die Befolgungskosten der Steuerpflichtigen (»compliance«) berücksichtigen. Diese entstehen für die Mitwirkung am Besteuerungsverfahren, bei dem sie Informationen sammeln, Bücher führen, ihre Steuern erklären und abführen müssen. Schon Vermietungseinkünfte oder Nebeneinkünfte bei der Einkommensteuer zu deklarieren kostet Freizeit oder Steuerberatungsgebühren. Erst recht gilt das für die Selbstständigen, die die Unternehmensteuern, die Umsatzsteuer und auch die Lohnsteuer für ihre Angestellten abführen müssen. Die Steuerberatung ist ein großes Gewerbe mit 15 Milliarden Euro Umsatz, 25 000 Unternehmen und 260 000 Beschäftigten im Jahr 2010. Größere Unternehmen unterhalten eigene Steuerabteilungen, die das komplexe Steuerrecht bei den Unternehmensplanungen berücksichtigen und Steuervermeidung betreiben. Nach älteren Schätzungen machen die gesamten Befolgungskosten des Steuersystems gut 3 Prozent des Steueraufkommens aus.

Insgesamt steht das Steuersystem mit Vollzugskosten von etwa 5 Prozent des Steueraufkommens gar nicht so schlecht da, wenn man es mit den Kosten von Versicherungen oder Finanzdienstleistungen vergleicht. Das liegt auch an den indirekten Steuern, vor allem den speziellen Verbrauchsteuern, die meist bei wenigen Steuerpflichtigen ein recht hohes Aufkommen erzielen und keine komplizierten Bemessungsgrundlagen haben. Anders ist das bei Einkommensteuer, Unternehmensteuern oder Erbschaftsteuer: Hier gibt es ziemlich komplizierte Regelungen für Bewertung und Ermittlung sowie für Steuervergünstigungen, die viele unbestimmte Regelungen haben und entsprechend umstritten sind. Dabei gibt es einen klaren Zielkonflikt zwischen Einzelfallgerechtigkeit und administrativer Effizienz.

Steuermythos: Steuervereinfachung erhöht die Steuergerechtigkeit

Dass die Steuern kompliziert, dunkel und unergründlich sind, ist eine weitverbreitete Meinung. Und dass sie radikal vereinfacht werden müssen, glauben viele Bürgerliche und Neoliberale, die bei dieser Gelegenheit die Steuern gleich senken wollen. »Steuervereinfachung« war in der Steuerreformdiskussion Mitte der 2000er Jahre ein großes Thema: Die Steuererklärung sollte so vereinfacht werden, dass sie auf einen Bierdeckel passte. Der einflussreiche »Professor aus Heidelberg«, Paul Kirchhof, reüssierte damals mit seinem Reformvorschlag, der das Steuerrecht radikal erneuern und einfacher machen sollte.

Frage an Radio Eriwan: Können Steuern überhaupt einfach sein? Im Prinzip ja, aber dann kann man keine große Rücksicht auf die Steuergerechtigkeit nehmen, sprich die Wirtschafts- und Lebensverhältnisse der Steuerzahler berücksichtigen. Wirklich einfach wäre die Kopfsteuer, die für alle gleich ist. Wollte man damit das gesamte Steueraufkommen erheben, müsste jeder Bürger 700 Euro im Monat zahlen, vom Baby bis zum Greis. Unter Verteilungsgesichtspunkten ist das offensichtlich nicht sinnvoll. Daher besteuern wir wirtschaftliche Leistungsfähigkeit in Form von Einkommen, Konsum oder Vermögen. Aber diese wirtschaftlichen Größen sind nicht einfach zu fassen: Lohneinkommen muss man anders ermitteln als Gewinneinkommen, Vermietungseinkommen anders als Kapitaleinkommen, Konsum muss man erfassen und das Vermögen ist kompliziert zu berechnen.

Uns Deutschen wird häufig Überkorrektheit und übertriebene Einzelfallgerechtigkeit nachgesagt. »Summum ius, summa iniuria«, wusste schon Altmeister Cicero. Unbestritten ist unser Steuersystem zu wild gewuchert und sollte an vielen Stellen zurückgeschnitten werden. Hier wäre mehr Mut zur Pauschalisierung gefragt, selbst wenn man es nicht allen recht machen kann.

Zugleich sollte man aber immer skeptisch sein gegenüber Vorschlägen zur grundlegenden Steuervereinfachung. Im Massengeschäft der Steuerpraxis sind es weniger die vielbemühten Steuervergünstigungen und Sonderregelungen, die Steuerberater, Finanzämter und Finanzgerichte beschäftigen, sondern die grundlegenden Fragen der Erfassung und Bewertung von Umsätzen, Einkommen und Vermögen. Hier geht es um die Abgrenzung der Betriebsausgaben und Werbungskosten von den privaten Lebenshaltungskosten, Ansatz- und Bewertungsfragen in der Steuerbilanz oder die Besteuerung von grenzüberschreitenden Transaktionen oder Fusionen und Aufteilungen von Unternehmen. Dabei muss notgedrungen mit unbestimmten Rechtsbegriffen gearbeitet werden, die oftmals gestaltungs- und streitanfällig sind.

»Einfach« ist leider schnell das Gegenteil von »gerecht«, das ist eine alte Lebenserfahrung. So können weitgehende Vereinfachungen und Pauschalierungen bei der Besteuerung Effizienz- und Wachstumsverluste auslösen. Wenn zum Beispiel Unternehmer echte Kosten nicht mehr von der Steuer abziehen können, werden sie ihre Produktion anpassen. Wenn Arbeitnehmer Pendlerkosten oder doppelte Haushaltsführung nicht mehr anerkannt bekommen, sind sie weniger bereit, einen weiter entfernten Job anzunehmen. Wenn Krankenschwester oder Facharbeiter ihre Nacht-, Sonn- und Feiertagszuschläge voll versteuern müssen, haben sie dazu weniger Lust und verlangen höhere Löhne. Wenn ihnen das in Zeiten der Vollbeschäftigung bei Fachkräften gelingt, müssen die Kunden mehr zahlen. Wenn Vermieter pauschaliert besteuert werden und Schuldzinsen nicht mehr absetzen können, kann das erhebliche Verwerfungen auf den Immobilienmärkten auslösen. Daher war es mit der Steuervereinfachungseuphorie schnell vorbei, als sich die konkreten Folgen abzeichneten.

Marktversagen vs. Staatsversagen

Die Begründung für Staat und Steuern in der privatkapitalistischen Marktwirtschaft ist das Marktversagen, wenn öffentliche Güter nicht oder in nicht ausreichendem Umfang angeboten werden. Das Gleiche gilt für staatliche Regulierungen, wenn der Staat Unternehmen und

Bürgern ein bestimmtes Verhalten vorschreibt, ohne gleich selbst tätig zu werden. Aber wie gut sind Politik und Verwaltung dabei, wie weit soll der Staat gehen bei seinen wirtschaftlichen Aktivitäten? Angesichts vieler Beispiele für Politik- und Staatsversagen gibt es hier offensichtlich Restriktionen.

Die sozialwissenschaftlichen und ökonomischen Theorien bieten viel Stoff für dieses Thema. Anders als Privathaushalte oder Unternehmen mit wenigen Personen und relativ homogenen Interessen muss der Staat das Gemeinwohl organisieren und damit breiteste Interessen abstimmen, die häufig in starkem Widerspruch zueinander stehen. Das bedeutet, dass immer wieder Minderheiten überstimmt werden, wenn Mehrheitsentscheidungen stattfinden. Durch differenzierte Abstimmungsregeln und Minderheitenrechte kann man aber versuchen, das auszugleichen.

Die »Public-Choice-Theorien« berücksichtigen darüber hinaus, dass die beteiligten Akteure – Politiker, Verwaltungsbeamte, Verbände und Lobbyisten – eigene Interessen verfolgen und nicht allein die ihrer Mitglieder oder Wähler. Größe, Finanzkraft, wirtschaftliche und gesellschaftliche Macht spielen hierbei eine wichtige Rolle: So haben vermögende Personen und Gruppierungen, große Unternehmen und Wirtschaftsverbände, Kirchen oder Gewerkschaften einen starken Einfluss auf die Politik, während beispielsweise kleine Selbstständige, Arbeitslose oder Migranten durch die Politik eher schlecht repräsentiert werden. Das gehobene Bürgertum engagiert sich in Vereinen, Bürgerinitiativen, Verbänden oder Politik und setzt seine Interessen durch; das gilt gleichermaßen für linksliberale Bildungsbürger und wirtschaftsliberale Besitzbürger. Arme und sozial benachteiligte Bürger engagieren sich gesellschaftlich kaum und gehen immer weniger zur Wahl.

Hinzu kommen kurz- und langfristige Wirkungen und Interessen. Politiker denken primär in Wahlzyklen und bevorzugen oftmals kurzfristige Lösungen, die langfristige Nachteile haben können – Zeitinkonsistenz nennen das die Ökonomen. Steuervergünstigungen oder Subventionen mildern manche Härte des Strukturwandels, behindern ihn aber langfristig. Oder wenn die Infrastruktur nicht vernünftig erhalten wird, kostet deren Sanierung später mehr. Aber natürlich ist es politisch einfacher, beim Unterhalt zu sparen als Personalkosten und Sozialleistungen zu kürzen oder Steuern zu erhöhen. Hinzu kommt, dass die Wirkung von Reformen unsicher ist: Politiker und Lobbyisten stellen die Ergebnisse in den Vordergrund, die ihnen in den Kram passen. Wenn dann noch die Datenlage unsicher ist und Prognosemodelle wenig zuverlässig sind, wie es in der Steuerpolitik häufig der Fall ist, dominieren schnell Ideologien und Mythen die Diskussion.

Steuermythos: Der Staat kann nicht mit Geld umgehen und hat in der Wirtschaft nichts zu suchen

Der Staat, die Beamten, die Politiker oder auch »die Sozis« können nicht mit Geld umgehen, daher haben sie in der Wirtschaft nichts zu suchen – so lautet eine klassische Stammtischparole. Darin äußert sich das Unbehagen vieler Wirtschaftsbürger an der Wirtschafts-, Steuer- und Sozialpolitik. Wohlfeile Empfehlungen zum schlanken Staat und niedrigen Steuern knüpfen daran an. Dabei wird gerne vergessen, dass Staat und Wirtschaft in einer engen Symbiose leben. Kernaufgabe des Staats ist, »Marktversagen« zu korrigieren, also öffentliche Güter und Leistungen bereitzustellen, die es auf dem Markt nicht oder in keinem ausreichenden Maß zu kaufen gibt: Rechtsordnung, soziale Sicherung, Umverteilung, Polizei, Militär und viele Gesundheits-, Bildungs- und Kulturangelegenheiten.

Ferner geht es heute nicht nur darum, auf privaten Märkten den Wettbewerb mithilfe von Kartellbehörden und Verbraucherpolitik zu sichern – zunehmend muss man Märkte überhaupt erst in Gang bringen. Viele Innovationen müssen vom Staat angeschoben und dabei Risiken übernommen werden. Ohne eine aktive staatliche Energiepolitik wäre beispielsweise nie ein Atomkraftwerk ans Netz gegangen. Heute werden die erneuerbaren Energien exzessiv gefördert, damit sie wettbewerbsfähig werden. Viele aktuelle Herausforderungen der künftigen »Industriepolitik 4.0« hängen mit komplexen Technologien, Telekommunikationsnetzwerken und Innovationen zusammen. Diese sind ohne intensive Kooperation zwischen staatlichen, privatwirtschaftlichen und gesellschaftlichen Akteuren nicht denkbar.

Das Pendant zum Marktversagen ist das Politikversagen, das die Neoliberalen gerne betonen, und das nicht ganz zu Unrecht. Politiker, Verwaltungsbeamte, Verbände und Lobbyisten verfolgen eigene Interessen und sind eher am kurzfristigen Erfolg interessiert. Die komplexen Verantwortlichkeiten in Politik und öffentlicher Verwaltung erschweren häufig eine effiziente Organisation; auffallend viele Großprojekte im Infrastrukturbereich gehen schief. Zugleich wird am Unterhalt der öffentlichen Einrichtungen gespart, wenn kein Geld da ist, denn Reparaturen kann man eine gewisse Zeit auf die lange Bank schieben. Wenn politische Entscheidungsträger, Verwaltungsbeamte, Lobbyisten und Wirtschaft zu eng zusammenarbeiten, kommt es leicht zu heikler Kungelei. Beispiele sind der undurchdringliche militärisch-industrielle Komplex oder die Energiewirtschaft. Besonders fatal gelaufen ist die Entwicklung der Finanzmärkte bis zur Finanzkrise, bei der sich Deregulierung und Marktversagen zu Kreditblasen aufgeschaukelt haben. Das hat nicht nur das Finanzsystem an den Abgrund geführt, sondern auch erhebliche wirtschaftliche Fehllenkungen ausgelöst.

Klar, unsere Berufsbeamten sind nicht gerade dynamische Heißdüsen: Die Bürokratie mahlt langsam, aber bei uns zumeist zuverlässig und unbestechlich. Zu den Hochzeiten des Neoliberalismus glaubten viele, man könne durch Privatisierung oder private Bereitstellung von öffentlichen Leistungen große Effizienzgewinne realisieren und Kosten sparen. Das ist auch in vielen Fällen möglich, wenn man Leistungen im echten Wettbewerb vergibt und die laufenden Steuerungsanforderungen bei der Leistungsabwicklung nicht sehr hoch sind. Die Staatsverwaltung muss nicht alles selbst machen, in einem Unternehmen werden ja auch viele Leistungen nach außen vergeben.

Aber auch in der Privatwirtschaft ist nicht alles Gold, was glänzt. Der Wettbewerb ist häufig nicht so groß. Viele Effizienzgewinne in der

Produktion streichen Führungskräfte und Aktionäre durch exzessive Gehälter und hohe Gewinne ein. Außerdem werden »Effizienzgewinne« mitunter schlicht durch Ausbeutung einfacher Malocher aus dem Niedriglohnsektor erwirtschaftet oder durch Beschiss am Kunden erzielt.

Fazit: Markt versus Staat sind keine Gegensätze, sondern ergänzen sich wie unterschiedliche Geschwister. Da sich die Zeiten ständig ändern, muss das Verhältnis immer wieder neu austariert werden. Intensive Regulierungen, Privatisierung oder Partnerschaften mit Unternehmen bei der Erfüllung von öffentlichen Aufgaben sollten kein Tabu, aber auch kein Dogma sein.

Steuerpolitische Leitbilder

Die prägenden steuerpolitischen Leitbilder der gesellschaftlichen Gruppen, Verbände und Parteien sind eng mit deren Weltanschauungen und Ideologien zu Gesellschaft, Wirtschaft und Staat verbunden. Wir unterscheiden hier im Wesentlichen das *neoliberale Modell des Nachtwächterstaats* und das *linksliberale Modell des Interventions- und Wohlfahrtsstaats*. An den politischen Rändern gibt es zudem rechts- und linkspopulistische Entwicklungen.

Der Neoliberalismus hatte in den letzten Jahrzehnten großen Einfluss auf die Wirtschafts- und Steuerpolitik. Als »angebotsorientierte Wirtschaftspolitik« prägte er die wirtschafts- und finanzpolitische Diskussion seit den späten 1970er Jahren. Damals wurden die Probleme des sozialdemokratisch-keynesianischen Wohlfahrts- und Interventionsstaats der Nachkriegszeit offenkundig. Zentrale wirtschaftspolitische Leitbilder sind Freiheit und Marktwirtschaft, die für gesamtwirtschaftliche Effizienz und Wachstum sorgen sollen. Betont werden bürgerliche Werte wie Subsidiarität, Eigenverantwortung und Chancengleichheit. Marktwirtschaft und Kapitalismus werden positiv und als inhärent stabil angesehen. Kritisch betrachtet werden prozessorientierte staatliche Interventionen der Struktur- und Konjunkturpolitik sowie zu viel Umverteilung zur Herstellung von Ergebnisgleichheit. Der wirtschaftliche Kuchen soll erst groß gemacht werden, bevor man ihn verteilt. Gegenüber Staat und Steuern ist man skeptisch, Staatsversagen wird als bedrohlich überbewertet: Der Staat soll sich im Wesentlichen auf seine ordnungspolitische Funktion beschränken, indem er die Spielregeln setzt und Marktversagen bekämpft.

In der Wirtschaft sowie bei Wirtschaftswissenschaftlern und Steuerexperten ist diese Ideologie nach wie vor weit verbreitet. Hohe Steuern gelten als ungünstig, da sie die Wirtschaftskraft belasten: Der Staat soll erst mal sparen und unnötige Ausgaben zurückfahren, bevor die Steuern erhöht werden. Steuervereinfachung und Steuersenkung sind dabei wichtige Leitbilder. Die Einkommen- und Vermögensteuern gelten als zu kompliziert und leistungsfeindlich, vor allem wenn sie mit progressiven Steuertarifen arbeiten und die »Leistungsträger« mit hohen Steuersätzen belasten. Bevorzugt werden niedrigere und proportionale »Flatrate-Steuertarife« oder indirekte Steuern, vor allem die Mehrwertsteuer.

Politisch wurden und werden solche Vorstellungen in Deutschland vor allem von der FDP vertreten. Christdemokraten und Konservative teilen solche Ansichten häufig, orientieren sich in steuer- und sozialpolitischen Fragen aber stärker an sozialdemokratischen und linksliberalen Leitbildern, während sie in familien-, migrations- oder kulturpolitischen Fragen ihre konservativen Fahnen hochhalten. Auch bei SPD und Grünen waren neoliberale Konzepte stark präsent während ihrer Regierungszeit von 1998 bis 2005 und prägten die Reformagenda. Die rot-grünen Steuer-, Arbeitsmarkt- und Sozialreformen entfremdeten die SPD aber von ihren traditionellen Milieus, ohne dass sie in den neuen Mittelschichten oder bei zunehmenden Nichtwählern punkten konnte. Währenddessen hat sich die CDU unter Angela Merkel in der politischen Mitte festgesetzt – und dazu die neoliberalen und konservativen Programme früherer Jahre lautlos über Bord geworfen.

Traditionell halten Linksliberale und Sozialdemokraten das Modell des Interventions- und Wohlfahrtsstaats hoch. Die Krise des real existierenden Kapitalismus, die seit der Finanz- und Wirtschaftskrise 2008 ausgebrochen ist, hat die Attraktivität dieser Konzepte wieder deutlich erhöht. Ausgangspunkt ist die Instabilität der kapitalistischen Marktwirtschaft und deren Tendenz zur Ungleichheit der Einkommens- und Vermögensverteilung. Erwünscht ist eine aktive Rolle des Staats in der Wirtschaftspolitik, also der Struktur- und Regionalpolitik, sowie eine keynesianische Steuerung der Konjunktur. Die Risiken des Markts und seine ungerechten Verteilungsergebnisse sollen durch breite soziale Sicherung und progressive Besteuerung korrigiert werden. Der Staat soll dazu aktiv in die Wirtschaftsprozesse eingreifen und die Daseinsvorsorge der Bürger sichern. Der Neoliberalismus wird in der politischen Kommunikation mitunter als Inbegriff des menschenfeindlichen marktradikalen Kapitalismus dämonisiert.

Staat und Steuern sind zentrale Garanten für diese Politik. Bevorzugt werden progressive Einkommen- und Vermögensteuern, während indirekte Steuern nur eine Nebenrolle spielen sollen, da sie regressiv wirken, also die niedrigen Einkommen stärker belasten als die hohen Einkommen. Effizienzverluste der Besteuerung werden vernachlässigt oder in Kauf genommen, Steuervermeidungsmöglichkeiten bekämpft. Steuererhöhungen vor allem für Reiche zur Verbesserung der öffentlichen Finanzen wurden zuletzt im Bundestagswahlkampf 2013 von SPD, Grünen und Linkspartei vorgetragen – mit mäßigem Erfolg, da viele bürgerliche Wähler von SPD und Grünen verunsichert schienen.

Steuermythos: Betriebswirtschaft und schwäbische Hausfrauenwirtschaft sind auch Volkswirtschaft

»Viel Mikro ist auch Makro«, hielt Gerhard Schröder einst Oskar Lafontaine und seinen Beratern entgegen, als diese die gesamtwirtschaftlichen Risiken der angebotsorientierten Wirtschaftspolitik brandmarkten. Volkswirtschaft unterscheidet sich von der Betriebs- oder Hauswirtschaft dadurch, dass sie nicht nur die einzelwirtschaftlichen Zusammenhänge betrachtet, sondern das Zusammenspiel aller Wirtschaftsakteure. Im Kreislauf einer arbeitsteiligen Wirtschaft sind die Kosten des einen die Erträge des anderen, die Vermögen des einen die Schulden des anderen. Wenn Unternehmer oder schwäbische Hausfrauen sparen, geben sie das Geld nicht selbst aus – und es muss über den Kapitalmarkt an andere Investoren vermittelt werden. Einer muss sich verschulden und ein anderer investieren, sonst fällt Nachfrage weg, die Produktion bricht ein und das Sozialprodukt sinkt.

Leider entwickelt sich die Volkswirtschaft nicht immer so stabil, wie es die Gleichgewichtsmodelle der ökonomischen Theorie gerne unterstellen. Die Zyklen von Boom und Rezession sind vor allem durch die Investitionsnachfrage und die Exportnachfrage verursacht, während sich der private Konsum recht stabil entwickelt. Wenn in einer Krise alle plötzlich sparen und wenig investieren, treibt das die Wirtschaft in den Abgrund. Wenn im Boom alle investieren und konsumieren, steigt die Verschuldung, und die Wirtschaft läuft heiß. Dann drohen Blasen irgendwann zu platzen, mit der Gefahr einer Finanzkrise und tiefen Rezession, wie zuletzt 2008/2009.

Auch die beträchtlichen makroökonomischen Ungleichgewichte, die sich zwischen den großen Volkswirtschaften aufgetan haben, werden häufig in der Öffentlichkeit ignoriert. Angetrieben durch die schwache Lohnentwicklung der letzten fünfzehn Jahre und die Konsolidierung der öffentlichen Haushalte, die zulasten der öffentlichen Investitionen ging, hat Deutschland riesige Leistungsbilanzüberschüsse aufgebaut – inzwischen 8 Prozent des Bruttoinlandsprodukts. Als Volkswirtschaft erwirtschaften wir einen entsprechenden Überschuss, indem wir ins Ausland mehr verkaufen als wir von dort kaufen. Das bedeutet, dass wir entsprechendes Vermögen im Ausland aufbauen. Daher ist es skurril, wenn Wirtschaftslobbyisten die aus ihrer Sicht natürlich immer zu hohen Lohnkosten mit den niedrigen Inlands- und hohen Auslandsinvestitionen der deutschen Unternehmen begründen.

Dass man Volkswirtschaft nicht mit Betriebswirtschaft verwechseln sollte, ist aber zugleich ein linksliberaler wie linker Wirtschaftsmythos. Damit wird allzu häufig begründet, dass der Staat nicht sparen kann und dass Wirtschaftsreformen die Konjunktur schwächen. Richtig daran ist, dass der Staat als wichtigster Akteur in der Volkswirtschaft die Wirtschaft stabilisieren soll: In der Krise soll er beispielsweise Defizite hinnehmen und ihr nicht hinterhersparen, was meistens ganz gut funktioniert. Im Aufschwung und besonders im Boom soll er dagegen die Wirtschaft bremsen, damit sie nicht heißläuft, was nicht so gut klappt. Denn Gründe für höhere Staatsausgaben gibt es immer – und wenn die Kassen voll sind, machen sie häufig sinnlich. Das ist das Dilemma der keynesianischen Konjunktursteuerung, auf das die Neoliberalen zu Recht hinweisen. Es führt dazu, dass die Staatsverschuldung steigt, notwendige Strukturanpassungen unterbleiben und in schweren Strukturkrisen Austeritätsprogramme mitunter unvermeidlich sind.

Auf Dauer hilft eine Stimulation der Konjunktur nicht, wenn die Wirtschaftsstrukturen nicht mitziehen. Dann muss man die Angebotsbedingungen der Wirtschaft verbessern, siehe Frankreich und Südeuropa – und das geht selten ohne Härten ab. Notwendige Wirtschafts- und Sozialreformen sind zudem meist nur in Krisenzeiten durchzusetzen, wenn der Leidensdruck hinreichend groß ist, obwohl sie gerade dann makroökonomisch kontraproduktiv sind. Steigende Staatsschulden verunsichern auf Dauer die privaten Investoren und machen Länder anfällig bei Finanzkrisen, wie es die Eurokrise eindringlich gezeigt hat. Daher braucht man auch Schuldenbremsen für die öffentlichen Haushalte, die übermäßige staatliche Konsumausgaben und die Verschuldung begrenzen. Dazu muss man aber nicht unbedingt immer nur bei den Sozialausgaben kürzen – man kann auch Steuern erhöhen. Sinnvolle öffentliche Investitionen kann man dagegen mit Schulden finanzieren, wenn sie das Produktionspotenzial der Volkswirtschaft heben.

In vielen Ländern Europas haben sich rechtspopulistische Bewegungen und Parteien etabliert, die sich in der traditionellen christ- und sozialdemokratischen Anhängerschaft breitmachen. In Deutschland waren diese Tendenzen bisher nur wenig präsent, sind aber auch hier latent vorhanden, wie der Aufstieg der AfD zeigt. Diese Bewegungen nehmen für sich in Anspruch, die »wahren« Interessen der Normalbürger zu repräsentieren. Unterstützung finden sie bei vielen unzufriedenen Mittelschicht- und »Wutbürgern«, denen viele Entwicklungen in Wirtschaft und Gesellschaft missfallen. Sie lehnen sich gegen die politischen Verhältnisse, die herrschenden Eliten und den linksliberalen Zeitgeist auf.

Die eher diffusen wirtschafts- und steuerpolitischen Vorstellungen der Rechtspopulisten grenzen sich zumeist von Neoliberalismus und Globalisierung ab, um die bestehende Wirtschafts- und Sozialordnung zu erhalten. So verfolgt etwa der Front National in Frankreich ein ausgesprochen protektionistisches und staatsinterventionistisches Programm. Gleichzeitig misstraut man Staat und Politik zutiefst und verlangt, erst einmal für die eigenen Leute zu sorgen. Umverteilung und progressive Steuersysteme unterstützen Rechtspopulisten in der Regel nicht, sie verlangen aber nach sozialstaatlichen Leistungen für die ordentlichen Normalbürger.

In Deutschland sind die wirtschafts- und steuerpolitischen Positionen der AfD bisher stark von den konservativ-neoliberalen Vorstellungen der Professoren um den ehemaligen Parteivorsitzenden Bernd Lucke geprägt, etwa das Plädoyer für eine grundlegende Steuervereinfachung oder die Abschaffung von Gewerbesteuer und Erbschaftsteuer. Das passt eher zur amerikanischen Tea-Party-Bewegung, die in den USA ein ähnliches Klientel anspricht, das weniger fremdenfeindlich und antiislamisch eingestellt ist, dafür umso rabiater gegen Steuern und Staat kämpft, insbesondere gegen die Bundesregierung in Washington.

Bemerkenswert ist, dass diese rechtskonservativen und rechtspopulistischen Bewegungen vor allem von Bürgern der unteren Mittelschichten unterstützt werden. Diese sollten eigentlich ein Interesse daran haben, dass die Reichen wieder höhere Steuern zahlen, damit sie selbst entlastet werden und die vernachlässigten öffentlichen Leistungen besser werden. Hier kulminiert der latente Selbstbetrug der Mittelschichten, den die Journalistin Ulrike Herrmann 2010 in ihrem Buch *Hurra, wir dürfen zahlen* eindringlich beschrieben hat. Statt für mehr Steuergerechtigkeit und bessere Staatsfinanzen zu kämpfen, sehen sie sich als Opfer staatlicher Ausbeutung. Das ist ein teurer Irrtum, der letztlich vor allem den wirklich Reichen nützt.

Auf der linken Seite des politischen Spektrums gibt es in Deutschland und Nordeuropa wenig Populismus, anders als etwa in Spanien, Griechenland oder Osteuropa, geschweige denn in Lateinamerika. Die deutsche Linkspartei ist primär eine linke Volkspartei, vor allem in Ostdeutschland, wo sie sich seit Langem handzahm und staatstragend gebärdet. Die Ausdehnung nach Westen gelang mithilfe der rot-grünen Agenda-Politik bis 2005, die viele traditionalistische Sozialdemokraten, Gewerkschafter oder Altlinke enttäuscht hat. Die Linkspartei vertritt das traditionelle Modell eines umfassenden Interventions- und Wohlfahrtsstaats, wie es in der Vor-Agenda-Zeit auch beim linken Flügel der SPD oder bei den Gewerkschaften Konsens war. Privatisierungen werden ablehnt, die Bürger sollen umfassend gesichert, die Wirtschaft stärker reguliert und hohe Steuern auf hohe Einkommen und Vermögen erhoben werden.

Fazit unserer Tour d'Horizon durch die gängigen wirtschafts- und steuerpolitischen Ideologien und Leitbilder: Neoliberale und linksliberale oder sozialdemokratische Vorstellungen zu Staat und Steuern konkurrieren miteinander, befruchten sich aber auch gegenseitig. In den letzten zwanzig Jahren lag der Neoliberalismus in Führung, seit der Finanz- und Wirtschaftskrise haben linksliberale und sozialdemokratische Vorstellungen deutlich aufgeholt, können sich aber nicht durchsetzen. Letztlich muss man beide Seiten im Auge haben und vernünftige Kompromisse machen zwischen Effizienz und Gerechtigkeit.

Rheinischer Kapitalismus: Alle trinken mit

Deutschland ist seit dem Zweiten Weltkrieg immer recht gut gefahren mit einer Art drittem Weg zwischen Sozialismus und Kapitalismus: der sozialen Marktwirtschaft und dem rheinischen Kapitalismus. Diese Konzepte verbinden wirtschaftliche Effizienz mit sozialem Ausgleich und Umverteilung. Politisch stand dahinter ein historischer

Kompromiss zwischen den großen Volksparteien sowie den Tarifpartnern. Starken Einfluss hatte die katholische Soziallehre. Subsidiarität, also Selbstbestimmung und eigenverantwortliches Handeln auf der individuellen und kollektiven Ebene, wird verbunden mit Solidarität für die Armen und Schwachen, die im dynamischen Wirtschaftsleben nicht mitkommen. Der Kölner Volkskabarettist Jürgen Becker bringt das Motto des rheinischen Kapitalismus auf den Punkt: »Der Umsatz ist langfristig am größten, wenn alle mittrinken.«

Als Wirtschaftsmodell hat das eine gute Zukunft: Der real existierende finanzmarkt- und schuldengetriebene Kapitalismus der letzten Jahrzehnte schwächelt erkennbar. Ungleiche Verteilung und soziale Desintegration stellen sich zunehmend als Wachstumshemmnis heraus. Um die Herausforderungen der Zukunft zu meistern, braucht es nicht weniger, sondern mehr Staat. Daher werden auch die Steuern in den nächsten Jahrzehnten nicht sinken. Und es braucht auch wieder mehr Umverteilung von oben nach unten, damit die Unter- und Mittelschichten mitgenommen werden. Umso wichtiger ist es, Staatsausgaben und Steuern effizient zu halten, damit alle davon profitieren und die Bürger nicht überlastet und frustriert werden.

3 Steuerbelastung: Wie hoch ist sie, und wer trägt sie?

Gesamtwirtschaftliche Steuerbelastung: keine »Rekordeinnahmen«

Schauen wir uns Zahlen zum Steueraufkommen und zur Steuerbelastung an. Dass die Steuern hoch sind, merken wir alle. Das gesamte Steueraufkommen lag 2015 bei 700 Milliarden Euro, die Sozialbeiträge bei 470 Milliarden Euro. Das sind riesige Summen, wie soll man die begreifen?

Um im Zeitverlauf und im Vergleich zwischen verschiedenen Personen, Unternehmen oder Ländern sinnvolle Aussagen zur Höhe der Steuerbelastung zu treffen, muss man sie in Relation zur Wirtschaftskraft setzen. Unsere private Steuerbelastung teilen wir durch unser Bruttoeinkommen – also das, was wir vor Steuern und Sozialbeiträgen verdienen. Für die Gesamtwirtschaft bietet sich das Bruttoinlandsprodukt (BIP) an: Es misst die gesamte Wertschöpfung, repräsentiert damit sämtliche Bruttoeinkommen in der Volkswirtschaft und gilt als zentraler Indikator für die wirtschaftliche Leistung. Die gesamtwirtschaftliche Steuerquote bezieht die gesamten Steuereinnahmen auf das Bruttoinlandsprodukt. Damit wird üblicherweise die Steuerbelastung der gesamten Volkswirtschaft im Zeitverlauf oder zwischen verschiedenen Ländern verglichen. Einschließlich der Sozialbeiträge ergibt sich die gesamtwirtschaftliche Abgabenquote.

Brutto meint beim Bruttoinlandsprodukt, dass die Abschreibungen noch nicht abgezogen sind. Diese sollen berücksichtigen, dass Sachvermögenswerte wie Maschinen, Ausrüstungen und Bauten, aber auch Computerprogramme und Lizenzen verschleißen oder veralten und irgendwann ersetzt werden müssen. Zieht man die Abschreibungen ab, kommt man zum Nettoinlandsprodukt. Rechnet man zusätzlich die Einkommen aus dem Ausland hinzu und zieht die Einkommen an das Ausland ab, kommt man zum Nettonationaleinkommen (NNE) – eigentlich die beste Bezugsgröße für die gesamtwirtschaftliche Steuer- und Abgabenquote. Im Zeitverlauf verhalten sich Bruttoinlandsprodukt und Nettonationaleinkommen ähnlich, sodass die Entwicklung der Steuerbelastung von der Steuerquote in Relation zum Bruttoinlandsprodukt recht gut gemessen wird. Diese hat sich seit Beginn der 1970er Jahre recht stabil entwickelt (Abbildung 7).

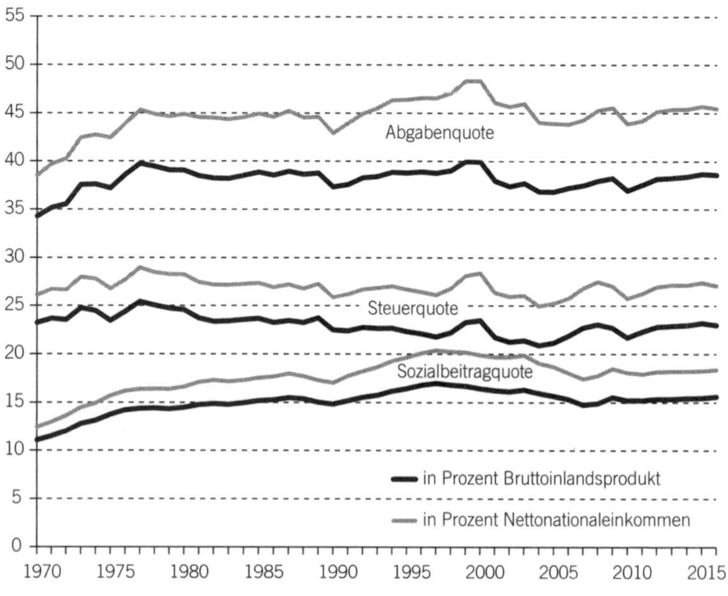

Die Abgabenquote ergibt sich als Summe aus Steuerquote und Sozialbeitragquote.
Zugrunde gelegt werden empfangene Steuern und Sozialbeiträge des Staatssektors.
Steuereinahmen einschließlich vermögenswirksamer Steuern und Steuerreinnahmen an die EU.
Sozialbeiträge einschließlich unterstellter Sozialbeiträge für die Beamtenversorgung, abzüglich Beiträge für Empfänger sozialer Leistungen.
1970 bis 1990: alte Bundesländer, VGR-Revision 2005; 1991 bis 2016: Deutschland, VGR-Revision 2014.
2016: Prognose des DIW Berlin, März 2016.

Abbildung 7: Steuern und Sozialbeiträge in Deutschland in Relation zu Bruttoinlandsprodukt und Nettonationaleinkommen 1970 bis 2016 in Prozent

(Quelle: Statistisches Bundesamt, Volkswirtschaftliche Gesamtrechnungen; Berechnungen des DIW Berlin)

Steuermythos: ständige Rekordsteuereinnahmen

»Die Überbesteuerung ist nicht ein Zwischenfall, sondern vielmehr Prinzip«, schrieb Altmeister Karl Marx 1867 im *Kapital*. Nicht erst heute ist die Steuerbelastung hoch. In früheren Zeiten waren die Steuern auch bei geringeren Belastungsquoten meist noch viel drückender, denn die Menschen hatten geringe Realeinkommen, viele nicht einmal genug zum Leben. Gemessen daran leben wir heute im Paradies.

Trotzdem berichten die Medien ständig von Rekordsteuereinnahmen – wohl, um das Unbehagen an der hohen Steuerbelastung der Mittelschichten zu artikulieren. Gemeint sind damit aber die absoluten Steuereinnahmen in Euro pro Jahr. Solche Rekorde sind jedoch nicht besonders überraschend, denn in einer wachsenden Wirtschaft steigen die Steuereinnahmen mit steigendem Einkommen und Konsum automatisch. Und so gibt es Jahr für Jahr »die höchsten Steuereinnahmen aller Zeiten«, auch wenn sich die Belastung gar nicht ändert und die gesamtwirtschaftliche Steuerquote konstant bleibt, und damit auch die durchschnittliche Belastung der Bürger.

Tatsächlich gab es im hier betrachteten Zeitraum von 1970 bis 2016 in 43 Jahren Rekordsteuereinnahmen – nur in vier Jahren ging das Steueraufkommen zurück, nämlich 2001, 2002, 2004 und 2009. In den ersten drei dieser Jahre gab es deutliche Steuerentlastungen aufgrund der Steuerreformen der rot-grünen Bundesregierung, und das Wirtschaftswachstum war gleichzeitig zu schwach, um diese Ausfälle zu kompensieren. Im Jahr 2009 gab es die schärfste Rezession der Nachkriegszeit, bei der das Bruttoinlandsprodukt um 4 Prozent zurückging – dementsprechend brachen die Steuereinnahmen ein.

Sinnvollerweise muss man die Steuerbelastungen auf das Einkommen beziehen, um die zeitliche Entwicklung der Steuerbelastung oder im Quervergleich zwischen Personen und Gruppen zu vergleichen – und dann sieht es deutlich weniger spektakulär aus. So hat sich die gesamtwirtschaftliche Steuerquote, also das Steueraufkommen in Relation zum Bruttoinlandsprodukt, seit den 1970er Jahren bemerkenswert stabil entwickelt und liegt gegenwärtig bei 23 Prozent (Abbildung 7). Dieses Niveau ist zwar höher als in den vergangenen zehn Jahren, liegt aber unter den Belastungen Ende der 1990er oder Mitte der 1970er Jahre – von Rekordsteuereinnahmen kann also keine Rede sein.

Innerhalb des Steueraufkommens haben sich die Gewichte zwischen direkten und indirekten Steuern verschoben (Abbildung 8). Die Mehrwertsteuer hat seit den 1970er Jahren an Gewicht gewonnen, da der Steuersatz sukzessive erhöht wurde. Dagegen haben die sonstigen Gütersteuern (Verbrauchsteuern auf Energie, Tabak, Alkoholika, Kaffee) und die Produktionsabgaben (Grundsteuer, Grunderwerbsteuer, Kraftfahrzeugsteuer) an Bedeutung verloren, obwohl es hier zeitweise deutliche Steuererhöhungen gegeben hat.

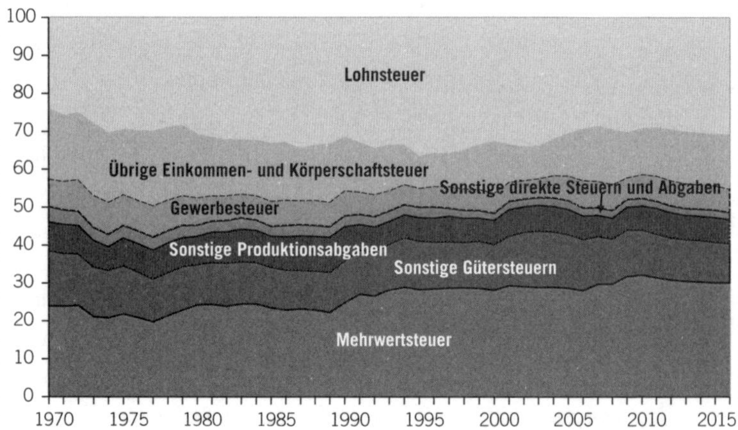

Grundlage: Steuereinahmen des Staatssektors einschließlich vermögenswirksamer Steuern und Steuereinnahmen an die EU.
1970 bis 1990: alte Bundesländer, VGR-Revision 2005; 1991 bis 2016: Deutschland, VGR-Revision 2014.
2016: Prognose des DIW Berlin, März 2016.

Abbildung 8: Struktur der Steuereinnahmen in Deutschland 1970 bis 2016 in Prozent *(Quelle: Statistisches Bundesamt, Volkswirtschaftliche Gesamtrechnungen; Berechnungen des DIW Berlin)*

Innerhalb der direkten Steuern hat die Lohnsteuer über die Jahrzehnte bis Mitte der 1990er Jahre deutlich zugelegt, seitdem ist ihr Anteil wieder zurückgegangen. Der Rückgang des Anteils der direkten Steuern ist auf die übrige Einkommen- und Körperschaftsteuer und die Gewerbesteuer zurückzuführen, die den Anteil der Unternehmens- und Vermögenseinkommen am Steueraufkommen repräsentieren. Deren Bedeutung ist bis Mitte der 2000er Jahre kontinuierlich zurückgegangen und seitdem wieder deutlich gestiegen. Die sonstigen direkten Steuern und Abgaben, die vor allem die vermögensbezogenen Steuern enthalten (Vermögensteuer, Erbschaftsteuer), haben im Laufe der Jahrzehnte an Gewicht verloren.

Wie man aufgrund dieser gesamtwirtschaftlichen Statistiken vermuten kann, ist der Eindruck der Mittelschichten durchaus begründet, dass sie in den letzten Jahrzehnten bei kalter Progression und indirekten Steuern zunehmend zur Kasse gebeten wurden, während die Reichen und teilweise auch die Armen entlastet wurden.

Im internationalen Vergleich ist die deutsche Steuerquote eher niedrig (siehe Abbildung 9) – viele Länder haben eine deutlich höhere Steuerbelastung. Das liegt auch an den hohen Sozialbeiträgen hierzulande. Weite Bereiche der sozialen Sicherung werden bei uns nicht über allgemeine Steuern, sondern über lohn- und einkommensbezogene Beiträge finanziert. Die Sozialbeiträge sind ein eigenes Abgabensystem neben dem Steuersystem, die in den letzten Jahren zwei Drittel des Steueraufkommens erreichen.

Die Sozialbeitragquote ist über die letzten Jahrzehnte deutlich gestiegen (Abbildung 7). Machte sie Anfang der 1970er Jahre 11 Prozent des Bruttoinlandsprodukts aus, stieg sie bis auf 17 Prozent Ende der 1990er Jahre. So sind die Sozialbeitragssätze einschließlich des Arbeitgeberanteils von 1970 bis 1990 um 9 Prozentpunkte gestiegen. Nach 1990 kamen noch einmal 5 Prozentpunkte hinzu, da die Belastungen durch die Wiedervereinigung teilweise über die Sozialversicherungen finanziert wurden und die Beschäftigung auch in den alten Ländern schwach war. Seitdem wurden die Sozialkassen durch stärkere Steuerfinanzierung und Leistungskürzungen stabilisiert. Dank der guten Beschäftigungsentwicklung erzielten sie in den letzten Jahren deutliche Überschüsse. Dadurch konnten die Beitragssätze für die

Renten- und Arbeitslosenversicherung gesenkt werden. Die Sozialbeitragquote liegt aktuell bei 15,5 Prozent des Bruttoinlandsprodukts.

Die gesamte Abgabenquote, also die Summe aus Steuer- und Sozialbeitragquote, stieg in den 1970er Jahren deutlich an, stagnierte in den 1980er und 1990er Jahren auf hohem Niveau und erreichte zur Jahrtausendwende etwa 40 Prozent (Abbildung 7). Seitdem ist sie wieder etwas zurückgegangen und liegt zurzeit bei knapp 39 Prozent des Bruttoinlandsprodukts. Auch hier gibt es also keine Rekordeinnahmen.

Niedrigsteuerland Deutschland, hohe Sozialbeiträge

Wo liegt Deutschland im internationalen Vergleich bei der Steuer- und Abgabenbelastung? Bei den Steuern eher niedrig, bei den Sozialbeiträgen eher hoch. In Abbildung 9 sehen wir die Steuer- und Sozialbeitragquoten der OECD-Mitgliedsländer im Durchschnitt der Jahre 2010 bis 2012.[1] Geordnet sind die Länder nach ihren Steuereinnahmen, also ohne Sozialbeiträge. Das ist anders, als es üblicherweise gemacht wird, denn die OECD rechnet die Sozialbeiträge zu den Steuern und vergleicht die gesamten Steuer- und Abgabenbelastungen.

Wir sehen: Bei den reinen Steuern liegt Deutschland unter dem OECD-Durchschnitt von 24,5 Prozent des Bruttoinlandsprodukts. Am niedrigsten ist die Steuerbelastung in der Slowakei und in Mexiko, am höchsten in Norwegen und Dänemark, wo die Steuerquote über 45 Prozent beträgt. Dort gibt es praktisch keine Sozialbeiträge, entsprechend hoch ist die Einkommensteuer, aber auch die indirekten Steuern sind überdurchschnittlich. In den angelsächsischen Ländern wie USA, Großbritannien, Irland, Kanada, Australien und Neuseeland sind die Sozialbeiträge deutlich niedriger und die Einkommensteuern höher als in Deutschland. Auch die vermögensbezogenen Steuern sind in diesen Ländern recht hoch, was vor allem an der Grundsteuer liegt. Hohe Sozialbeiträge haben neben Deutschland auch Österreich, Frankreich, Italien, Belgien, Niederlande, Finnland und die osteuro-

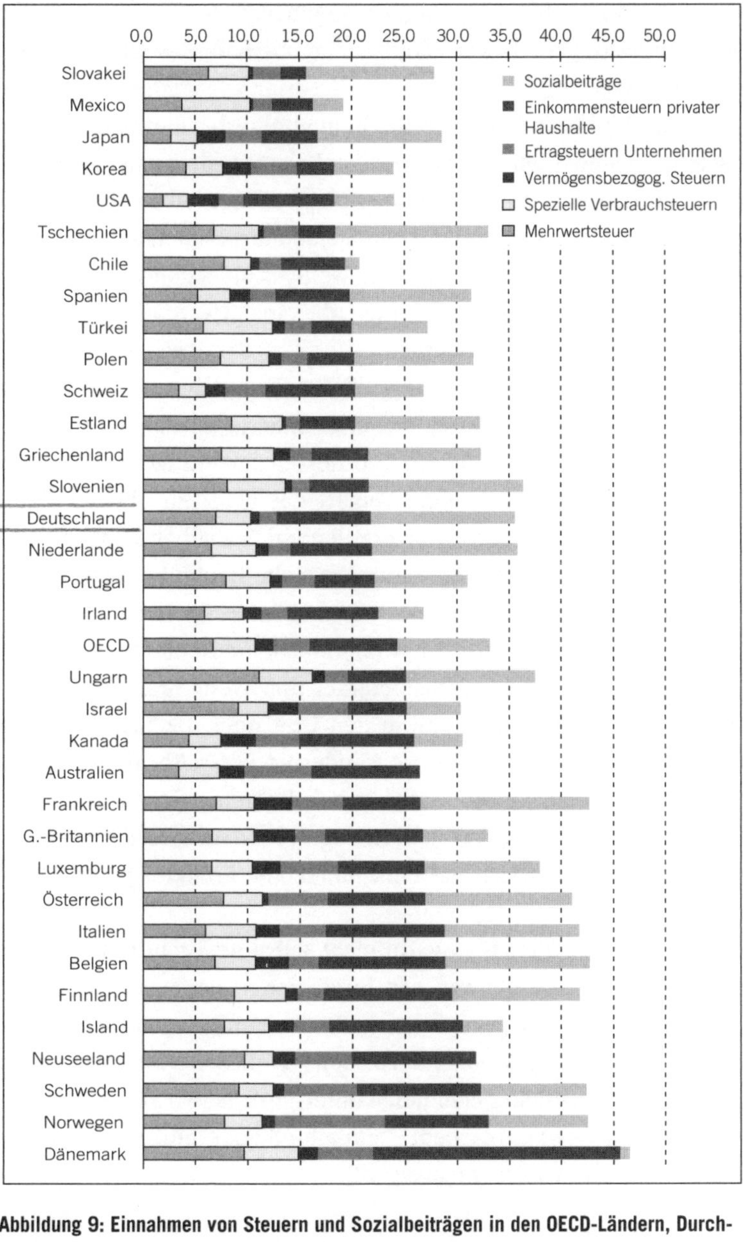

Abbildung 9: Einnahmen von Steuern und Sozialbeiträgen in den OECD-Ländern, Durchschnitt 2010 bis 2012 in Prozent des Bruttoinlandsprodukts
(Quelle: OECD, Revenue Statistics)

päischen Länder. Bei der gesamten Abgabenquote einschließlich der Sozialbeiträge liegt Deutschland leicht oberhalb des OECD-Durchschnitts.

Die in Abbildung 9 dargestellte Reihenfolge der einzelnen Länder nach ihren Steuerbelastungsquoten stellt auf die deutsche und kontinentaleuropäische Praxis ab, hohe Sozialbeiträge neben den Steuern zu erheben, für die es im Versorgungsfall entsprechende Leistungen gibt. Damit sind die Sozialbeiträge weniger als Steuern anzusehen, sondern eher Versicherungsbeiträge, die eine private Vorsorge ersetzen (siehe Kapitel 1). Natürlich gibt es in der Sozialversicherung auch eine gewisse Umverteilung, die nicht versicherungsäquivalent ist. Soweit diese nicht durch steuerfinanzierte Zuschüsse ausgeglichen wird, müsste man diesen Teil der Sozialbeiträge den Steuern hinzurechnen. In Deutschland betrifft das aber nur einen kleinen Teil, in Staaten mit stark umverteilenden Sozialbeiträgen müsste man stärker korrigieren. So garantieren die Rentenbeiträge in den USA nur eine Mindestrente, sodass sie bei Besserverdienern wie eine zusätzliche Einkommensteuer wirken; auch die Rentenversicherung der Schweiz verteilt wesentlich stärker um. Wenn man das berücksichtigt, liegt die Steuerquote in den USA oder der Schweiz nicht niedriger als in Deutschland. In Ländern wie Großbritannien oder Schweden kommt das steuerfinanzierte Renten- oder Gesundheitssystem auch den Besserverdienern zugute, sodass insoweit die Steuerbelastung im Vergleich zu Deutschland oder Frankreich überzeichnet wird.

»Glaub keiner Statistik, die du nicht selbst gefälscht hast«, stöhnt der frustrierte Laie, der von den Interessengruppen mit Zahlen genervt wird, die völlig gegensätzliche Positionen belegen sollen. Aber da muss man durch, die Realität ist eben komplex. Bei internationalen Vergleichen muss man sich mit den unterschiedlichen Steuer- und Sozialsystemen vertraut machen, wenn man Steuer- und Sozialbeitragbelastungen sinnvoll vergleichen will.

Steuermythos: »Steuerzahlergedenktag« Anfang Juli – mehr als die Hälfte für den Fiskus

Wie man mit Zahlen zur Steuerbelastung Propaganda machen kann, zeigt der Bund der Steuerzahler mit seinem »Steuerzahlergedenktag«, den er jedes Jahr ausrechnet und Mitte Juli ausruft. Das ist der Tag, bis zu dem der durchschnittliche Steuerzahler angeblich nur für die Steuern und Sozialbeiträge arbeitet. Zur Berechnung dieses Tags werden Steuern und Sozialbeiträge nicht auf das Bruttoinlandsprodukt oder das Nettonationaleinkommen bezogen, sondern auf das niedrigere Volkseinkommen, das ist die Summe aus Löhnen, Gewinnen und Vermögenseinkommen nach Korrektur um die indirekten Steuern und Subventionen. Die so berechnete volkswirtschaftliche Einkommensbelastungsquote betrug 52,9 Prozent im Jahr 2016, und damit wurde der »Steuerzahlergedenktag« für den 12. Juli ermittelt.

Diese Rechnung ist aber falsch, denn die Belastungsquote ist zu hoch und der Tag damit zu spät im Jahr. Beim Volkseinkommen sind die indirekten Steuern nämlich schon abgezogen, die fast die Hälfte der Steuereinnahmen ausmachen (Abbildung 8). Sie fehlen im Nenner der Quote, während sie im Zähler mitgezählt werden. Das ist so, als würde ein Unternehmer die Mehrwertsteuerzahlung bei seiner individuellen Steuerbelastung berücksichtigen und auf seinen steuerpflichtigen Gewinn beziehen, bei dem die Mehrwertsteuer als durchlaufender Posten abgezogen ist. Daher ist das Nettonationaleinkommen, bei dem die indirekten Steuern noch nicht abgezogen und auch die Subventionen noch nicht hinzuaddiert sind, die beste Messgröße für die gesamtwirtschaftliche Steuer- und Abgabenquote.

Die richtige Steuer- und Abgabenquote bezogen auf das Nettonationaleinkommen beträgt 46,7 Prozent (siehe Abbildung 7) – der »Steuerzahlergedenktag« hätte 2016 dann schon am 19. Juni stattgefunden. Darüber hinaus ist die Einbeziehung der Sozialbeiträge fragwürdig, da es sich hierbei weitgehend um Versicherungsbeiträge handelt. Nimmt man daher nur die Steuerquote in Prozent des Nettonationaleinkommens in Höhe von gut 27 Prozent (siehe Abbildung 7), lag der »Steuerzahlergedenktag« 2016 sogar schon am 13. April.

Darüber hinaus ist das Konzept des »Steuerzahlergedenktags« grundsätzlich verkorkst: Es suggeriert, dass der gierige Staat den rechtschaffenen Bürgern das hart erarbeitete Geld wegnimmt und verschwendet. Tatsächlich finanziert der Staat damit die öffentlichen Güter und Leistungen, die für das Funktionieren einer modernen Volkswirtschaft unabdingbar sind und den Bürgern und Unternehmen wieder zugutekommen.

Eine »Belastung« im volkswirtschaftlichen Sinne entsteht letztlich nur, weil der Staat effizienter wirtschaften könnte und insoweit tatsächlich Geld verschwendet. Dies betrifft Umfang, Struktur und Organisation staatlicher Leistungen, aber auch Ordnungspolitik und Regulierung sowie die erwähnten Effizienzkosten der Steuern und Abgaben. Diese zu messen ist schwierig, aber höher als 10 Prozent der Staatsausgaben sind diese Effizienzreserven sicher nicht. Der wirkliche »Steuerzahlergedenktag« liegt also irgendwann im Januar.

Der Bund der Steuerzahler ist recht erfolgreich, sich als Finanzgewissen der Nation in Szene zu setzen. In der breiten Öffentlichkeit und den Medien wird er als Stimme aller Steuerzahler und unabhängiger Kontrolleur des öffentlichen Finanzgebarens wahrgenommen. Tatsächlich repräsentiert er vor allem mittelständische Unternehmer, Freiberufler und Besserverdiener, die ihn über Beiträge und Spenden finanzieren. Lobbying und Kommunikation sind vor allem auf einen schlanken Staat und niedrige Steuern ausgerichtet. So fordert der Bund der Steuerzahler gerne und laut Steuersenkungen bei Einkommensteuer und Unternehmensteuern oder die Abschaffung des Solidaritätszuschlags, was vor allem Wohlhabende entlasten würde. Missstände im Steuerrecht und in der Finanzverwaltung, etwa Steuervergünstigungen oder die verbreitete Steuerhinterziehung bei Kapitaleinkünften, die in erster Linie wohlhabende Steuerzahler betreffen, werden dagegen nicht thematisiert. Auch die eigentlich richtige und wichtige Kritik der öffentlichen Verschwendung ist häufig an spektakulären Einzelfällen orientiert und wenig konstruktiv.

Werfen wir noch einen kurzen Blick auf die gesamten Einnahmen des Staats, die 2015 44,6 Prozent des Bruttoinlandsprodukts betrugen (Abbildung 10). Die Steuern und Sozialbeiträge machen davon den

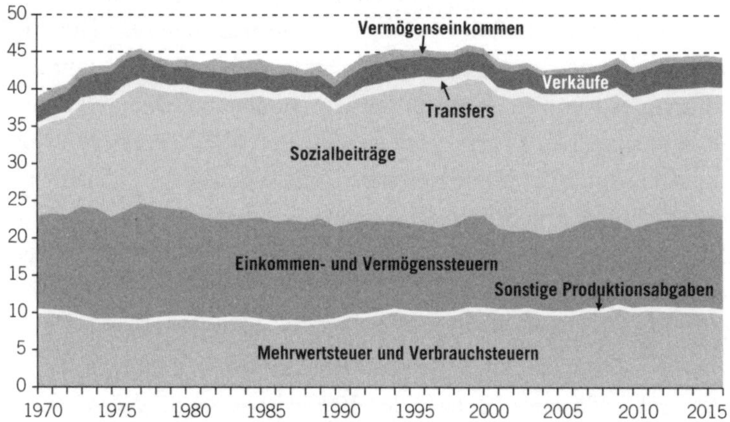

1970 bis 1990: alte Bundesländer, VGR-Revision 2005; 1991 bis 2016: Deutschland, VGR-Revision 2014.
2016: Prognose des DIW Berlin, März 2016.

Abbildung 10: Struktur der Staatseinnahmen in Deutschland 1970 bis 2016 in Prozent des Bruttoinlandsprodukts *(Quelle: Statistisches Bundesamt, Volkswirtschaftliche Gesamtrechnungen; Berechnungen des DIW Berlin)*

größten Teil aus (88 Prozent). Daneben spielen noch die Einnahmen aus »Verkäufen« des Staats eine gewisse Rolle. Das sind vor allem Einnahmen aus Gebühren und sonstigen Beiträgen oder Entgelte für Dienstleistungen staatlicher Behörden. Vermögenseinkünfte, die in früheren Jahrhunderten die Staatseinnahmen prägten (»Domänenstaat«), haben nur noch eine geringe Bedeutung. Sie stammen aus staatlichen Unternehmensbeteiligungen, Finanzanlagen und Krediten. Und schließlich gibt es noch geringe Einnahmen aus Transfers. Diese kommen meist von der EU als projektgebundene Fördermittel. Im Gegenzug zahlt Deutschland Finanzierungsbeiträge an den EU-Haushalt.

Wofür gibt der Staat das Geld aus?

Wo wir schon bei den Zahlen zum Staatshaushalt sind: Werfen wir kurz einen Blick auf die Ausgabenseite des gesamten Budgets, um zu sehen, wofür der Staat das Geld ausgibt (Abbildung 11). Die »Staatsquote«, also der Anteil der gesamten Staatsausgaben (einschließlich der Sozialversicherung) am Bruttoinlandsprodukt liegt im Jahr 2015 mit knapp 44 Prozent etwas unter den Einnahmen. Dadurch erzielte der Staatshaushalt Überschüsse in Höhe von 0,7 Prozent des Bruttoinlandsprodukts (21 Milliarden Euro), mit denen er Schulden abbaut. Das ist schon deutlich mehr als die viel beschworene »schwarze Null«.

Die Staatsausgaben lagen in den früheren Jahrzehnten meist deutlich höher und auch höher als die Einnahmen, sodass es fast immer ein Haushaltsdefizit gab. Seit Mitte der 1970er Jahre lag die Staatsquote zwischen 45 und 48 Prozent, in den 1980ern gab es deutliche Konsolidierungsbemühungen, doch in den 1990ern stiegen die Ausgaben aufgrund der Wiedervereinigung und der schwachen Konjunktur wieder an. Nach der Jahrtausendwende wurde dann kräftig gespart, sodass die Staatsquote bis 2008 immerhin um 4 Prozentpunkte auf 43,6 Prozent fiel – von wegen der Staat kann nicht sparen. Vor allem die Personalausgaben und die Sozialprogramme sowie die öffentlichen Investitionen wurden begrenzt, die Subventionen zurückgefahren und die Mehrwertsteuer erhöht. In der damaligen gesamtwirtschaftlichen Stagnationsphase dürfte dieser restriktive Kurs allerdings zunächst das Wachstum und damit die Staatseinnahmen geschwächt haben, sodass die Haushaltskonsolidierung nicht gelang.

Zur Bekämpfung der schweren Rezession nach der Finanzkrise 2008/2009 wurden vor allem die Sozialausgaben und die Investitionen im Rahmen der Konjunkturprogramme ausgeweitet. Nach der schnellen Erholung hat sich die Staatsquote wieder zügig zurückgebildet, was in erster Linie auf die gute Beschäftigung und das Wirtschaftswachstum zurückzuführen ist. Zwar wurden die Ausgaben unter Kontrolle gehalten, da die Schuldenbremse ihre Schatten vorauswarf. Besondere Sparanstrengungen oder Steuererhöhungen hat es seitdem aber nicht gegeben.

Mehr als die Hälfte der Staatsausgaben (24 Prozent des Bruttoinlandsprodukts) werden für Sozialtransfers sowie für soziale Sachleistungen aufgewendet (Abbildung 11). Dazu zählen die Geldleistungen der Sozialversicherungen, also Rente, Arbeitslosengeld oder Grundsicherung, und die Gesundheitsleistungen der gesetzlichen Krankenversicherungen. Einschließlich der Subventionen und sonstigen Transfers liegt die gesamte Transferquote 2015 bei 27 Prozent des Bruttoinlandsprodukts und macht damit gut 60 Prozent der Staatsausgaben aus. Zieht man noch die Finanzierungsaufwendungen für die Staatsschulden ab, die derzeit nur noch bei 1,6 Prozent des Bruttoinlandsprodukts liegen, wurden für die Produktion von öffentlichen Leistungen und die öffentlichen Investitionen in den letzten Jahren nur 14,5 Prozent des Bruttoinlandsprodukts aufgewendet.

Auf den ersten Blick ist unser Staat tatsächlich Sozialstaat, denn er gibt mehr als die Hälfte seines Geldes für Soziales aus. Darin enthalten sind allerdings die Versicherungsleistungen für Rente, Arbeitslosengeld, Krankheit und Pflege, die 2015 mit 20 Prozent des Bruttoinlandsprodukts zu Buche schlagen. Sofern dafür vorher Sozialbeiträge gezahlt wurden, findet keine Umverteilung im Sinne von Steuern statt, denn es handelt sich eher um Versicherungsleistungen. Ferner gibt es noch viele Förderprogramme und Subventionen für Familien oder Bildung, die nicht nur an die Armen gehen. Die echten Sozialleistungen für die Armen, also Hartz IV, die Grundsicherung im Alter, das Wohngeld und die Sachleistungen der Sozialämter, machen nur 2,8 Prozent des Bruttoinlandsprodukts aus.

Die viel gescholtenen Subventionen an die Unternehmen kommen gerade mal auf 0,9 Prozent des Bruttoinlandsprodukts. Das ist zwar mit 27 Milliarden Euro jährlich immer noch viel Geld, aber deutlich weniger als früher, denn hier wurde kräftig gespart. Für die Beamten und die öffentliche Verwaltung geben wir immerhin 12 Prozent des Bruttoinlandsprodukts aus, das sind 370 Milliarden Euro im Jahr. Ob das alles sein muss, ist die Frage – hier gibt es sicher noch Effizienzreserven. Die Bruttoinvestitionen des Staats sind deutlich gesunken, von 3 bis 4 Prozent in den 1970er Jahren auf nur noch 2 Prozent seit

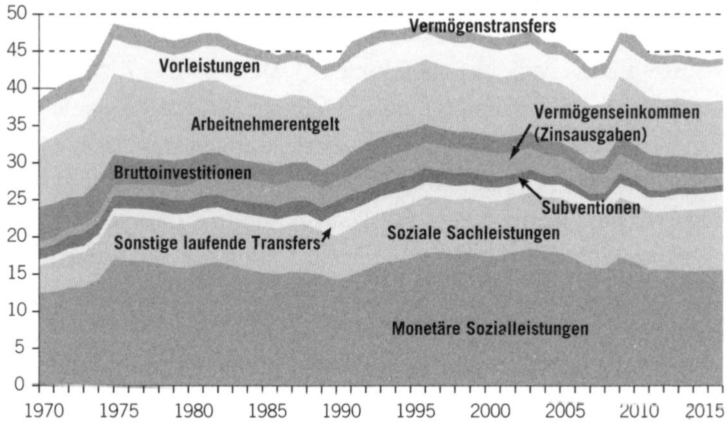

1970 bis 1990: alte Bundesländer, VGR-Revision 2005; 1991 bis 2016: Deutschland, VGR-Revision 2014.
2016: Prognose des DIW Berlin, März 2016.

Abbildung 11: Struktur der Staatsausgaben in Deutschland 1970 bis 2016 in Prozent des Bruttoinlandsprodukts *(Quelle: Statistisches Bundesamt, Volkswirtschaftliche Gesamtrechnungen; Berechnungen des DIW Berlin)*

Anfang der 2000er Jahre. Das zeigt sich in der Vernachlässigung von öffentlichen Bauten und Infrastruktur: Wenn die Kassen knapp sind, wird hier gerne gespart, indem man den Erhaltungsaufwand auf die lange Bank schiebt.

Trotz deutlich gestiegener Staatsschulden haben sich deren Finanzierungskosten halbiert, auf inzwischen nur noch 1,6 Prozent des Bruttoinlandsprodukts. Dies liegt an den Niedrigzinsen, und dadurch stellt Staatsverschuldung derzeit kein Problem mehr dar. Die Schattenseite sind niedrige Zinsen der Sparer, die die Staatsschulden finanzieren. Wenn die Zinsen aber irgendwann wieder auf 3 bis 4 Prozent steigen wie vor der Finanzkrise, wächst auch das Haushaltsdefizit um etwa 1,5 Prozent des Bruttoinlandsprodukts. Dann ist es schnell vorbei mit der schwarzen Null – die Schuldenbremse lässt sich nicht mehr einhalten.

Steuermythos: Der Staat kann nicht sparen

Dass der Staat nicht sparen kann, ist ein beliebter linksliberaler Mythos. Wie gesehen gibt der Staat von jedem verdienten Euro immerhin 44 Cent aus. Sicher kann man da noch einiges sparen, wenn man will. Bloß an welcher Stelle?

In den öffentlichen Haushaltsplänen findet man keinen Titel »öffentliche Verschwendung«, den man kurzfristig um zweistellige Milliardenbeträge kürzen könnte. Dazu muss man sämtliche Ausgabenpositionen durchforsten, auf den Prüfstand stellen und die entsprechenden Ausgabenprogramme evaluieren. Das ist ein mühseliges Geschäft, mit dem sich Politiker und Beamte wenig Freunde machen.

Der größte Ausgabenposten ist Soziales. Kurzfristige Einsparungen bei Rente oder Stütze sind heikel, da sie zumeist Kürzungen der Versorgungsleistungen bedeuten. Viele soziale Leistungen werden aber mit der Gießkanne an viele ausgeschüttet, nicht nur an Arme, vor allem bei der Familienförderung. Hier könnte man sich stärker auf die Betreuungsinfrastruktur konzentrieren. Im Gesundheitsbereich sind die Ineffizienzen für jedermann spürbar, der zum Arzt geht oder ins Krankenhaus muss – hier ließen sich angesichts der enormen Beträge langfristig erhebliche Mittel einsparen. Dazu müssten die Sparanreize für die Versicherten bei der Inanspruchnahme von Leistungen und der Wettbewerb zwischen den Krankenkassen und den Leistungsanbietern erhöht werden.

Der Klassiker unter den Sparvorschlägen ist der Subventionsabbau. Viele Steuervergünstigungen und Subventionen sind nicht mehr zeitgemäß. Hier ließen sich längerfristig Einsparungen in zweistelligen Milliardenbeträgen zusammentragen.

Leistungen im Infrastruktur-, Sozial-, Kultur- und Bildungsbereich, die meist nur teilweise den Charakter von öffentlichen Gütern haben, könnten stärker über Entgelte finanziert werden (»Gebührenstaat statt Steuerstaat«). Dies betrifft etwa die Hochschulbildung oder die Verkehrsinfrastruktur. Unerwünschte Verteilungswirkungen müsste man dann aber ausgleichen, was die Einsparungen reduziert und auch technisch aufwendig ist.

Eine stärkere Einbeziehung privater Dienstleister kann in vielen Bereichen sinnvoll sein, wie es im Sozial- oder Kultursektor bereits der Fall ist. Im Infrastrukturbereich lässt sich damit auch die Schuldenbremse austricksen. Regelmäßige Ausschreibungen von Leistungen im Wettbewerb können Effizienzvorteile realisieren. Dabei sollten das öffentliche Vergaberecht und das Projektmanagement überprüft werden, denn viele große Infrastrukturprojekte gehen auffällig oft schief. In der Kernverwaltung lassen sich durch den Einsatz von modernen Technologien und Organisationsstrukturen ebenfalls Effizienzreserven heben.

Die finanzföderalistischen Strukturen in Deutschland gelten seit Langem als organisierte Verantwortungslosigkeit und sind dringend reformbedürftig. Hier lassen sich längerfristig wohl Einsparpotenziale im zweistelligen Milliardenbereich erzielen, nicht zuletzt durch eine einheitliche Bundessteuerverwaltung.

Allerdings sind solche Einsparungen und Strukturreformen kurz- und mittelfristig mit Friktionen und Anpassungslasten verbunden, denn sie entwerten Investitionen und erhöhen die Arbeitslosigkeit, oft sogar regional geballt. Daher ist politischer Widerstand durch die Betroffenen leicht zu organisieren, während sich die Gewinne durch gesamtwirtschaftliche Effizienzsteigerungen erst langfristig einstellen, ungewiss sind und sich auf breite Gruppen verteilen. Verwaltungsreformen und neue Technologien kosten bei der Einführung erst mal gutes Geld, bevor sie langfristig Vorteile entfalten. Möglichem langfristigem Nutzen höherer Effizienz stehen kurzfristige Kosten gegenüber: »Short term pain, long term gain«, sagen dazu die Angelsachsen.

Folglich ist es kein Wunder, dass Strukturreformen von öffentlichen Haushalten nur langsam vorankommen und in guten Zeiten kaum durchzusetzen sind. Häufig geht das nur in der Krise, wenn der Leidensdruck groß ist. Doch dann verschärfen sie häufig die Krise, und teilweise wird an den falschen Stellen gespart. Das ist das Dilemma der Austeritätspolitik, die dann häufig nicht mehr zu vermeiden ist.

Wer trägt die Steuerbelastung?

Über die Verteilung der gesamten Steuerbelastung einschließlich der indirekten Steuern und der Unternehmensteuern gab es bisher für Deutschland keine genauen Informationen. In einem größeren Forschungsprojekt habe ich mit Forschern vom DIW Berlin und von der FU Berlin die wesentlichen Datengrundlagen zusammengetragen und die Verteilungswirkungen des deutschen Steuer- und Abgabensystems umfassend analysiert.[2] Dazu haben wir Erhebungen zu den Einkommen und Ausgaben der privaten Haushalte und Steuerstatistiken zu einer konsistenten Datengrundlage zusammengeführt und auf das Jahr 2015 fortgeschrieben.

Als Basis für die Steuerbelastung verwenden wir das Haushaltsbruttoeinkommen. Das ist die umfassende Einkommensbasis, aus der alle Steuern und Abgaben bezahlt werden. Es enthält sämtliche Einkommen, die von den Haushaltsmitgliedern im Laufe eines Jahres bezogen werden. Dies sind die Erwerbs- und Vermögenseinkommen (Löhne, Gewinne, Kapital- und Vermietungseinkommen, Mietwert der Eigentümerwohnung) sowie die Transfereinkommen (Renten, Pensionen, Arbeitslosen- und Krankengeld, Kindergeld, Wohngeld, Hartz IV und andere Grundsicherungsleistungen).

Um die Bevölkerung nach ihrer Einkommenshöhe zu ordnen, muss man die Menschen in unterschiedlichen Haushaltszusammenhängen vergleichbar machen. Dazu ist es üblich, ein bedarfsgewichtetes Pro-Kopf-Einkommen oder »Äquivalenzeinkommen« zu ermitteln, wofür eine international standardisierte Bedarfsskala verwendet wird, die »neue OECD-Skala«: Hierbei erhält der Haushaltsvorstand ein Bedarfsgewicht von 1, weitere erwachsene Personen im Haushalt und Kinder ab 14 Jahren ein Gewicht von 0,5 und Kinder unter 14 Jahren ein Gewicht von 0,3. Bei einer Familie mit zwei Kindern unter 14 wird also das Haushaltseinkommen nicht durch 4 geteilt, sondern durch 2,1. Bei einem Ehepaar ohne Kinder wird nicht durch 2 geteilt, sondern durch 1,5. Damit werden Vorteile der gemeinsamen Haushaltswirtschaft sowie Bedarfsunterschiede zwischen Erwachsenen und Kindern berücksichtigt.

Nach der Höhe dieses Äquivalenzeinkommens wird die Bevölkerung in gleich große Gruppen geordnet, den sogenannten Quantilen.

Wir verwenden in der folgenden Abbildung 10 Dezile, also jeweils 10 Prozent der Bevölkerung. Den obersten Bereich bohren wir mit den reichsten 1 Prozent und 0,1 Prozent weiter auf. In Abbildung 13 verwenden wir Perzentile, also hundert gleich große Gruppen.

In Abbildung 12 sind die Einkommensgrenzen der Quantile angegeben. Im ersten Dezil sind die ärmsten 10 Prozent der Bevölkerung einsortiert, die 2015 mit einem monatlichen Bruttoeinkommen von 970 Euro auskommen müssen. Das mittlere bedarfsgewichtete Bruttoeinkommen, auch Medianeinkommen genannt, liegt in Deutschland bei 2400 Euro im Monat – das ist das Einkommen an der Grenze zwischen 5. und 6. Dezil, das die Bevölkerung in zwei große Gruppen teilt. Um zu den reichsten 10 Prozent der Einkommensbezieher zu gehören, muss man mindestens 5300 Euro im Monat verdienen, brutto vor Steuern und Sozialbeiträgen, einschließlich Arbeitgeberanteil. Die Top-0,1-Prozent, das sind die reichsten 80000 Menschen im Lande, erzielen mindestens 37000 Euro – im Monat, nicht im Jahr.

Schauen wir zunächst auf die relative Verteilung des Bruttoeinkommens, der direkten und indirekten Steuern sowie der Sozialbeiträge (Abbildung 12). Die Einkommen- und Unternehmensteuern, also die direkten Steuern, sind stark auf die oberen Einkommensgruppen konzentriert, wie die zweite Spalte zeigt. Während die ärmsten 50 Prozent der Bevölkerung zusammengerechnet nur 4 Prozent des gesamten Einkommensteueraufkommens zahlen, zahlen die reichsten 10 Prozent fast 60 Prozent – von den Medien immer wieder herausgestellte Zahlen. Allerdings sieht man auch, dass die arme Hälfte der Bevölkerung nur 24 Prozent des gesamten Bruttoeinkommens bekommt, während die obersten 10 Prozent fast ein Drittel auf sich vereinigen. Diese Einkommenskonzentration (32,1 Prozent) ist allerdings wesentlich geringer als die Konzentration der Einkommensteuern (59,1 Prozent), sodass die Steuerbelastung progressiv ist. Anders ist es bei den indirekten Steuern: Hier zahlen die ärmsten 10 Prozent der Bevölkerung gut 5 Prozent des Steueraufkommens, obwohl sie nur knapp 3 Prozent des Einkommens haben. Die reichsten 10 Prozent zahlen zwar 20 Prozent der indirekten Steuern, doch dieser Anteil ist deutlich niedriger als ihr Einkommensanteil. Insgesamt zahlen

Haushaltsbruttoäquivalenzeinkommen*		Haushaltsbruttoeinkommen	Einkommen- und Unternehmensteuern**	Indirekte Steuern ***	Sozialbeiträge	Steuern	Steuern und Sozialbeiträge
Quantile	Untergrenze Euro/Monat						
1. Dezil		2,6	0,0	5,4	0,7	2,4	1,6
2. Dezil	966	3,7	0,1	6,3	2,6	2,9	2,7
3. Dezil	1324	4,9	0,5	7,3	4,3	3,5	3,9
4. Dezil	1671	5,7	1,1	8,3	5,8	4,3	5,0
5. Dezil	1993	7,0	2,1	9,0	7,7	5,2	6,3
6. Dezil	2389	8,0	3,9	9,4	9,6	6,4	7,9
7. Dezil	2798	9,7	6,6	10,2	12,1	8,2	10,1
8. Dezil	3343	11,7	10,3	11,7	15,5	10,9	13,1
9. Dezil	4019	14,5	16,1	12,7	19,0	14,6	16,6
10. Dezil	5271	32,1	59,1	19,7	22,8	41,5	32,8
Insgesamt	.	100,0	100,0	100,0	100,0	100,0	100,0
Top 1,0%	12892	9,9	25,8	4,4	1,7	16,3	9,5
Top 0,1%	36885	4,3	12,1	1,6	0,1	7,4	4,0

* Äquivalenzgewichtet mit der neuen OECD-Skala.
** Einkommensteuer, Solidaritätszuschlag, Unternehmensteuern.
*** Mehrwertsteuer, Versicherungsteuer, Verbrauchsteuern, Grundsteuer, Grunderwerbsteuer, Kraftfahrzeugsteuer.

Abbildung 12: Verteilung von Haushaltsbruttoeinkommen, Steuern und Sozialbeiträgen 2015 in Prozent *(Quelle: Integrierte Datenbasis SOEP und EVS sowie Einkommensteuerstatistik, fortgeschrieben auf 2015)*

die reichsten 10 Prozent der Bevölkerung fast 42 Prozent des gesamten Steueraufkommens beziehungsweise 33 Prozent des gesamten Steuer- und Sozialbeitragaufkommens.

Die Belastungen mit Steuern und Sozialbeiträgen relativ zum Bruttoeinkommen nach den Perzentilen sind für das Jahr 2015 in Abbildung 13 dargestellt. Nach der üblichen Definition ist eine Steuer progressiv und damit sozial gerechter, wenn der Durchschnittsteuersatz mit steigendem Einkommen zunimmt. Deutlich progressiv sind die Einkommen- und Unternehmensteuern, also die direkten Steuern. Bei einer durchschnittlichen Belastung für die gesamte Bevölkerung von gut 13 Prozent des Bruttoeinkommens liegt die Durchschnittsbelastung bis zu den mittleren Einkommen unter 5 Prozent. In den oberen Dezilen steigt der Durchschnittsteuersatz auf knapp 25 Prozent im 10. Dezil, auf 35 Prozent für die Top-1-Prozent.

Dagegen wirken die indirekten Steuern stark regressiv, das heißt, die Armen tragen eine viel höhere Durchschnittsbelastung als die Reichen. Dieser Effekt entsteht zum einen durch eine progressive Einkommensteuerbelastung. Dadurch sinkt das verfügbare Einkommen, aus dem der Konsum bestritten wird, für die oberen Dezile deutlich stärker als für die unteren. Zum anderen machen sich die hohen Sparquoten der oberen Dezile bemerkbar, denn bezogen auf

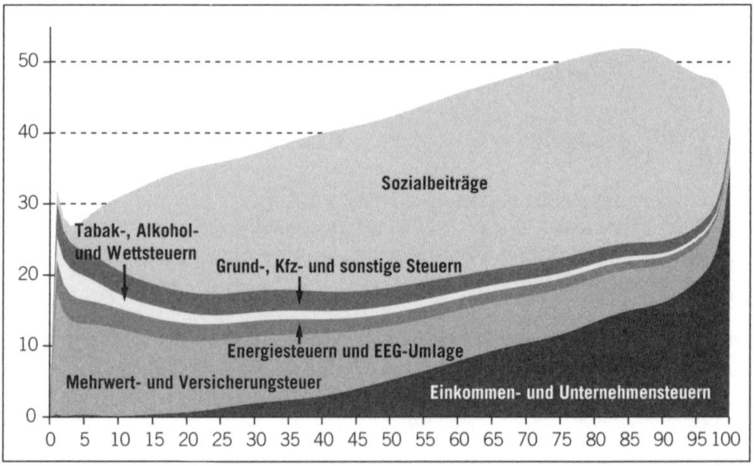

Abbildung 13: Steuern und Sozialbeiträge in Prozent des Haushaltsbruttoeinkommens 2015 *(Quelle: Integrierte Datenbasis SOEP und EVS sowie Einkommensteuerstatistik, fortgeschrieben auf 2015)*

den Konsum verlaufen die indirekten Steuern weitgehend proportional. Besonders regressiv wirken die »Sündensteuern« auf Tabak, Alkohol und Glücksspiel: Die Unterschichten geben für Rauchen, Saufen und Zocken einen deutlich größeren Teil ihres Geldes aus als das gehobene Bürgertum. Aber auch die Energiesteuern und die EEG-Umlage, die politisch vom linksliberalen und meist wohlhabenderen umweltbewegten Bürgertum vorangetrieben wurden, belasten vor allem die unteren Schichten.

Aufgrund der indirekten Steuern verläuft die gesamte Steuerbelastung im unteren Einkommensbereich regressiv und wird erst weiter oben progressiv. Bei niedrigen Einkommen dominieren die indirekten Steuern die Steuerlastverteilung, da kaum Einkommensteuer gezahlt wird: Die Durchschnittsteuerbelastungen sinken von über 30 Prozent im untersten Perzentil und durchschnittlich 23 Prozent im untersten Dezil auf knapp 18 Prozent im 5. Dezil. Bei höheren Einkommen machen sich die stärkeren Einkommensteuerbelastungen bemerkbar. Dadurch steigen die Durchschnittsteuerbelastungen auf durchschnittlich 31 Prozent im obersten Dezil und auf knapp 40 Prozent im reichsten Perzentil.

Die Sozialbeiträge machen einen erheblichen Anteil an den gesamten Steuer- und Abgabenlasten aus. Sie wirken bis in den oberen Einkommensbereich progressiv. Dies liegt daran, dass bei den unteren Einkommen Rentner und andere Nichterwerbstätige dominieren, die nur geringe Sozialbeiträge zahlen. Außerdem leisten die Selbstständigen nur in geringem Umfang Sozialbeiträge. In den oberen Mittelschichten vom 5. bis zum 8. Dezil übersteigt die Belastung mit Sozialbeiträgen die Steuerbelastungen. Erst im obersten Dezil sinkt die Belastung mit Sozialbeiträgen deutlich, da sich hier die Beitragsbemessungsgrenze bemerkbar macht.

Wie schon mehrfach betont sind die Sozialbeiträge in Deutschland aber weniger Steuern, sondern eher Versicherungsbeiträge, die private Vorsorge ersetzen (siehe Kapitel 1). Nur in der gesetzlichen Krankenversicherung gibt es nennenswerte Umverteilung, die nicht versicherungsäquivalent ist. Würde man diese den Steuern hinzurechnen, verliefe die Steuerbelastung in den oberen Mittelschichten und unteren Oberschichten etwas progressiver.

Natürlich beruhen diese Ergebnisse zur gesamten Steuerlastverteilung zum Teil auf Schätzungen, die durch unzureichende Daten verzerrt sein können. So ist die Progression der Einkommen- und Unternehmensteuern bei den Reichen vermutlich überzeichnet, denn es fehlen die einbehaltenen Gewinne, die nicht an die Teilhaber ausgeschüttet werden – zu deren Verteilung gibt es keine statistischen Informationen. Wir haben bei den Berechnungen nur die ausgeschütteten Gewinne berücksichtigt, für die wir eine Vorbelastung auf Unternehmensebene durch die Tarifbelastung von 30 Prozent unterstellen. Tatsächlich lassen aber gerade die gut verdienenden Familienunternehmen oder die Superreichen mit Jahreseinkommen im zwei- bis dreistelligen Millionenbereich viel Geld in ihren Unternehmen oder Family-Offices stehen. Würde man das berücksichtigen, läge die Einkommensteuerbelastung der Top-1-Prozent wohl deutlich niedriger, zumal die Superreichen häufig Gewinne und Kapitaleinkommen aus dem niedriger besteuernden Ausland beziehen oder Steuergestaltungen nutzen.

Die regressive und damit ungerechte Belastung bei den indirekten Steuern ist insoweit überzeichnet, als sie auf das laufende Periodeneinkommen bezogen wird. In Wirklichkeit liegen Einkommen und Konsum oft zeitlich auseinander durch Sparen, Vermögensauflösung oder Verschuldung. So werden vor allem in den unteren Einkommensgruppen während einzelner Phasen Konsumausgaben über Verschuldung oder Vermögensauflösung finanziert, und die Mittelschichten verschulden sich für ihr Eigenheim, während die oberen Einkommensgruppen meist hohe Anteile ihres Einkommens sparen. Über einen langen Zeitraum betrachtet werden Ersparnisse teilweise wieder aufgelöst, etwa im Alter, oder es werden umgekehrt langlebige Konsumgüter oder Immobilien kreditfinanziert angeschafft und später über die Rückzahlung der Kredite »erspart«.

Diese langfristigen Effekte können bei Belastungsanalysen auf der Basis von jährlichen Querschnittsdaten nicht berücksichtigt werden, sollten aber bei der Interpretation berücksichtigt werden. Über einen langen Zeitraum betrachtet sind indirekte Steuern also weniger regressiv und daher weniger ungerecht, als es den Anschein hat. Bei den sehr Reichen und Superreichen tritt dieser Effekt allerdings nicht auf, wenn sie so viel Geld haben, dass sie es nicht mehr sinnvoll ausgeben können. Mitnehmen können sie allerdings auch nichts, die Erben müssen dann Erbschaftsteuer auf das Nachlassvermögen zahlen, es sei denn, sie erben ein Familienunternehmen.

Interessant ist, dass die Mittelschichten insgesamt niedrigere Steuerbelastungen haben als die Unterschichten im 1. und 2. Dezil. Allerdings muss man berücksichtigen, dass diese niedrigen Belastungen im 3. bis 5. Dezil der Einkommensverteilung auch dadurch zustandekommen, dass hier überwiegend Rentner, Arbeitslose und andere Nichterwerbstätige vertreten sind. Deren Einkommen sind nicht oder nur teilweise einkommensteuerpflichtig. Vollzeiterwerbstätige Niedriglohnbezieher zahlen hingegen Einkommensteuer, da die Steuersätze oberhalb des Grundfreibetrags schnell ansteigen. Auch erwerbstätige Alleinerziehende haben oft hohe Steuerbelastungen, da sie nicht vom Ehegattensplitting oder steuerprivilegierten Minijobs profitieren.

Mit etwa 20 Prozent sind die Steuerbelastungen der Mittelschichten nicht viel niedriger als die der Oberschichten. Dies gilt besonders, wenn wir die Steuerbelastungen der Hocheinkommensbezieher vermutlich überschätzen, soweit diese Steuergestaltungen nutzen. Diese dürften teilweise nur Steuerbelastungen von 30 Prozent und weniger auf riesige Einkommen haben, die aus Unternehmens- oder Kapitaleinkommen stammen.

Fazit: Anders als viele Linksliberale und Linke glauben, ist die gesamte Steuerbelastung schon progressiv. Die Reichen zahlen einen höheren Anteil ihres Einkommens an Steuern als die Ärmeren. Die ganz Armen werden ziemlich stark mit indirekten Steuern belastet, sie leben allerdings oft von staatlicher Unterstützung. Und anders als manche Neoliberale glauben, ist die Steuerbelastung nur schwach progressiv, wenn man die indirekten Steuern berücksichtigt. Diese fallen vor allem bei den unteren und mittleren Einkommen stark ins Gewicht. Bei den Unterschichten machen neben der Mehrwertsteuer die Verbrauchsteuern auf Energie, Tabak und Alkohol einen hohen Anteil aus. Auch bei den Mittelschichten dominieren noch die indirekten Steuern, nennenswerte Einkommensteuern fallen erst ab dem 6. Dezil an.

4 Steuerreform: eine ewige Baustelle

Warum sind alte Steuern gute Steuern?

Der einflussreiche Ökonom und Staatsrechtler Gustav Schmoller schrieb im Jahr 1900:

> »Das Problem, staatliche Steuern ohne zu viel Ungerechtigkeit und Druck, Missbehagen und Betrug umzulegen, war schon technisch so schwierig, dass Steuerreformen auch in den bestorganisierten Staaten nur in Zeiten der größten Not oder des größten nationalen Aufschwungs den fähigsten Staatsmännern glückten.«

Auch mehr als ein Jahrhundert später hadern wir mit den Steuern. Den einen sind sie zu hoch, den anderen zu niedrig. Steuerreformen sind ein Dauerthema. Regelmäßig werden auch Diskussionen zu »großen«, »grundlegenden« oder »umfassenden« Steuerreformen geführt, die das Steuersystem gerechter, effizienter und einfacher machen sollen.

Dass größere Steuerreformen schnell der Quadratur des Kreises gleichkommen, hat sich in den vorangehenden Kapiteln dieses Buchs schon mehrfach angedeutet. Wirtschaft und Gesellschaft sind komplex und verändern sich ständig. Entsprechend vielfältig sind die Anforderungen an das Steuersystem, die sich zudem häufig widersprechen. Prägend ist vor allem der Zielkonflikt zwischen wirtschaftlicher Effizienz und Wachstum einerseits und sozialer Gerechtigkeit und Umverteilung andererseits. Den Neoliberalen sind die Steuern in der Regel zu hoch und oft zu schädlich. Linksliberale und Linke wollen zumeist die Steuern erhöhen, vor allem für die Wohlhabenden, die in den letzten Jahrzehnten entlastet wurden. Konservative wollen die herkömmliche Ordnung erhalten, etwa in der Familienpolitik, und setzen daher auf steuerliche Entlastungen für Ehefrauen und Kinder. Die Modernisierer wollen Wirtschaft und Gesellschaft für die Herausforderungen der Zukunft fitmachen, etwa für den demografischen Wandel, die Energiewende oder die Wirtschaft 4.0. Sie wollen Mütter und Migranten stärker in den Arbeitsmarkt holen oder steuerliche Anreize setzen für Umwelt- und Klimaschutz, Innovationen oder den räumlichen Wandel.

Letztlich gilt im Steuersystem wie überall: Der Mensch ist ein Gewohnheitstier – Veränderungen bedeuten Aufwand. An das bestehende Steuersystem hat man sich gewöhnt, sodass man am liebsten alles beim Alten belässt. Denn bei aufkommensneutralen Steuerreformen gibt es immer Verlierer, die sich gegen die Reformen wehren. Oder man senkt die Ausgaben, um die Steuern senken zu können, aber das ruft erst recht Widerstand der davon Betroffenen hervor. Daher haben Steuern oder einzelne Steuerregeln ein beträchtliches Beharrungsvermögen, auch wenn sie eigentlich nicht mehr in die Landschaft passen. Hier gilt die »Canardsche Steuerregel«: Alte Steuern sind gute Steuern![1] Nur wenn der Anpassungsdruck sehr groß wird, lassen sich Änderungen durchsetzen.

Politisch leichter umsetzen lassen sich Steuerreformen natürlich, wenn man die Steuerzahler insgesamt entlasten kann. Momentan ist viel Geld in der Staatskasse, da geht was. Aber das kann sich schnell ändern, wenn die Konjunktur etwas schlechter läuft oder die Niedrigzinsen auf die Staatsschulden wieder steigen. Und längerfristig kommen große Herausforderungen auf uns zu, die nicht weniger Staat, sondern mehr Staat bedeuten. Da bleibt kein Raum für große Entlastungen, was größere Anpassungen im Steuersystem nicht leichter macht.

Das ist der Hintergrund, vor dem sich viele Steuerreformagenden entwickelt haben. In diesem Kapitel lernen wir die wesentlichen kennen, und im abschließenden Kapitel 5 werden konkrete Vorschläge zusammengetragen und quantifiziert.

Steuerrevolten: von den Bauernkriegen über den Winzeraufstand an der Mosel bis zu den »Poll Tax Riots«

Die Steuergeschichte ist zugleich eine Geschichte des Steuerwiderstands. *Exit, Voice, and Loyalty*, also sinngemäß »Abwanderung, Widerspruch und Loyalität«, lautete der Titel einer einflussreichen Studie des deutsch-amerikanischen Ökonomen und Soziologen Albert O. Hirschman aus dem Jahr 1970. Steuerpflichtige können mit Steuergestaltung, Steuerhinterziehung oder im Extremfall mit Abwanderung (»exit«) auf eine zu hohe oder als ungerecht empfundene Steuerbelastung reagieren, oder sie protestieren dagegen (»voice«), bis hin zum offenen Aufruhr.

Schon in Antike und Mittelalter finden sich viele Hinweise auf Proteste und Rebellionen gegen hohe Abgabenverpflichtungen und Ausbeutung, denen niedere Stände oder eroberte Gebiete unterworfen wurden. Der mittelalterliche Feudalstaat beruhte auf der ständischen Ungleichheit und der Ausbeutung der einfachen Bauern. Die Bauernkriege von 1525 und andere Aufstände lehnten sich dagegen auf.

Bei der Entwicklung des modernen Staats und der parlamentarischen Demokratie spielten die Rechte zur Steuerbewilligung und zur Budgetkontrolle eine große Rolle. »No taxation without representation« war ein zentrales Motto der amerikanischen Unabhängigkeitsbewegung gegen die britische Kolonialherrschaft. Dabei bezog man sich auf die in Großbritannien der Krone abgerungene Petition of Right von 1628, nach der unter anderem Steuern und Abgaben durch das Parlament genehmigt werden mussten. Mit der Boston Tea Party im Jahr 1773 kam es in den nordamerikanischen Kolonien zu offenem Aufruhr gegen die Zoll- und Handelspolitik der Regierung in London. Auch bei der Agonie des absolutistischen Staats im vorrevolutionären Frankreich spielten Steuern und Finanzen eine große Rolle: Als König Ludwig XVI. 1789 zum ersten Mal seit 175 Jahren die Generalstände einberief, wollte er vor allem den Staatsbankrott mit Steuererhöhungen abwenden. Das Resultat ist bekannt. In der Französischen Revolutionsverfassung von 1791 wurden die gleichmäßige Besteuerung nach der Leistungsfähigkeit und die Abschaffung der ständischen Steuerprivilegien festgelegt.

Besteuerungsgleichheit aller Bürger und demokratische Mitsprache haben die Steuerproteste und -revolten seitdem begrenzt. Dennoch kam es in Zeiten wirtschaftlicher Schwierigkeiten oder sozialer Konflikte immer wieder zu offenem Protest. Häufig wurden ungeliebte Steuern dann zum Symbol und Sündenbock für umstrittene Entwicklungen in Politik, Wirtschaft und Gesellschaft.

Klassisch ist in Deutschland der Aufstand der Moselwinzer, die am 25. Februar 1926 das Finanzamt in Bernkastel stürmten, plünderten und brandschatzten. Hintergrund waren große wirtschaftliche Schwierigkeiten der Winzer nach Inflation und Missernten. Verschärft wurde ihre Lage durch günstige und zollfreie Weinimporte aus Frankreich und Spanien, während die deutsche Weinproduktion einer Verbrauchsteuer von 20 Prozent des Verkaufspreises unterlag. Aufruhr und anschließender Strafprozess gegen die Rädelsführer erregten deutschlandweites Aufsehen und führten zur Abschaffung der Weinsteuer. Das ist bis heute so geblieben. Als vor einigen Jahren die EU bei der Harmonisierung der Verbrauchsteuern auch die Weinsteuer einbezog, wählte Deutschland die Möglichkeit zur Nichtbesteuerung.

Größere Steuerproteste hat es seitdem in Deutschland nicht mehr gegeben. In anderen Ländern gab es dagegen Volksbewegungen gegen einzelne Steuern oder gegen den Steuerstaat insgesamt. Häufig standen kleinbürgerliche bis rechtspopulistische Bewegungen dahinter. In Frankreich war in den 1950er Jahren eine Protestbewegung von Kleingewerbetreibenden und Handwerkern einflussreich, die nach ihrem Anführer »Poujadismus« genannt wurde. Sie erreichte damals 12 Prozent der Wählerstimmen und zog ins Parlament ein – ihr jüngster Abgeordneter hieß Jean-Marie Le Pen, der mit dem Front National diese Traditionen fortführte. In Dänemark machte in den 1970er Jahren die Steuerprotestpartei von Mogens Glistrup Furore: Mit libertärem Populismus und satirisch-anarchischer Fundamentalopposition artikulierte sie das Unbehagen vieler Bürger am überbordenden Wohlfahrts- und Steuerstaat.

Ende der 1970er Jahre erlangte in den USA eine Bürgerbewegung in Kalifornien landesweite Aufmerksamkeit. Sie richtete sich gegen die hohe Grundsteuer und imitierte eine Volksabstimmung für einen Verfassungszusatz (»Proposition 13«), mit dem die jährliche Grundsteuerbelastung auf 1 Prozent des Verkehrswerts der Grundstücke begrenzt wurde. Diese Bewegung hatte großen Einfluss auf die Steuerreformen der 1980er Jahre unter Ronald Reagan, der bis 1975 Gouverneur von Kalifornien war und die Bürgerbewegung unterstützt hatte. Die heutige Tea-Party-Bewegung in den USA setzt diese Traditionen im Sinne einer radikal liberalen bis rechtspopulistischen Kritik an Staat und Steuern fort.

In Schweden erreichten die Steuerbelastungen in den 1970er Jahren exzessive Höhen. Die berühmte Kinderbuchautorin Astrid Lindgren beschwerte sich 1976 öffentlich über Grenzsteuersätze von über 100 Prozent auf ihr Einkommen und karikierte das in einem Märchen. Eigentlich überzeugte Parteigängerin der Sozialdemokraten, rief sie öffentlichkeitswirksam zu deren Abwahl auf, was dann auch geschah.

Eine linke Steuerrevolte waren die »Poll Tax Riots« in Großbritannien 1990 gegen die neue kommunale Kopfsteuer (»Poll Tax«). Diese war von der konservativen Regierung unter Maggie Thatcher eingeführt worden als Ersatz für die Grundsteuer, die in der konservativen Anhängerschaft sehr unbeliebt war, da sie auf die aktuellen Miet- und Verkehrswerte der Immobilien erhoben wurde. Stattdessen sollte nun jeder Bürger eine Art pauschale Steuer an die Gemeinden bezahlen, unabhängig vom Einkommen. Das bedeutete eine erhebliche Mehrbelastung für niedrige Einkommen und eine Entlastung der Reichen. Nur Studenten und Arbeitslose sollten mit einem ermäßigten Satz begünstigt werden. An der Poll Tax kulminierte der Frust in weiten Bevölkerungskreisen über die teilweise harschen neoliberalen Reformen der Thatcher-Ära. Es gab heftige Proteste mit Ausschreitungen, auf dem Trafalgar Square in London versammelten sich mehr als 200 000 Demonstranten. Die Bewegung trug maßgeblich zum Sturz der Premierministerin Ende 1990 bei – ihre Nachfolger schafften die Poll Tax folglich schnell wieder ab.

Kalte Progression und Regression: Steuertarife auf Rädern?

Unsere Steuern werden auf Einkommen, Konsum oder Vermögen erhoben. Entsprechend ändert sich das Aufkommen bei Veränderungen dieser Bemessungsgrundlagen. Grundsätzlich sind die Finanzminister darauf angewiesen, dass die Steuereinnahmen in etwa mit dem Sozialprodukt und den gesamtwirtschaftlichen Einkommen zunehmen. Denn die Staatsausgaben steigen auch mit dieser Rate. Das klappt ganz gut, soweit die Steuern auf monetäre Größen wie Einkommen, Konsumausgaben oder aktuelle Vermögenswerte erhoben werden, denn diese Größen wachsen zumeist parallel mit Sozialprodukt und Einkommen. Das ist der Fall bei Einkommensteuer, Mehrwertsteuer oder Erbschaftsteuer. Die Einkommensteuer steigt überproportional durch die »kalte Progression«. Die speziellen Verbrauchsteuern, die Kraftfahrzeugsteuer oder die Grundsteuer steigen dagegen kaum mit den Einkommen. Das könnte man als »kalte Regression« bezeichnen.

Aufgrund der deutlichen Steuerprogression steigt das Aufkommen der Einkommensteuer stärker als die zugrunde liegenden Einkommen. Das ist die häufig diskutierte »kalte Progression«. Bei Lohn- und Einkommenszuwächsen von jährlich 3 Prozent, die wir in den letzten Jahren meist hatten und die auch für die nächsten Jahre zu erwarten sind, bringt die kalte Progression immerhin ein jährliches Mehraufkommen von 4,4 Milliarden Euro, das den proportionalen Zuwachs des Einkommensteueraufkommens übersteigt. Wenn die Einkommen inflationsbedingt wieder stärker steigen sollten, ist der Effekt entsprechend größer.

Was bedeuten kalte Progression und Regression, und wie hoch ist sie?

Progressive Besteuerung meint, dass bei zunehmender Bemessungsgrundlage der Durchschnittsteuersatz steigt, also das Verhältnis von Steuerbelastung zu Bemessungsgrundlage. Bei der Einkommensteuer entsteht das zum einen durch den steuerfreien Grundfreibetrag. Das nennt man indirekte Progression, die sich auch bei einem proportionalen Steuertarif ergeben würde, also zum Beispiel einheitlich 25 Prozent für alle Einkommen, die den Grundfreibetrag übersteigen. Eine solche »Flatrate-Einkommensteuer« gibt es in vielen osteuropäischen Ländern, und für Deutschland wurde sie von Paul Kirchhof vorgeschlagen. Verstärkt wird die Progression durch zunehmende Grenzsteuersätze: Diese steigen in Deutschland im Eingangsbereich des Einkommensteuertarifs schnell an (Abbildung 14), sodass die Steuerzahler auf jeden mehr verdienten Euro deutlich steigende Steuersätze zahlen.

Die übliche Messzahl für die Dynamik der Steuereinnahmen ist die Elastizität der Steuerzahlung beziehungsweise der Steuereinnahmen bezogen auf ihre Bemessungsgrundlage. Sie gibt das Verhältnis der relativen Änderung der Steuereinnahmen zur relativen Änderung der Bemessungsgrundlage an. Sie lässt sich auch ausdrücken als Verhältnis von Grenzsteuersatz zu Durchschnittsteuersatz.

So liegt bei der Einkommensteuer der Grenzsteuersatz für untere und mittlere Einkommen weit oberhalb des Durchschnittsteuersatzes. Im Eingangsbereich des Tarifs oberhalb des Grundfreibetrags ist die Durchschnittsbelastung zunächst niedrig, während die Grenzsteuersätze schnell 25 Prozent erreichen. Normalverdiener mit steuerpflichtigen Einkommen von 30000 Euro im Jahr haben schon eine Grenzsteuerbelastung von 31 Prozent, während ihre Durchschnittsbelastung noch bei 18 Prozent liegt. Das ergibt eine Aufkommenselastizität von 1,7, das heißt, wenn die Einkommen der Normalverdiener um 1 Prozent steigen, steigt deren Steuerzahlung um 1,7 Prozent. Ab 54000 Euro steuerpflichtiges Einkommen ist der erste Spitzensteuersatz von 42 Prozent erreicht, sodass bei steigenden steuerpflichtigen Einkommen die Grenzsteuersätze nicht mehr steigen. Daher schließt der Durchschnittsteuersatz auf, und die Aufkommenselastizität sinkt gegen 1. Nach Erreichen des Reichensteuerzuschlags ab 254000 Euro gibt es noch einmal einen Sprung der Aufkommenselastizität nach oben, um bei weiter steigenden Einkommen wieder gegen 1 zurückzufallen. Für die gesamte Einkommensteuer liegt die Aufkommenselastizität bei 1,5, bezogen auf die steuerpflichtigen Bruttoeinkommen von steuerlichen Abzügen wie Werbungskosten oder Sonderausgaben und außergewöhnlichen Belastungen.

Die kalte Progression führt über die Jahre zu einem beträchtlichen Steuermehraufkommen, sofern Steuertarif oder Bemessungsgrundlagen nicht angepasst werden. Wenn die Bruttoeinkommen um 3 Prozent steigen, wie zurzeit und in den vergangenen Jahren, steigt das Einkommensteueraufkommen in Höhe von 290 Milliarden Euro (2016) um 4,5 Prozent, also 13,1 Milliarden Euro. Ohne die Steuerprogression wären es nur 3 Prozent oder 8,7 Milliarden Euro gewesen. Das heißt, die Progression macht immerhin 4,4 Milliarden Euro aus, um die das Steueraufkommen stärker steigt als das Einkommen.

Derzeit ist die Inflation recht gering mit weniger als 1 Prozent. Da die Wirtschaft in vielen Ländern der Eurozone schwächelt, versucht die Europäische Zentralbank die Wirtschaft zu beleben, indem sie die Märkte mit viel Geld flutet. Eine höhere Inflation verschärft die kalte Progression – die Steuerbelastungen steigen, obwohl sich das Realeinkommen gar nicht geändert hat. Das ist die kalte Progression im engeren Sinne, die sich auf die Inflationskomponente in den Einkommenszuwächsen bezieht. Aber auch reale Einkommenssteigerungen führen dazu, dass sich Steueraufkommen und -belastungen erhöhen. Nur ist das leichter zu verschmerzen, da die Steuerzahler reicher geworden sind.

Wenig beachtet wird dagegen die »kalte Regression« bei den meisten Verbrauchsteuern, der Kraftfahrzeugsteuer und der Grundsteuer. Fast alle Verbrauchsteuern haben Mengensteuersätze, die zum Beispiel auf den Liter Kraftstoff, die Kilowattstunde Strom oder das Pfund Kaffee erhoben werden. Die Kraftfahrzeugsteuer belastet den Hubraum, differenziert nach Schadstoff- und Kohlendioxidausstoß. Und bei der Grundsteuer gelten die uralten Einheitswerte weiter und werden nicht an die aktuellen Immobilienwerte angepasst. Da sich der verbrauchsteuerpflichtige Konsum, der steuerpflichtige Kraftfahrzeug-Bestand oder der Grundbesitz kurz- bis mittelfristig nicht stark ändern, bleibt das Aufkommen dieser Steuern weitgehend konstant, solange die Steuersätze nicht geändert werden. Gemessen an der Einkommensentwicklung geht daher der reale Wert des Steueraufkommens zurück. Dadurch werden die Bürger real entlastet. Bei diesen Steuern geht es um ein Aufkommen von 90 Milliarden Euro im Jahr, das sind 13 Prozent des Steueraufkommens oder 3 Prozent des Bruttoinlandsprodukts. Bei einem Einkommenswachstum von 3 Prozent bedeutet das einen Aufkommensrückstand von 2,7 Milliarden Euro im Jahr.

Eine kalte Regression mit umgekehrten Vorzeichen gibt es auch bei Sozialtransfers, die nicht automatisch an die nominale Einkommensentwicklung angepasst werden. Dies betrifft etwa die BAföG-Leistungen oder auch das Kindergeld, soweit das nicht im Rahmen des steuerlichen Existenzminimums für Kinder mit angepasst wird. In diesen Fällen reduziert sich der reale Gehalt dieser Transfers, die Leistungen bleiben hinter der allgemeinen Einkommensentwicklung zurück.

Wird der Einkommensteuertarif nicht zurückgenommen, kommt über die Jahre ein spürbares Mehraufkommen zusammen. So wurde von 2010 bis 2015 nur der steuerfreie Grundfreibetrag erhöht, der nach einer Vorgabe des Bundesverfassungsgerichts regelmäßig an die Entwicklung des Existenzminimums angepasst werden muss. Erst 2016 wurden auch die Tarifgrenzen erhöht. Dadurch sind die Einkommensteuereinnahmen seit 2010 um 15 bis 20 Milliarden Euro stärker gestiegen, als wenn sie nur mit dem Einkommenswachstum gewachsen wären.

Soll die kalte Progression bei der Einkommensteuer konsequent vermieden werden, muss man den Steuertarif »auf Räder stellen«. Dazu müssen der Grundfreibetrag und die Einkommensgrenzen der Tarifzonen »indexiert« werden, also regelmäßig um Inflationsrate oder Einkommenszuwachs erhöht werden. Dann verschiebt sich die Einkommensteuerfunktion leicht nach rechts, und im Bereich der

Progressionszonen wird sie etwas nach unten gedreht. In Abbildung 14 ist das für eine Indexierung von 5 Prozent dargestellt, damit man den Effekt gut sehen kann. Die Durchschnittsteuersätze sinken spürbar im Bereich der Progressionszonen, während die Durchschnittsteuersätze bei hohen Einkommen nur noch wenig sinken, da die Spitzensteuersätze gleich bleiben.

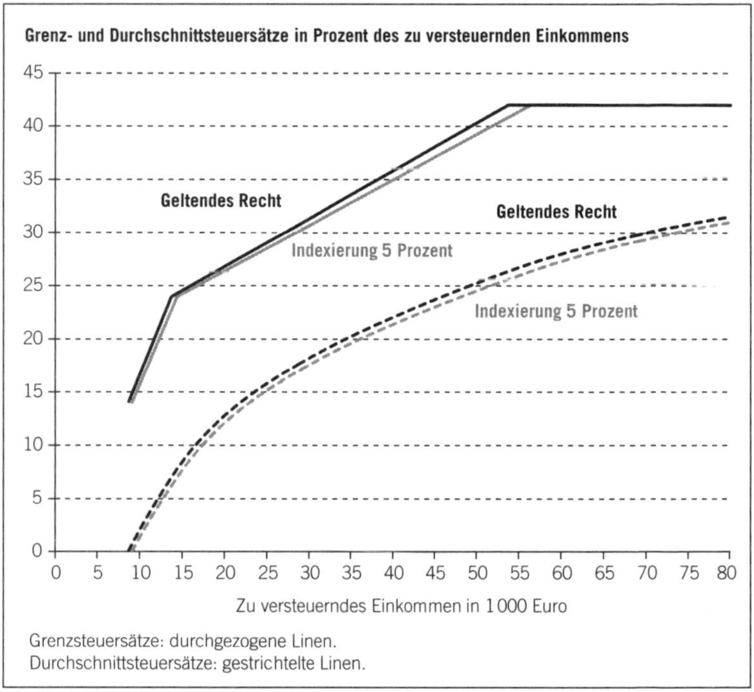

Abbildung 14: Einkommensteuertarif 2016 und Indexierung zur Vermeidung der »kalten Progression«

Der Steuergesetzgeber könnte eine solche Anpassung in regelmäßigen Abständen vorschreiben, wie es auch in vielen anderen Ländern gemacht wird. Die schwarz-gelbe Bundesregierung hatte 2012 vorgeschlagen, neben dem steuerfreien Existenzminimum alle zwei Jahre auch die Wirkung der kalten Progression zu überprüfen. Angepasst werden könnten neben Grundfreibetrag und Steuertarifzonen weitere Freibeträge und Abzugsbeträge (für Werbungskosten, Sonderausgaben, außergewöhnliche Belastungen) und Abzüge von der Steuerschuld. Das könnte ebenso für entsprechende Abzugsbeträge bei Körperschaftsteuer und Gewerbesteuer gelten.

Für die Politik ist das aber unattraktiv, da sie auf automatische Mehreinnahmen verzichten muss – und es schränkt die haushaltspolitische Flexibilität ein. So hat der warme Regen aus der kalten Progression in den letzten Jahren die Haushaltskonsolidierung zur schwarzen Null kräftig unterstützt. Außerdem wirkt die kalte Progression als konjunkturpolitischer Stabilisator: Durch sie steigen die Einnahmen im Aufschwung überproportional und bremsen damit eine mögliche Überhitzung, während sie im Abschwung überproportional zurückgehen und damit Bürger und Unternehmen entlasten.

Ohnehin ist die Skandalisierung der kalten Progression als versteckte Steuererhöhungen durch den Bund der Steuerzahler oder neoliberale Thinktanks politisch motiviert, weil dabei zumeist das Zerrbild des gefräßigen Steuerstaats gepflegt wird. Tatsächlich sind aber die gesamte Steuerquote und die Einkommensteuerquote in Relation zum Bruttoinlandsprodukt oder zum Nettonationaleinkommen über die letzten Jahrzehnte recht konstant geblieben (siehe Abbildung 7 in Kapitel 3). Hätte die kalte Progression auch längerfristig gewirkt, wären die Steuerquoten gestiegen. Vielmehr haben Steuerreformen in regelmäßigen Abständen den Bürgern die zeitweise aufgelaufenen Mehreinnahmen zurückgegeben. Für die Politiker hat das den Vorteil, dass sie das als »große Steuerreform« verkaufen können, mit der sie die Bürger entlasten oder auch gleich Strukturveränderungen im Steuersystem verbinden können.

Was in der breiten Öffentlichkeit kaum wahrgenommen und von den neoliberalen Kritikern der kalten Progression gerne vernachlässigt wird: Bei den meisten Verbrauchsteuern, der Kraftfahrzeugsteuer und der Grundsteuer gibt es eine »kalte Regression«, da die Mengensteuersätze oder die Grundstückswerte ebenfalls nicht regelmäßig angepasst werden, wie wir gerade gesehen haben. Daher steigen diese Steuern nicht, wenn die Wirtschaft wächst. Bei einem Einkommenswachstum von 3 Prozent fehlen dadurch jährlich 2,7 Milliarden Euro im Jahr. Ein »Steuertarif auf Rädern« bedeutet konsequenterweise auch, dass man auch diese Steuersätze regelmäßig an Inflation oder Einkommenswachstum anpasst. Dann bleiben von der kalten Progression netto nur noch mickrige 1,7 Milliarden Euro im Jahr übrig.

Linear-progressiver Einkommensteuertarif statt Mittelschichtbauch: zurück zu Kohl und Waigel

Der schnelle Anstieg der Grenzsteuersätze im Eingangsbereich des Steuertarifs auf 24 Prozent an der »Knickstelle« bei 14 000 Euro gilt als dauerndes Ärgernis. Das treibt die Steuersätze für Einkommen hoch, von denen man kaum leben kann oder noch Stütze vom Amt beantragen muss, wenn man Kinder oder Partner zu versorgen hat. Ein Blick in die Geschichte des Einkommensteuertarifs seit den 1950er Jahren zeigt, dass dies immer schon so war: Der Eingangssteuersatz lag zumeist um die 20 Prozent, und bis 1990 war der Anstieg der Grenzsteuersätze nicht linear, sondern nach oben gewölbt (konkav), daher kommt auch die Bezeichnung »Mittelschichtbauch«. Zum heutigen Knick wurde der Bauch unter der rot-grünen Bundesregierung Anfang der 2000er Jahre, als der Eingangssteuersatz aus optischen Gründen stark gesenkt wurde und zugleich die Steuerausfälle in Grenzen gehalten werden sollten.

Der Grund für den Mittelschichtbauch oder -knick ist ziemlich schlicht und ergreifend: Die Masse füllt die Kasse. Würde man den Mittelschichtbauch abmagern, also im unteren und mittleren Bereich die Steuerpflichtigen entlasten und dadurch die wohlhabenden Steuerpflichtigen gleich mit, ergäben sich rasch riesige Steuerausfälle.

In Abbildung 15 kehren wir zu einem linear-progressiven Tarif zurück, wie er 1990 unter Kohl und Waigel eingeführt wurde und damals als Jahrhundertreform gefeiert wurde. Dazu ziehen wir den Verlauf der Grenzsteuersätze auf eine Linie zwischen dem Eingangssteuersatz von 14 Prozent und dem ersten Spitzensteuersatz von 42 Prozent. Bei den Grenzsteuersätzen werden vor allem die Kleinverdiener entlastet. Bei der Durchschnittsteuerbelastung, die relevant ist für die Aufkommens-

und Verteilungswirkungen, werden vor allem die mittleren und höheren Einkommen entlastet. Entsprechend hoch sind die Steuerausfälle: Die Reform würde 33 Milliarden Euro im Jahr kosten, also gut 1 Prozent des Bruttoinlandsprodukts. Mit der schwarzen Null wäre es dann vorbei.

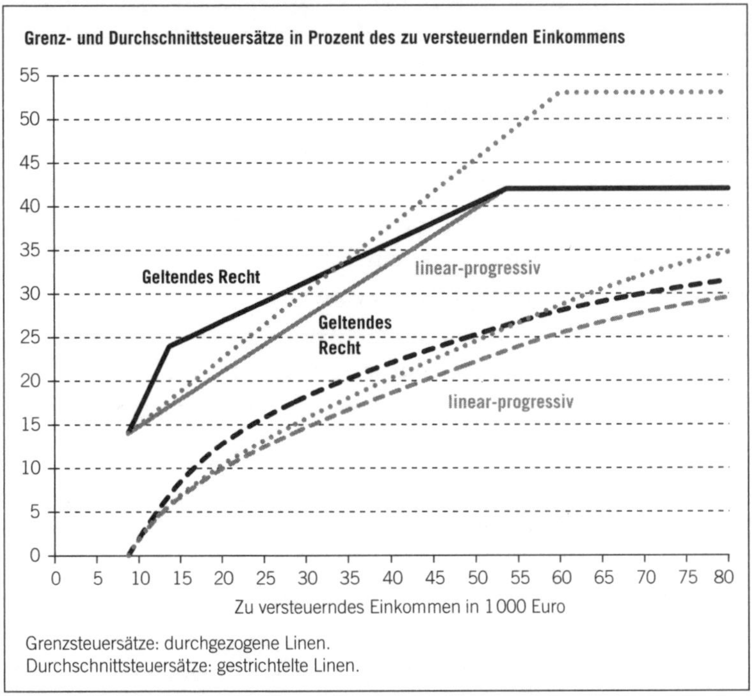

Abbildung 15: Einkommensteuertarif 2016 und linear-progressive Tarife

Wenn man die Geringverdiener bei der Einkommensteuer entlasten will und keine hohen Steuerausfälle haben will, muss man die Besserverdiener stärker besteuern. Einen linear-progressiven Tarif bis zum Spitzensteuersatz von 53 Prozent, der bis 1998 galt, hat die Linkspartei im Bundeswahlkampf 2013 vorgeschlagen, sozusagen zurück zu Kohl und Waigel. Um mit dieser Tarifreform das heutige Aufkommen zu erzielen, müsste man den Spitzensteuersatz von 53 Prozent bei 60 000 Euro zu versteuerndes Einkommen erreichen (Abbildung 15). Dann würden die unteren und mittleren Einkommen entlastet, die hohen belastet.

Allerdings darf man die Rechnung nicht ohne den Wirt machen. Besserverdiener könnten versuchen, den spürbaren Steuererhöhungen auszuweichen. Die Senkung der Spitzensteuersätze unter Rot-Grün hing vor allem mit dem internationalen Steuerwettbewerb und den zunehmenden Steuergestaltungsmöglichkeiten zusammen. Hier gibt es auch heute noch Risiken, allerdings sind nach Unternehmensteuerreformen und Abgeltungsteuer weit weniger gestaltungsfreudige Steuerzahler in der progressiven Einkommensteuer, sodass man weniger Rücksichten nehmen muss. Das heißt aber auch, dass die wirklich Reichen kaum von der Erhöhung der Spitzensteuersätze betroffen sind, da sie überwiegend von Unternehmens- und Kapitaleinkommen leben. Ausweichreaktionen gibt es im oberen Bereich nur noch bei den Einkommen von Managern und Fachkräften, Vermietern oder Selbstständigen. Zugleich entlastet die Reform Kleinverdiener, die dann etwas mehr arbeiten dürften und dadurch mehr Steuern zahlen. Daher könnte sie durchaus aufkommensneutral funktionieren.

Stufentarif bei der Einkommensteuer: von der FDP zur AfD

Ein anderer Klassiker der Einkommensteuerreformdiskussion aus den 2000er Jahren ist der sogenannte Stufentarif. Der deutsche Formeltarif, zu dessen vertieftem Verständnis man höhere Mathematik braucht (siehe Kapitel 1), gilt vielen als zu kompliziert und intransparent – und international ist er ohnehin ein Freak. Üblich sind Stufentarife, deren Grenzsteuersätze über ein bestimmtes Einkommensintervall konstant bleiben und die wie eine Treppe aussehen, sofern man nicht sogar eine einheitliche »Flatrate« hat wie viele Länder in Osteuropa. Schauen wir uns zwei Vorschläge für einen Stufentarif etwas genauer an (Abbildung 16).

Zunächst ein FDP-Vorschlag von 2010:[2] Dabei erhöhen wir den damals vorgesehenen Grundfreibetrag auf den aktuellen Wert von 8652 Euro und passen die Einkommensgrenzen geringfügig an die aktuelle Entwicklung des Steuertarifs an. Der erste Grenzsteuersatz von 14 Prozent gilt bis 13000 Euro des steuerpflichtigen Einkommens, dann gibt es einen Grenzsteuersatz von 25 Prozent bis 36 000 Euro sowie von 36 Prozent bis 54 000 Euro. Für höhere Einkommen gilt wie im geltenden Recht der erste Spitzensteuersatz von 42 Prozent, der Reichensteuerzuschlag auf 45 Prozent setzt bei 255 000 Euro ein.

Wie es sich für die Partei der Besserverdiener gehört, entlastet der Vorschlag vor allem die mittleren und höheren Einkommen. Die Niedriglöhner haben nur wenig davon, da der Grenzsteuersatz schnell auf 25 Prozent hochschnellt. Die Durchschnittsteuersätze sinken am stärksten an den Sprungstellen des Tarifs bei 36 000 Euro und 54 000 Euro, denn bei diesen Einkommen ist der Grenzsteuersatz über eine längere Einkommensstrecke konstant geblieben. Bei den höheren Einkommen sinkt die Entlastung wieder, da die beiden Spitzensteuersätze gleich bleiben. Insgesamt kostet die Reform 24 Milliarden Euro Steueraufkommen im Jahr.

Der Berliner Landesverband der AfD hat einen Stufentarif vorgeschlagen,[3] der die Geringverdiener stärker entlastet, dafür aber deutlich höhere Steuerausfälle produziert. Hierbei soll der Grundfreibetrag auf das pfändungsfreie Einkommen des Zivilrechts erhöht werden, das mit 12 500 Euro im Jahr veranschlagt wird. Ab diesem steuerpflichtigen Einkommen gilt ein Grenzsteuersatz von 20 Prozent bis zu einem Einkommen von 25 000 Euro. Dann steigt der Grenzsteuersatz auf 30 Prozent bis 37 500 Euro, auf 40 Prozent bis 50 000 Euro, auf 45 Prozent bis 250 000 Euro und darüber hinaus auf 47,5 Prozent. Durch den hohen Grundfreibetrag und den Eingangssteuersatz von 20 Prozent bis 25 000 Euro werden die unteren und mittleren Einkommen deutlich entlastet. Bei höheren Einkommen ab 50 000 Euro werden die Besserverdiener weniger stark entlastet als bei der FDP, sie werden aber stärker belastet als im geltenden Recht. Dabei muss man aber bedenken, dass die AfD den Solidaritätszuschlag abschaffen will, der aktuell und bei der FDP auf die Steuerbelastung aufgeschlagen wird. Daher sind die Spitzensteuersätze im AfD-Vorschlag nur wenig höher als aktuell. Insgesamt wird dieser Vorschlag Steuerausfälle von über 50 Milliarden Euro im Jahr auslösen. Dabei könnte die Entlastung der unteren und mittleren Einkommen die Beschäftigung leicht erhöhen, was die hohen Steuerausfälle aber nur leicht reduzieren dürfte.

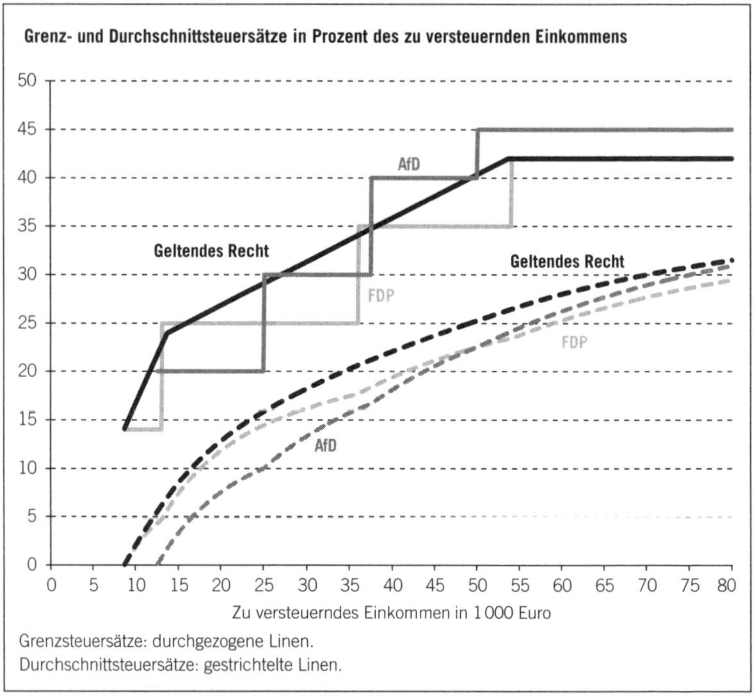

Abbildung 16: Einkommensteuertarif 2016 und Stufentarife

Natürlich könnte man leicht einen Stufentarif konzipieren, der das bisherige Aufkommen erzielt. Dazu müsste man eine Treppe entlang des Anstiegs der Grenzsteuersätze beim geltenden Tarif bauen. Bei vielen kleinen Stufen könnte man diesen Verlauf recht genau nachbauen. Das würde aber den Charme des Stufentarifs vermindern, dass die Bürger schnell ihren relevanten Grenzsteuersatz erkennen können. Wenn man die Treppenstufen verbreitert, muss man die einzelnen Stufen erhöhen, um die Steuersatzhöhe zu gewinnen, die für das bisherige Steueraufkommen erforderlich ist. Dann stolpert der Steuerbürger über die höheren Stufen, bei deren Überschreitung der Grenzsteuersatz kräftig nach oben schnellt. Das ist kein grundsätzliches Problem, denn die Steuererhöhung gilt ja nur für den zusätzlichen Euro, nicht für das gesamte Einkommen. Dadurch kommt der wellenförmige Verlauf der Durchschnittsteuersätze zustande, denn die sprunghaft steigenden Grenzsteuersätze lassen die Durchschnittsteuersätze zunächst stärker ansteigen.

Apropos Durchschnittsteuersätze: Die sind ja für die Belastungs- und Verteilungswirkung relevant, und die muss man auch beim Stufentarif mühsam ausrechnen, indem man den Steuerbetrag ermittelt und durch das steuerpflichtige Einkommen teilt. Das ist nicht ganz einfach, denn bei höheren Einkommen sind der steuerfreie Grundfreibetrag und die Steuerbelastungen über mehrere Tarifzonen zu berücksichtigen. Rechnen Sie doch einmal den Steuerbetrag und den genauen Durchschnittsteuersatz beim AfD-Tarif für 45 000 oder 55 000 Euro steuerpflichtiges Einkommen aus – und schicken Sie mir das Ergebnis.

»Entscheidend ist, was hinten rauskommt«, sagte einst Helmut Kohl. Die Diskussion um Formel- oder Stufentarif ist mehr Geschmacksfrage und Steuerästhetik als ein echtes Problem unseres Steuersystems. Dass der Stufentarif mit neoliberaler Symbolik aufgeladen wurde, hängt vor allem mit den Steuerentlastungen zusammen, die damit implizit versprochen wurden und werden. Wenn man Geringverdiener entlasten oder die Einkommensteuer insgesamt senken will, kann man das genauso mit dem Formeltarif tun. In jedem Fall stellt sich dann die Frage, wie man die Steuerausfälle kompensieren will. Und die Spitzensteuersätze kann man auch im Stufentarif erhöhen.

Familienbesteuerung »und das ganze Gedöns«: Ehegattensplitting, Kinderfreibetrag und Kindergeld

Seit Jahrzehnten heiß umkämpft sind die Familienbesteuerung und der steuerliche Familienleistungsausgleich. Dabei geht es um die Besteuerung von Ehepaaren, die steuerliche Berücksichtigung von Kindern oder anderen Unterhaltsberechtigten sowie das Kindergeld. Hier treffen unterschiedliche ideologische und gesellschaftspolitische Vorstellungen über die Rolle von Ehe, Familie, Frauengleichstellung oder der Betreuung von Kindern aufeinander. Konservative und

Altliberale wollen das traditionelle Familienmodell bewahren und gewährleisten, dass die Familien beziehungsweise die Mütter die »Wahlfreiheit« haben sollen, sich um die Kinder zu kümmern. Links- und Neoliberale beklagen, dass die bestehenden Regeln Mütter vom Arbeitsmarkt fernhalten und als Nebenverdienerin in die Teilzeitarbeit drängt, während der Gatte den Familienunterhalt sichert (»Ernährermodell«). Linke und Feministinnen beklagen, dass dies Frauen diskriminiert und ihre Chancengleichheit in Wirtschaft und Gesellschaft verringert.

Wie gesehen tut das Ehegattensplitting bei der Einkommensteuer so, als ob beide Partner die Hälfte des gemeinsamen steuerpflichtigen Einkommens verdienen. Das ist beim progressiven Einkommensteuertarif fast immer günstiger, weil der höher verdienende Partner auf seinen Mehrverdienst höhere Steuern zahlt, als der niedriger verdienende auf seinen geringen Verdienst spart. Bei hohen Einkommen und großen Einkommensunterschieden zwischen den Partnern entstehen erhebliche Steuervorteile. Bei Alleinverdienern mit Einkommen über 108 000 Euro steigt der Splittingvorteil auf 8 400 Euro, bei Einkommen über 510 000 Euro steigt er auf 16 000 Euro im Jahr, also einen besseren Kleinwagen.

Der Splittingvorteil trägt mit dazu bei, dass vor allem Mütter nicht arbeiten oder sich in die Nebenerwerbsrolle begeben. Studien schätzen, dass die durchschnittlichen Arbeitsstunden der Frauen um 7,5 Prozent zunehmen könnten, würde das Ehegattensplitting abgeschafft; die Männer würden etwa 1,5 Prozent weniger arbeiten.[4]

Eine vollständig getrennte »Individualbesteuerung« von Ehe- und Lebenspartnern gibt es in einer Reihe von Ländern, etwa in Österreich, Großbritannien, Schweden, den Niederlanden oder Spanien. Das würde in Deutschland das Steueraufkommen um 21 Milliarden Euro im Jahr erhöhen. Eine reine Individualbesteuerung gilt bei uns aber als verfassungsrechtlich unzulässig, da tatsächliche oder faktische Unterhaltsleistungen zwischen den Partnern als Minderung steuerlicher Leistungsfähigkeit steuerlich anerkannt werden sollen. Das entspricht auch der familiären Wirtschafts- und Lebensgemeinschaft und ermöglicht einen Risikoausgleich zwischen den Partnern.

Andere Unterhaltsleistungen, etwa für den verflossenen Partner oder andere Verwandte werden auch steuerlich anerkannt.

Daher sollte man für nicht verdienende Partner zumindest einen Abzugsbetrag in Höhe des Grundfreibetrags gewähren, gegebenenfalls auch höhere Beträge, wie sie für den Unterhalt zwischen getrennt lebenden oder geschiedenen Partnern anerkannt werden (»Realsplitting«). Dadurch ändert sich bei den Niedrigverdienern nichts und auch bei Normalverdienern nur wenig, selbst wenn ein Partner kein Einkommen bezieht. Bei Hochverdienern würden dagegen die erheblichen Steuervorteile begrenzt. Das würde die politische Akzeptanz der Reform in der breiten Bevölkerung stark erhöhen. Denn viele Normalbürger fühlen sich von einer Einschränkung des Splittingverfahrens bedroht. Daher sind auch die Gewerkschaften oder viele SPD-Politiker zurückhaltend, das zu fordern. Und sogar bei den besserverdienenden linksliberalen »Bionade-Bürgern« profitieren viele vom Splittingverfahren, da auch in dieser Klientel die Frauen meist weniger verdienen, Stichwort »gender pay gap«.

Allerdings verschwänden bei einer solchen Reform die positiven Arbeitsmarktwirkungen bei den Frauen weitgehend, und auch die Steuermehreinnahmen schnurrten auf deutlich unter 10 Milliarden Euro zusammen. Wenn es dann aus politischen Akzeptanzgründen noch einen Bestandsschutz für Paare mit kleinen Kindern oder ältere Paare geben soll, gegebenenfalls sogar für alle bestehenden Ehen und Partnerschaften, würden sich erst langfristig Mehreinnahmen und positive Arbeitsmarktwirkungen ergeben. Die Steuerveranlagung wird bei einer Einschränkung des Splittingverfahrens ohnehin komplizierter, weil Einkommen und Abzugsbeträge dann auf die Partner aufgeteilt werden müssen. Und bei Unternehmens- und Kapitaleinkommen können Gestaltungsmöglichkeiten genutzt werden, indem der niedriger verdienende Partner an diesen Einkünften beteiligt wird.

Ähnlich umstritten wie das Ehegattensplitting ist die Berücksichtigung von Kindern bei der Einkommensteuer. Traditionell gibt es dafür den Kinderfreibetrag, der den Aufwand für Unterhalt, Betreuung und Erziehung abgelten soll. Viele Linksliberale und Familienpolitiker stören sich aber an der progressiven Entlastungswirkung, die Besserverdienern mehr Steuerersparnis pro Kind bringt. Dem Staat sollten doch alle Kinder gleich viel wert sein. Das ist aber eigentlich die falsche Baustelle, denn die progressive Entlastungswirkung ist eben Konsequenz des progressiven Steuertarifs. Auch andere Abzüge von der Bemessungsgrundlage, etwa für Werbungskosten, Betriebsausgaben oder Sonderausgaben und außergewöhnliche Belastungen, begünstigen Besserverdiener stärker als Normalverdiener, ohne dass es darüber eine Diskussion gibt. Beim Kinderfreibetrag geht es nicht um vertikale, sondern um horizontale Gleichbehandlung: Wer Kinder hat, hat höhere Aufwendungen im Vergleich zu jemand mit gleichem Einkommen ohne Kinder und damit eine niedrigere steuerliche Leistungsfähigkeit, die man bei der Steuerberechnung berücksichtigen sollte.

Zur Familienförderung wurde seit den 1950er Jahren das Kindergeld schrittweise eingeführt. Die sozialliberale Koalition schaffte dann den Kinderfreibetrag in den 1970er Jahren ab, die Kohl-Regierung führte ihn ab 1983 wieder ein. Seit 1996 werden Kindergeld und Kinderfreibetrag im Rahmen eines »dualen Systems« aufeinander abgestimmt. Das Finanzamt prüft automatisch, ob die Entlastungswirkung des Kinderfreibetrags günstiger ist als das Kindergeld. Bei den Normalbürgern ist das Kindergeld günstiger, das 2016 bei 190 Euro im Monat oder 2 280 Euro im Jahr für das erste und zweite Kind liegt, für das dritte Kind gibt es 196 Euro und für das vierte Kind 221 Euro im Monat. Bei den Besserverdienern mit den höheren Grenzsteuersätzen wird der Kinderfreibetrag von einheitlich 7 248 Euro je Kind und Jahr berücksichtigt. Dadurch ergibt sich beim ersten Spitzensteuersatz von 42 Prozent plus Soli eine Steuerersparnis von 3 212 Euro im Jahr, beim Reichsteuersatz von 45 Prozent plus Soli eine Steuerersparnis von 3 441 Euro. Das Kindergeld wird dann zwar bei der Steuerveranlagung mit dieser Ersparnis verrechnet. Immerhin erhalten die Besserverdiener der höheren Stände damit für ihre höheren Töchter und Söhne einen Tausender mehr im Jahr als die Normalfamilien mit dem Kindergeld.

Das gefällt vielen Linksliberalen und Linken nicht, ist aber unvermeidbare Folge des progressiven Tarifs und angesichts des Jahrzehnte währenden ideologischen Streits ein guter Kompromiss zwischen den unterschiedlichen Anforderungen. Populistische Kampagnen, den Besserverdienern das Kindergeld zu kürzen, laufen daher ins Leere, denn die bekommen ja den Kinderfreibetrag, der im Grundsatz durch die Rechtsprechung des Bundesverfassungsgerichts garantiert ist.

Linksliberale und linke Politiker sollten ihre Energien lieber darauf verwenden, die Höhe des Kinderfreibetrags zu überprüfen. Denn der fällt mit 7 248 Euro im Jahr recht üppig aus und liegt damit nur wenig unterhalb des Grundfreibetrags von 8 652 Euro. Davon fallen nur 4 608 Euro auf das »sächliche Existenzminimum«, zusätzlich werden 2 640 Euro für den Betreuungs- und Erziehungs- oder Ausbildungsbedarf (»BEA«) des Kinds berücksichtigt. Letzterer wird allen Eltern unabhängig von konkreten Aufwendungen gewährt. Diese Regelung wurde vor Jahren nach Anregungen in einem Urteil des Bundesverfassungsgerichts eingeführt, mit denen der legendäre Paul Kirchhof Hausfrauen und Mütter begünstigen wollte. Aber die profitieren ja schon genug vom Ehegattensplitting. Daher sollte eine moderate Pauschale für den BEA-Aufwand reichen, zum Beispiel 800 Euro, höhere Beträge sollte man nur auf Nachweis abziehen dürfen. Dann würden die steuerlichen Entlastungswirkungen für die Kinder der Besserverdiener deutlich reduziert.

In bürgerlich-konservativen Kreisen ist das Familiensplitting enorm populär, die AfD fordert es sogar in ihrem Parteiprogramm. Nicht nur Ehepaare, sondern auch deren Kinder sollen in den Genuss des Splittingverfahrens kommen. Dabei wird häufig auf Frankreich verwiesen. Schaut man sich die dortigen Regelungen genauer an, ist allerdings der Unterschied zum deutschen Modell mit Ehegattensplitting und Kinderfreibetrag nicht sehr groß.[5] Denn in Frankreich gilt für das erste und zweite Kind nur ein »Splittingdivisor« von 0,5, mit dem das Familieneinkommen den Kindern zugerechnet wird. Vor allem ist der steuerliche Vorteil bei Kindern nach oben gedeckelt, damit sich keine sehr hohen Steuerersparnisse ergeben.

Würde man in Deutschland ein unbeschränktes Familiensplitting mit einem vollen Splittingfaktor von 1 für jedes Kind einführen, ergäben sich bei gut verdienenden Familien Steuervorteile je

Kind von 8400 Euro im Jahr, bei Managern mit Riesengehältern sogar von 16000 Euro. Entlastet würden nur die reichsten 5 Prozent, und von ihnen die Superreichen besonders stark. Die Normalbürger müssten dagegen weiterhin mit dem Kindergeld von 2300 bis 2650 Euro im Jahr vorliebnehmen. Das kann nicht Ziel einer Partei der kleinen Leute sein, die es auf ihre Fahnen schreibt, die Gering- und Mittelverdiener und die deutsche Familie steuerlich zu entlasten.

Kapitalertragsteuern: Stopp des Steuersenkungswettlaufs

Seit den 1980er Jahren haben die meisten Länder ihre Einkommensteuer-Spitzensätze und die Unternehmen- und Kapitaleinkommensteuern gesenkt. Das geschah vor dem Hintergrund des zunehmenden internationalen Standort- und Steuerwettbewerbs und der Steuerflucht von Anlegern auf ausländische Finanzplätze mit strengem Bankgeheimnis.

Steuermythos: Kapital ist ein scheues Reh

... und flüchtig wie eine Gazelle: So lauteten in den neoliberalen 2000er Jahren beliebte steuerpolitische Phrasen, die durch die Talkshows und Politikerreden geisterten. Damit sollten Entlastungen von Spitzenverdienern, Unternehmern und Kapitalanlegern legitimiert werden, auch wenn sie die Reichen und Superreichen entlasteten und damit der progressiven Besteuerung nach der Leistungsfähigkeit hohnsprachen. »There is no alternative« war damals auch ein beliebtes Argument. In einer globalisierten Welt könne man Unternehmens- und Kapitaleinkommen gar nicht mehr hoch besteuern, weil das Kapital mobil sei und an andere Standorte fliehe.

Günstigere Unternehmensteuern sollten Investitionen und Arbeitsplätze am Standort sichern, niedrige Kapitaleinkommensteuern und die Abschaffung von Vermögensteuern der Steuerflucht von Privatanlegern begegnen. Diese Entwicklungen haben die nationalen Steuerpolitiken aktiv angeheizt: Kleine Länder senkten die Steuerbelastungen, um Besteuerungsgrundlagen von den Nachbarn abzuziehen. Sie reduzierten Unternehmensteuersätze und führten Sonderregimes für Finanzierungszentren, Lizenzverwaltung oder Forschung und Entwicklung ein. Durch ein strenges Bankgeheimnis und keine Quellensteuern spezialisierten sich Länder wie Österreich, Luxemburg und die Schweiz als Finanzstandort für wohlhabende ausländische Bürger.

Die Länder mit höheren Steuersätzen mussten nachziehen. Das führte tendenziell in einen Steuersenkungswettlauf, durch den sich alle schlechterstellten. Schön beschrieben wird das durch die Metapher vom Kino oder vom Fußballplatz: Einer steht auf, damit er besser sieht, und dann stehen nacheinander auch die anderen auf. Letztlich sehen alle wieder gleich schlecht, aber sie müssen dabei stehen, statt zu sitzen. »Beggar thy neighbour«, so nennen das die Angelsachsen.

»Lieber 25 Prozent von X als 42 Prozent auf nix«, so argumentierte der damalige Bundesfinanzminister, als die Abgeltungsteuer eingeführt wurde. Viel geholfen hat es nicht, das Steueraufkommen ist danach nicht nennenswert gestiegen. Erst durch den hemdsärmeligen Ankauf von geleakten Informationen über Steuerfluchtgelder bei ausländischen Banken sind die Finanzbehörden steuerunehrlichen Anlegern auf die Schliche gekommen, zum Teil Prominenten, und haben damit andere Steuerhinterzieher verunsichert.

Ferner gelang es in den letzten Jahren, einen internationalen Informationsaustausch über Finanzkonten und Kapitalerträge zu vereinbaren. Der Widerstand kleiner europäischer Länder, vor allem Luxemburg und Schweiz, wurde durch die FACTA-Gesetzgebung der USA 2010 (Foreign Account Tax Compliance Act) gebrochen. Die USA drohten schlicht damit, prohibitive Quellensteuern auf US-Einkünfte an Länder zu erheben, die den amerikanischen Finanzbehörden keine Informationen zu Kapitaleinkommen von US-Bürgern melden. Aufgrund der riesigen Bedeutung der amerikanischen Finanzmärkte hätte das den internationalen Finanzverkehr der nicht kooperierenden Länder massiv behindert. Dadurch konnte auch der Druck auf klassische Steueroasen stark erhöht werden, von denen inzwischen die meisten in den Informationsaustausch einbezogen sind.

Daraus lernt man, dass die Länder wirksam zusammenarbeiten müssen, um schädlichen Steuerwettbewerb zu unterbinden. Das ist natürlich schwer, denn bei internationalen Übereinkommen und auch innerhalb der EU herrscht bei Steuerfragen das Einstimmigkeitsprinzip. Kleine Länder, die vom Steuerwettbewerb profitieren, müssen mit Zuckerbrot und Peitsche zum Einlenken gebracht werden. So war es ein langwieriger und zäher Prozess seit Mitte der 1990er Jahre, innerhalb der EU den »unlauteren« Steuerwettbewerb bei der Unternehmens- und Kapitaleinkommenbesteuerung moderat einzuschränken. Deutlich besser funktioniert es, wenn die G7-Staaten und insbesondere die USA wirksame Schritte in Richtung internationaler Steuerkoordinierung einschlagen.

Das Problem ist allerdings, dass sich die großen Länder zwar über kleine Länder beschweren, die ihnen die Steuerbemessungsgrundlagen abziehen, selbst aber wenig dagegen haben, wenn Investitionen bei ihnen landen oder Fluchtgelder bei ihnen angelegt werden. So gehen die USA zunehmend rabiat gegen ausländische Banken und deren Regierungen vor, die US-Bürgern bei der Steuerhinterziehung helfen, und verlangen die Herausgabe entsprechender Informationen. Zugleich dulden sie zahlreiche Steuerparadiese in ihren Bundesstaaten und ermöglichen die steuersparende Verschiebung von Auslandsgewinnen ihrer Großkonzerne in Steueroasen. Großbritannien hat nichts gegen den Informationsaustausch bei Finanzkonten, wehrt sich aber strikt gegen Quellensteuern, um den wichtigen Finanzplatz London nicht zu belasten, und hat bisher wenig gegen die Steueroasen in seinen verbliebenen Kronkolonien und Überseegebieten getan. Außerdem hat es noch jüngst eine Lizenzbox eingerichtet, in der Lizenzgebühren ermäßigt besteuert werden, ganz nach dem Vorbild anderer Staaten. Deutschland sieht sich meist als Opfer der internationalen Steuergestaltung, tut aber wenig gegen Geldwäsche und fragwürdige Finanzströme aus Schwellen- und Entwicklungsländern, verteidigt im internationalen Steuerrecht die Interessen seiner Exportindustrie und kontrolliert seine wohlhabenden Bürger nur wenig bei der Einkommensteuer.

Deshalb sind weitere Koordinierungen der Besteuerungsregelungen und der Finanzmarktregulierungen sowie eine konsequente Umsetzung des steuerlichen Informationsaustauschs erforderlich. Letztlich gilt, dass der überwiegende Teil des weltweiten Realkapitalstocks in den OECD- und G20-Ländern investiert ist. Dessen Erträge können dort besteuert werden, sofern der politische Wille vorhanden ist. Die technische und administrative Umsetzung ist allerdings nicht trivial. Hierbei muss man auch den Befolgungsaufwand bei Finanzdienstleistungsunternehmen und Anlegern sowie den Verwaltungsaufwand der Finanzbehörden berücksichtigen und ebenso Umsetzungsprobleme bei kleineren Unternehmen oder bei Entwicklungs- und Schwellenländern.

Immerhin zeichnet sich dank den jüngsten Entwicklungen ab, dass die nationalen Gesetzgeber die Kapitaleinkommens- und Vermögensbesteuerung ihrer Bürger und Unternehmen künftig wieder effektiver durchsetzen und dadurch stärker nach eigenen Präferenzen gestalten können. In Deutschland mehren sich die Stimmen, die ungeliebte Abgeltungsteuer abzuschaffen. Kapitaleinkommen, die stark auf die wohlhabenden Steuerpflichtigen konzentriert sind und die in den letzten beiden Jahrzehnten maßgeblich zur zunehmenden Ungleichheit bei der Einkommensverteilung beigetragen haben, könnten wieder mit den anderen Einkommen progressiv besteuert werden.

Allerdings sind mit der Einführung der Abgeltungsteuer 2009 das Halbeinkünfteverfahren bei der Dividenden- und Veräußerungsgewinnbesteuerung sowie der Abzug von Werbungskosten weggefallen, ferner werden seitdem Veräußerungsgewinne umfassend besteuert. Dadurch wurden Steuerpflichtige mit Dividendeneinkünften oder

Veräußerungsgewinnen kaum entlastet, Kleinanleger mit niedrigen steuerpflichtigen Einkünften sogar belastet. Effektiv entlastet wurden nur Steuerpflichtige mit hohen Zinseinkünften. Die Zinsen sind aber inzwischen ziemlich verfallen, sodass hier kaum Mehreinnahmen zu erzielen sind. Bei Dividenden und Veräußerungsgewinnen müsste man bei der Rückkehr zum früheren Besteuerungsverfahren wieder ein Halb- oder Teileinkünfteverfahren einführen, nach dem nur 50 oder 60 Prozent dieser Einkommen steuerpflichtig sind, um die Vorbelastung mit Gewerbe- und Körperschaftsteuer auf Unternehmensebene zu berücksichtigen. Das würde aber bei wohlhabenden Steuerpflichtigen kaum Mehreinnahmen bringen und die Kleinanleger mit den niedrigen Grenzsteuersätzen entlasten. Daher dürfte die Abschaffung der Abgeltungsteuer und die Rückkehr zur progressiven Besteuerung der Kapitalerträge keine großen Aufkommens- und Verteilungseffekte auslösen – angesichts der niedrigen Zinsen könnte sie sogar zu Mindereinnahmen führen.

Natürlich könnte man die Dividenden und Veräußerungsgewinne weniger ermäßigen. Doch dann würde man die Gewinnausschüttungen bei den Steuerpflichtigen mit den hohen Grenzsteuersätzen deutlich stärker belasten und damit Gewinnthesaurierung in Kapitalgesellschaften noch stärker begünstigen. Die sehr wohlhabenden Investoren und Superreichen würden das nutzen, indem sie in ihren Family-Offices, Stiftungen oder Holdinggesellschaften ihre Unternehmens- und Kapitaleinkommen verstärkt thesaurieren. Letztlich muss man auch an diese Einkünfte herangehen, indem man die Unternehmensteuersätze erhöht oder mit einer Vermögensteuer belastet. Das würde dann aber stärkere Ausweichreaktionen auslösen und den politischen Widerstand erhöhen.

Unternehmensteuern: Lässt sich der Steuerwettbewerb stoppen?

Aufgrund der globalisierten Wirtschaftsbeziehungen haben sich die Möglichkeiten zu internationalen Steuergestaltungen stark erweitert. Multinationale Unternehmen können nicht nur ihre Produktionsstandorte verlagern, sondern auch Gewinne durch die gezielte Gestaltung von konzerninternen Geschäftsbeziehungen auf ausländische Standorte mit niedrigerem Besteuerungsniveau verschieben. Dies geschieht vor allem über die Gestaltung von Verrechnungspreisen für interne Leistungen, Kosten- und Gewinnumlagen, Finanzierungsbeziehungen, Leasing, Lizenzvergabe oder die Verlagerung von mobilen Unternehmensfunktionen (Forschung und Entwicklung, Einkauf, Marketing oder Vertriebsaktivitäten).

Dabei müssen die realwirtschaftlichen Aktivitäten in der Produktion und damit die Beschäftigung in den Hochsteuerländern nicht einmal betroffen sein – das Nachsehen hat der Fiskus durch ein verringertes Steueraufkommen. Darunter leiden alle anderen Bürger und Unternehmen, da sie mehr Steuern zahlen müssen oder geringere staatliche Leistungen bekommen. Ferner verfälschen die Steuergestaltungsmöglichkeiten den Wettbewerb, da kleine inländische Anbieter diese nicht haben. Multinationale Technologie- und Dienstleistungskonzerne, die häufig aggressive Steuervermeidungsstrategien fahren, machen ganze kleingewerblich und mittelständisch geprägte Branchen platt.

Besonders die amerikanischen Hightechfirmen haben in den letzten Jahren solche Steuergestaltungen auf die Spitze getrieben. Mit Lizenzgebühren oder Direktvertrieb bei digitalen Produkten gelang es ihnen, durch geschickte Nutzung europäischer Steuerregelungen und Lücken in den Doppelbesteuerungsabkommen (»treaty shopping«) einen großen Teil ihrer Gewinne aus europäischen Hochsteuerländern in Steueroasen zu schleusen. »Double Irish with a Dutch Sandwich« nannte die Steuersparbranche die berühmteste Konstruktion, bei der Gewinne und Lizenzgebühren über zwei irische und ein niederländisches Tochterunternehmen hin und her und letztlich zu Briefkastenfirmen in Steueroasen transferiert werden. Das großzügige US-Außensteuerrecht duldet bisher solche Konstruktionen.

Aber auch große deutsche Konzerne oder Mittelständler nutzen solche Gestaltungsmöglichkeiten in moderaterem Umfang. Eine präzise Überprüfung von internen Verrechnungspreisen, Finanzierungsentgelten oder Lizenzgebühren ist bei komplexen und integrierten Geschäftsbeziehungen nur schwer möglich, da man keine geeigneten

Vergleichswerte hat. Hier gilt wie auch sonst im Leben das elfte und zwölfte Gebot: Man darf es nicht übertreiben und sich nicht erwischen lassen. Die meisten Unternehmen können ihre Steuern sicher nicht auf null rechnen, aber je nach Geschäftsfeld, Internationalisierung und Intensität ihrer Steuervermeidungsstrategien können sie ihre inländischen Besteuerungsgrundlagen spürbar reduzieren. Die unterbesetzte deutsche Finanzverwaltung kann hier kaum mithalten.

Gegen die zunehmend offensiven Steuervermeidungsstrategien vieler multinationaler Unternehmen haben G20 und OECD das BEPS-Projekt (»Base Erosion and Profit Shifting«) gestartet. Inzwischen wurden hierzu Empfehlungen erarbeitet, die in konkretes nationales und internationales Steuerrecht umgesetzt werden sollen. Im Grundsatz soll künftig dort besteuert werden, wo unternehmerische Aktivitäten stattfinden und die daraus resultierende Wertschöpfung entsteht. Aktiver Steuersenkungswettbewerb der Staaten soll eingeschränkt werden, etwa durch die neu entstandenen Lizenzboxen. Regeln des internationalen Steuerrechts wurden überarbeitet, um unerwünschte Gestaltungsspielräume einzudämmen, etwa die Doppelbesteuerungsabkommen, die nun auch explizit die »doppelte Nichtbesteuerung« vermeiden sollen, oder die konzerninternen Verrechnungspreise. Daneben wurden erstmals internationale Prinzipien vereinbart gegen Gewinnverlagerungen durch Zinszahlungen (Zinsschranke), gegen hybride Gestaltungen und für die Hinzurechnungsbesteuerung von ausländischen Zwischengesellschaften. Auch die Zusammenarbeit der Finanzverwaltungen soll gestärkt werden. Durch ein Country-by-country-Reporting sollen Informationen über wichtige wirtschaftliche Größen der Unternehmen (Gewinn, Steuern, wirtschaftliche Aktivitäten) nach Ländern den Finanzverwaltungen übermittelt werden. Umstritten ist die Veröffentlichung dieser Informationen.

Das BEPS-Projekt ist grundsätzlich recht erfolgreich verlaufen. Die zentralen Probleme wurden erkannt, viele Maßnahmen auf den Weg gebracht. Allerdings beginnen nun die Mühen der Umsetzung, was erfahrungsgemäß recht langwierig sein kann und lückenhaft bleiben könnte. Die größten Exzesse bei der internationalen Steuergestaltung dürften zwar eingeschränkt werden, im Kleinklein bleiben aber wohl viele Gestaltungsmöglichkeiten bestehen. Das begrenzt eine deutlich stärkere Besteuerung von international agierenden Unternehmen sowie von sehr wohlhabenden Privatpersonen weiterhin.

Kleine Steueroasen: Schwarzarbeit, Minijobs, Dienstwagen und Co.

Steuergestaltungsmöglichkeiten und Steuervergünstigungen gibt es nicht nur bei der Unternehmensbesteuerung – auch bei anderen Einkunftsarten existieren explizite Vergünstigungen und Steuerfreiheiten, implizite Vergünstigungen im Rahmen der Einkünfteermittlung oder schlicht eine mangelnde Kontrolle zur Durchsetzung der Besteuerung.

Die Steueroasen des kleinen Mannes und der kleinen Frau sind die Schwarzarbeit und der Minijob. Schwarzarbeit ist weit verbreitet, nach Schätzungen macht sie 2 bis 4 Prozent des Bruttoinlandsprodukts (BIP) aus. Das entspricht einer Wertschöpfung von 60 bis 120 Milliarden Euro im Jahr. Bei einer Steuer- und Abgabenquote von 40 Prozent gehen dem Staat dadurch 25 bis 50 Milliarden Euro Aufkommen verloren. Noch deutlich breiter ist die Schattenwirtschaft, die für Deutschland auf bis zu 15 Prozent des BIP geschätzt wird. Diese umfasst neben der Schwarzarbeit auch die Selbstversorgung im Haushalt oder in der Nachbarschaft sowie andere Formen der informellen und illegalen Wirtschaft, etwa Drogenhandel, Glücksspiel oder Prostitution. Die Schwarzarbeit einzuschränken ist schwierig, da sie kaum zu kontrollieren und ihr somit nur schwer beizukommen ist. Häufig dient sie auch als Ventil für Jobs und Dienstleistungen, die sonst nicht oder nur in geringerem Umfang angeboten würden, beispielsweise bei Dienstleistungen im Haushalt oder in der Gastronomie. Die Kehrseite ist, dass damit Wirtschaftsformen mit niedriger Produktivität und ohne soziale Absicherung entstehen, die zum Teil die offizielle Wirtschaft verdrängen. Daher ist die Bekämpfung der Schattenwirtschaft immer eine Gratwanderung. Deutschland ist hier eher großzügig, die angelsächsischen Länder oder Skandinavien sind deutlich restriktiver.

Minijobs unterliegen inzwischen zwar weitgehend der Sozialversicherungspflicht, werden aber nur pauschal mit 2 Prozent besteuert. Damit sollen Hinzu- und Nebenverdienste gefördert werden, was in Zeiten der Vollbeschäftigung sinnvoll sein kann. Minijobs sind aber häufig im Niedriglohnbereich angesiedelt und bieten selten Karriereperspektiven. Hinzuverdienende Frauen halten sie häufig in der »Teilzeitfalle« gefangen. Übertrieben ist, dass Arbeitnehmer mit einem Hauptjob einen steuerprivilegierten Minijob nebenbei machen können. Zumindest in diesen Fällen sollte man die Pauschalsteuer erhöhen oder ganz streichen.

Die steuerfreien Zuschläge für Sonntags-, Feiertags- und Nachtarbeit sind fragwürdig, da sie die gleichmäßige Besteuerung aller Einkünfte durchbrechen und Arbeitszeiten fördern, die der Gesundheit schaden oder die sozialen Beziehungen belasten. Eigentlich müsste man diese Begünstigung streichen, denn auch sonst berücksichtigt das Steuerrecht kein Arbeitsleid. Dann müssten die Arbeitgeber beziehungsweise ihre Kunden höhere Zuschläge über die Preise finanzieren. Das wird aber nicht vollständig funktionieren, ohne dass Industriearbeiter, Ärzte und Krankenschwestern oder die Beschäftigten von Feuerwehr und Rettungsdiensten Einbußen beim Nettolohn hinnehmen müssen. Daher ist die Regelung sehr sensibel und allenfalls längerfristig abzuschaffen.

Über die Pendlerpauschale kann man sich lange streiten. In vielen Ländern gilt das »Werkstorprinzip« – und man kann argumentieren, es sei Privatsache, wo man wohne, jedenfalls längerfristig. Daher könnte man die Pendlerpauschale oder auch die doppelte Haushaltsführung nur noch zeitweise nach Wechseln des Arbeitsorts oder bei mehreren Beschäftigungen gewähren, bei doppelverdienenden Ehepaaren nur einem Partner. Das wäre auch umwelt- und verkehrspolitisch ein gutes Signal.

Umstritten ist die Dienstwagenbesteuerung, also die Besteuerung des geldwerten Vorteils aus der privaten Nutzung von Firmenwagen. So machen inzwischen betriebliche Fahrzeuge über 60 Prozent der neu zugelassenen Pkw in Deutschland aus, ein großer Teil davon sind privat genutzte Firmenwagen. Das riecht geradezu nach versteckter Steuersubvention, die Steuerausfälle im Milliardenbereich auslöst und der Autoindustrie gute Verkäufe garantiert. Durch die pauschale 1-Prozent-Besteuerung und die zumeist komplette Übernahme der Betriebskosten einschließlich der Tankrechnung durch den Arbeitgeber fahren die begünstigten Arbeitnehmer zum vorteilhaften Festpreis. Das fördert den Trend zu immer größeren Fahrzeugen und deren übermäßiger Nutzung, mit entsprechenden Belastungen für die Umwelt. Hier müsste man den geldwerten Vorteil realistischer berechnen und von den gefahrenen Kilometern abhängig machen, auch wenn dadurch das Besteuerungsverfahren aufwendiger würde.

Neben dem Dienstwagen gibt es noch eine Reihe von Nebenleistungen der Arbeitgeber (»fringe benefits«), von denen häufig höhere Angestellte profitieren, etwa Fahrtkostenzuschüsse, Mitarbeiterdarlehen, Aktienkaufpläne (»stock options«) oder Familien- und Gesundheitsleistungen. Hier finden sich auch versteckte Steuerbegünstigungen, da der geldwerte Vorteil bei der Steuer häufig zu niedrig angesetzt wird.

Steuerausfälle in Höhe von 1,5 Milliarden Euro kostet die erst vor einigen Jahren eingeführte Absetzbarkeit haushaltsnaher Dienstleistungen und Handwerkerleistungen. Der Bundesrechnungshof und mehrere Studien diagnostizierten hier erhebliche Mitnahmeeffekte und nur eine geringe Reduktion der Schwarzarbeit, die durch die Regelung bewirkt werden sollte. Daher sollte man sie abschaffen.

Die Vermietungseinkünfte waren früher eine erhebliche Belastung des Steueraufkommens, da die Verluste die Erträge überstiegen – und diese Verluste können mit anderen Einkünften verrechnet werden. Daher waren und sind Vermietungsengagements attraktiv für Besserverdiener, die damit ihre hohen Einkünfte aus Erwerbsarbeit reduzieren und damit Steuern sparen können. Verringerte Abschreibungsmöglichkeiten, Verschärfungen bei der Einkünfteermittlung und die Begrenzung der Verrechnung mit anderen Einkünften haben dem klassischen Steuersparunwesen in diesem Bereich inzwischen einen Riegel vorgeschoben. Aber es gibt immer noch in begrenztem Rahmen die Möglichkeit, mit Erhaltungsaufwand oder Baunebenkosten Verluste zu realisieren und damit Steuern auf die Zukunft zu verschieben. Das fördert aber auch die energetische Sanierung und den Neubau. Man sollte aber die Veräußerungsgewinne bei Immobilien auch jenseits der Frist von zehn Jahren besteuern, damit diese Begünstigungen nachversteuert werden, wenn der Investor Kasse macht.

Bei größeren Investitionslücken, wie sie sich derzeit auf den Wohnungsmärkten vieler Ballungsräume auftun, neigt die Politik reflexartig zu Abschreibungsvergünstigungen. Die Erfahrungen damit waren aber in der Vergangenheit eher negativ. Häufig wurde ein Investitionsboom ausgelöst und am Bedarf vorbei gebaut. Derzeit gibt es berechtigte Befürchtungen, dass neue Abschreibungsvergünstigungen weitgehend in Mitnahmeeffekten für wohlhabende Privatinvestoren verpuffen, da es viele Investitionshemmnisse gibt, die Bauwirtschaft ausgelastet ist und größere Wohnungsunternehmen die Förderung oft nicht nutzen können.

Mehrwertsteuersätze: Schnittblumen und Tierfutter ermäßigt, Kinderkleidung und Medikamente nicht

Die Mehrwertsteuer wurde in den letzten Jahrzehnten in Deutschland mehrfach angehoben, um damit Steuerausfälle bei den direkten Steuern und höhere Zuschüsse an die Sozialversicherung zu finanzieren. Auch international gibt es einen Trend zu höheren Mehrwertsteuersätzen, um Entlastungen bei direkten Steuern oder Sozialabgaben auszugleichen. Mit einem Regelsatz von 19 Prozent liegt Deutschland im unteren Mittelfeld der EU-Länder (siehe Kapitel 1), insoweit bestünde hier Erhöhungspotenzial. Eine Anhebung des Regelsatzes um einen Prozentpunkt würde aktuell etwa 10 Milliarden Euro zusätzliche Einnahmen erbringen. Daher kommt die Mehrwertsteuer schnell ins Spiel, wenn die Kassen leer sind und ohne großen steuertechnischen Aufwand Mehreinnahmen erhoben werden sollen.

Doch das würde arme Haushalte stärker belasten als wohlhabende und damit die Einkommensverteilung noch ungleicher machen, als sie ohnehin schon geworden ist.

Vor einigen Jahren plante die schwarz-gelbe Bundesregierung eine Reform der ermäßigten Mehrwertsteuersätze, die derzeit Steuerausfälle von etwa 30 Milliarden Euro im Jahr bedeuten. Zwei Drittel davon entfallen auf die Ermäßigung für Nahrungsmittel. Würde man diese mit dem Regelsatz besteuern, würde das aber Geringverdiener deutlich belasten.

Im europäischen Vergleich ist Deutschland bei den ermäßigten Steuersätzen eher restriktiv. Andere Länder sind großzügiger, denn die Vorgaben der EU erlauben zwei ermäßigte Steuersätze sowie Steuerermäßigungen für weitere Produkte. So könnte man in Deutschland den ermäßigten Steuersatz für Nahrungsmittel und öffentlichen Personennahverkehr auf 5 Prozent senken, um die ärmeren Haushalte zu entlasten. Ferner würde das Europarecht Steuerermäßigungen für Medikamente, Kinderkleidung, Erdgas und Elektrizität oder ausgewählte haushaltsnahe Dienstleistungen erlauben.

Im Gegenzug könnten sämtliche übrigen Mehrwertsteuerermäßigungen wegfallen, für die es keine überzeugenden Begründungen mehr gibt. Das betrifft Bücher, Zeitungen und Zeitschriften, Schnittblumen, Tiere, Tierfutter und andere landwirtschaftliche Erzeugnisse oder Hotelübernachtungen. Dies politisch durchzusetzen wird allerdings nicht einfach, denn dazu muss man sich mit den einflussreichsten Lobbyisten und Unternehmern der Republik anlegen.

Mehrwertsteuer- und Öko-Bonus: Macht die indirekten Steuern progressiv!

Ferdinand Lassalle, einer der Gründerväter der deutschen Sozialdemokratie, wurde 1863 vor dem Berliner Kammergericht wegen Aufstachelung zu Klassenhass und Aufruhr angeklagt. In seiner Verteidigungsrede »Die indirekte Steuer und die Lage der arbeitenden Klassen« sagte er:

»Die indirekte Steuer, meine Herren, ist (somit) das Institut, durch welches die Bourgeoisie das Privilegium der Steuerfreiheit für das große Kapital verwirklicht und die Kosten des Staatswesens den ärmeren Klassen der Gesellschaft aufbürdet.«

Die Ablehnung der indirekten Steuern prägte Generationen von sozialdemokratischen Politikern und wurde zum Gemeingut des Wohlfahrtsstaats. Als dessen steuerpolitisches Ideal galt lange Zeit die progressive Einkommensteuer, ergänzt um die Vermögen- und Erbschaftsteuer. Die indirekten Steuern, die sich zu Lassalles Zeiten im Wesentlichen auf Güter des lebensnotwendigen Bedarfs bezogen, wurden auf die Mehrwertsteuer als allgemeine Verbrauchsteuer und auf eine Reihe von speziellen Verbrauch- und Besitzsteuern konzentriert.

Durch die neoliberale Finanz- und Steuerpolitik seit den 1980er Jahren wurden die direkten Steuern abgebaut, vor allem die Steuern auf hohe Einkommen und Vermögen, und die indirekten Steuern wurden ausgebaut. Die Mehrwertsteuer gilt als wirtschaftlich relativ neutral und wachstumsfreundlich im Vergleich zu den direkten Steuern und wurde mehrfach angehoben. Bei den Verbrauchsteuern wurden die Energiesteuern erhöht, um damit auch umweltpolitische Anreize zu setzen.

Ein Nachteil von Verbrauchsteuern ist, dass sie ärmere Haushalte relativ zum Einkommen deutlich stärker belasten als wohlhabende (siehe Kapitel 3). Deshalb sind die indirekten Steuern unpopulär und gelten als ungerecht. Eine Differenzierung der Belastung nach der persönlichen Leistungsfähigkeit ist aufgrund der indirekten Steuertechnik nicht möglich. Eine Differenzierung der Steuersätze nach Konsumgütern, um den existenznotwendigen Bedarf zu begünstigen oder gehobenen Konsum stärker zu belasten, ist nicht sehr zielgenau, bereitet steuertechnische Probleme und stößt europarechtlich schnell an Grenzen. Ausnahmen bei Energie- und Genussmittelsteuern reduzieren die Lenkungswirkungen.

Den unerwünschten Verteilungswirkungen könnte man durch einen Mehrwertsteuer- und Öko-Bonus entgegenwirken.[6] Dazu müsste der Staat eine zusätzliche Transferleistung zahlen, die sich an der Mehrwertsteuer- und Energiesteuerbelastung von Haushalten mit geringem Einkommen orientiert. Ein solcher Bonus könnte nach Größe und Zusammensetzung der Haushalte differenziert und bei höheren Einkommen reduziert werden. Er wäre das Pendant zum Grundfreibetrag bei der Einkommensteuer, müsste aber aufgrund der indirekten Besteuerungstechnik über einen ergänzenden staatlichen Transfer abgewickelt werden, durch den die Verbraucher die Konsumsteuerbelastung auf den Grundbedarf rückvergütet bekommen. Komplizierte und nicht zielgenaue Steuersatzdifferenzierungen könnte man sich dann bei den indirekten Steuern sparen. Dafür müsste man aber die Auszahlung des Bonus organisieren, was angesichts des zersplitterten Steuer- und Transfersystems in Deutschland schwierig ist.

Bei den Grundsicherungsempfängern würde man den Bonus auf die Stütze anrechnen, entlastet würden aber alle anderen Haushalte. Vielen Haushalten mit geringeren Einkommen würde das sehr helfen, denn sie beantragen häufig keine Grundsicherungsleistungen, auch wenn sie Anspruch darauf hätten – sei es aus Unwissenheit, aus Scham oder aus Angst von Vermögensanrechnungen oder Rückgriff bei Unterhaltsverpflichteten. Im Idealfall könnte man Haushalten mit geringen Einkommen die indirekten Steuerbelastungen mit einem solchen Bonus vollständig vergüten. Das würde allerdings für den Staat recht teuer, und so müsste man die Steuersätze deutlich erhöhen, um das Aufkommen einigermaßen konstant zu halten. Jedenfalls könnte man so die indirekten Steuern vom Makel der regressiven Belastung befreien und sie mehr oder weniger progressiv machen.

Energiesteuern vorsichtig erhöhen – Verbrauchsteuern regelmäßig an die Inflation anpassen

In den 1990er Jahren gab es eine intensive Diskussion über Umweltsteuern auf die Nutzung natürlicher Ressourcen, vor allem auf Energie und die damit verbundenen Emissionen. Ökosteuern sollten Preissignale setzen, um den Verbrauch nachhaltig und wirtschaftlich effizient zu reduzieren. Die Einnahmen aus den Umweltsteuern sollten zur Senkung von anderen Steuern und Abgaben eingesetzt werden, das war die »ökologische Steuerreform«.

Die Erfahrungen mit der Umsetzung der ökologischen Steuerreform durch die rot-grüne Bundesregierung waren gemischt. Aus Rücksichtnahme auf die Wettbewerbsfähigkeit der Industrie sowie auf die verfügbaren Einkommen der ärmeren Haushalte wurden größere Belastungen bei energieintensiven Prozessen und im Raumwärmebereich vermieden. Nennenswerte Steuererhöhungen gab es lediglich bei den Verkehrskraftstoffen (Benzin und Diesel) sowie beim Stromeinsatz außerhalb der energieintensiven Industrien. Immerhin wurden die Einnahmen für Zuschüsse an die Rentenversicherung eingesetzt: Dadurch konnten der Beitragssatz um 1,7 Prozentpunkte gesenkt und die Renten um gut 1 Prozent angehoben werden. Das wurde damals als »tanken für die Rente« verspottet, war aber umwelt- und wirtschaftspolitisch sinnvoll.

Seit 2003 wurden die Energie- und Stromsteuersätze nicht mehr erhöht. Die Energie- und Klimapolitik setzt seitdem auf den Emissionshandel, auf Förderprogramme für umweltschonende Technologien und vor allem auf das Erneuerbare-Energien-Gesetz (EEG), mit dem die Stromproduktion aus regenerativen Energien ausgeweitet wurde. Angesichts der hohen Belastungen durch die EEG-Umlage, die bei nicht begünstigten Verbrauchern inzwischen das Dreifache der Stromsteuer beträgt, scheiden Stromsteuererhöhungen aus. Dagegen besteht Erhöhungspotenzial bei den Steuern auf Kraft- und Heizstoffe: Gemessen an der Inflation sind die seit 2006 konstanten Steuersätze bis 2016 real um 15 Prozent gesunken, gemessen an den Einkommen ist der Rückgang noch höher. Energie- und verkehrspolitisch wären hier stärkere Preissignale wünschenswert, auch angesichts der inzwischen wieder deutlich niedrigeren Energiepreise. Eine Erhöhung der Steuersätze auf Benzin und Diesel um zum Beispiel 5 Cent scheint vertretbar. Ferner könnte der um gut 18 Cent niedrigere Dieselsteuersatz auf den Benzinsteuersatz angehoben werden.

Bei den übrigen Verbrauchsteuern auf Tabak, Alkohol, Kaffee und Glücksspiele bestehen dagegen keine nennenswerten Einnahmepotenziale. Diese sind bereits recht hoch – ihr Aufkommen bewegt sich auf maximalem Niveau und geht bei Steuererhöhungen teilweise kurzfristig zurück. Generell sollten die Mengensteuersätze bei den speziellen Verbrauchsteuern auf Energie, Tabak, Alkoholika und Kaffee regelmäßig an die nominale Einkommensentwicklung angepasst werden, um der »kalten Regression« bei diesen Steuern entgegenzuwirken.

Luxussteuern: SUV fiscale

Im Artikel »Luxussteuern« im *Handwörterbuch der Staatswissenschaften* von 1925 lesen wir:

»Die Steuern auf den Luxusbesitz bilden geradezu den Tummelplatz des Steuerdilettantismus, und sie werden besonders in Zeiten der Finanznot von Laien mit großer Eindringlichkeit gefordert. Die Erfahrungen zeigen jedoch, dass sie zur Beseitigung finanzieller Notstände in nennenswerter Weise nicht beitragen können, was jedoch nicht hindern darf, anzuerkennen, dass sie einen wohlverdienten Platz im Gesamtsteuersystem ausfüllen.«

Klar, Luxussteuern werden immer wieder in die Diskussion gebracht – sei es, um mehr Einnahmen für den Staat zu erzielen oder um die Reichen stärker zu belasten, die man bei den direkten Steuern auf hohe Einkommen und Vermögen nicht so richtig zu fassen bekommt. Häufig führt das zu skurrilen Ergebnissen und heftigen Protest der Betroffenen. Aus rein ökonomischer Perspektive bieten Luxussteuern aber große Vorteile: Sie treffen die Reichen und dienen damit der Umverteilung. Vor allem lösen sie keine große Steuervermeidung aus, soweit mit dem Luxuskonsum Exklusivität, Distinktion und Sozialstatus demonstriert werden.

Die Probleme entstehen bei der technischen und politischen Umsetzung. Luxusgüter bei den privaten Haushalten lassen sich nur schwer erfassen und bewerten. Schmuck, Edelmetalle, Kunst oder andere wertvolle Sammlungen in Privatwohnungen aufzuspüren und zu bewerten ist nicht leicht. Das Gleiche gilt für Jachten am Mittelmeer oder in der Karibik, und auch Privatflugzeuge werden gerne auch dienstlich genutzt. Bei der früheren Vermögensteuer wurde das versucht.

Ein spürbares Steueraufkommen lässt sich nur erzielen, wenn man gehobene Konsumgüter beim Verkauf belastet. Früher gab es in vielen Ländern höhere Mehrwertsteuersätze und spezielle Verbrauchsteuern auf bestimmte Güter. Sie wurden Anfang der 1990er Jahre abgeschafft, als mit der Einführung des Europäischen Binnenmarkts die Zollkontrollen wegfielen. Wenn solche Sondersteuern wieder eingeführt werden sollen, müsste dies europaweit koordiniert werden, um Direktkäufe über die Grenzen zu begrenzen. Dazu ist Einstimmigkeit im EU-Ministerrat erforderlich, die sich nur langwierig erreichen lässt.

Größere nationale Handlungsspielräume gibt es bei den Steuern auf Kraftfahrzeuge, von denen viele Länder weidlich Gebrauch machen. Hier bieten sich gesonderte Zulassungssteuern bei der Anmeldung von Fahrzeugen an. Dänemark ist hier der Spitzenreiter, dort beträgt die Kraftfahrzeugzulassungssteuer sage und schreibe 105 Prozent auf Preise bis 11000 Euro und 180 Prozent für übersteigende Beträge. Dergestalt alle Autos zum Luxusgut zu machen ist in der Autofahrernation Deutschland natürlich heikel.

Zumindest könnte man hierzulande schwere Dienstfahrzeuge und SUVs mit solchen Abgaben belasten. Das Gleiche gilt für Jachten oder Privatflugzeuge. Allerdings tun sich hier schnell skurrile Abgrenzungsprobleme und Gestaltungen auf, von denen die Steuergeschichte voll ist. Als in den 1970er Jahren in Italien eine empfindliche Sondersteuer auf Autos mit mehr als 2 Litern Hubraum galt, wurden dort prompt Sportwagen mit speziellen Turboladern angeboten, um trotzdem eine standesgemäße Beschleunigung zu erreichen. »Ferrari fiscale« nannte der Volksmund diese Modelle liebevoll.

Weitgehend in nationaler Hand ist die Immobilienbesteuerung. So könnte man sehr hochwertige Immobilien stärker besteuern. In Großbritannien wird seit Jahren immer wieder eine »mansion tax« in Höhe von 1 Prozent auf Immobilienwerte über 2 Millionen Pfund vorgeschlagen. Damit mag man durchaus eine Reihe von Reichen belasten, wenn aber Superreiche in eher bescheidenen Eigenheimen wohnen wie in Deutschland, trifft man sie damit nicht. Das setzt außerdem voraus, dass es regelmäßig aktualisierte Immobilienwerte gibt, woran die Grundsteuer in Deutschland seit Langem laboriert. Einfacher wäre es, einen solchen Zuschlag bei der Grunderwerbsteuer zu erheben, denn dabei werden ohnehin die Verkehrswerte zugrunde gelegt.

Generell haben solche Luxussteuern das Problem, dass sie nicht automatisch die wirklich Reichen treffen. Daher sind sie nur ein Surrogat für echte »Reichensteuern« auf hohe Einkommen oder Vermögen. Außerdem sind sie häufig steuertechnisch schwierig. Sinnvolle Möglichkeiten ergeben sich letztlich nur bei Zulassungs- oder Bestandsabgaben auf Fahrzeuge. Hier lassen sich auch umwelt- und verkehrspolitische Ziele bemühen. Politisch und ideologisch sind solche Steuern aber immer heikel. Linksliberale und Umweltbewegte ärgert die Demonstration von Sozialstatus und Umweltignoranz der SUV-Fahrer. Diese verbitten sich dann den Sozialneid und die Bevormundung durch politisch korrekte Gutmenschen.

Gewerbesteuer: Zombie des Steuersystems

»Nach Auffassung der Kommission hat die Gewerbesteuer in ihrer heutigen Form so schwerwiegende Mängel, dass sie zu den Hauptproblemen der Steuerreform gehört«, schrieb eine Steuerreformkommission der Bundesregierung im Jahr 1971. Die Gewerbesteuer ist seit Langem stark umstritten: Bei jeder größeren Reformdiskussion zur Einkommens- und Unternehmensbesteuerung stand sie auf der Agenda, mehrere Gemeindefinanzreformkommissionen haben sich die Zähne an ihr ausgebissen. Viele wollen sie abschaffen, vor allem die Wirtschaftsverbände. Die Kommunen und allen voran die großen Städte halten dagegen zäh an ihr fest, weil sie eine große Bedeutung für ihr Steueraufkommen hat und ihnen die Möglichkeit gibt, die Steuerbelastung zu variieren.

An sich ist eine lokale oder regionale Steuer auf die Wertschöpfung oder das Vermögen der Unternehmen ein sinnvolles Instrument der Gemeindebesteuerung, das man auch in anderen Ländern findet, etwa in Frankreich, Italien, Ungarn, Japan oder einzelnen US-Bundesstaaten.[7] Unternehmen verursachen häufig spezifische Infrastrukturkosten bei Verkehr, Flächen- und Stadtentwicklung. Da liegt es nahe, diese Kosten über eine gesonderte Unternehmensteuer zu finanzieren, die nicht nur von den Gewinnen abhängt, sondern auf einer breiteren Bemessungsgrundlage die Wertschöpfung oder das Vermögen der Unternehmen belastet. »Die Feuerwehr muss auch kommen, wenn das Unternehmen gerade keinen Ertrag macht«, sagte einst der damalige hessische Ministerpräsident Roland Koch.

Die deutsche Gewerbesteuer war ursprünglich genauso angelegt. Die Wirtschaft wehrte sich aber seit jeher vehement gegen ertragsunabhängige Steuern, weil diese bei Verlusten oder schwachen Gewinnen die Liquidität belasten und die Finanzierungskosten erhöhen. Außerdem zahlen in Deutschland Unternehmen wie Bürger zusätzlich Gebühren für besondere kommunale Dienstleistungen, etwa Abwasser und Abfall oder Anliegerbeiträge für die Straßen, während in anderen Ländern diese Leistungen über Gemeindesteuern finanziert werden.

Daher wurde die Gewerbesteuer im Laufe der letzten Jahrzehnte sukzessive zu einer weitgehenden Gewinnsteuer für größere Unternehmen reformiert. Doch das reduziert die kommunale finanzpolitische Funktion der Gewerbesteuer. Ihr Aufkommen hängt in vielen Kommunen nur von wenigen größeren Unternehmen ab und schwankt stark mit deren Gewinnen. Kommunen in strukturschwachen Regionen, wo kaum ertragsstarke Unternehmen agieren, haben nur geringe eigene Einnahmen und hängen am Tropf des kommunalen Finanzausgleichs. Bei den Personenunternehmen wird die Gewerbesteuer sogar weitgehend auf die Einkommensteuer angerechnet, sodass ihre Erhebung eigentlich obsolet ist und letztlich nur sinnlosen Verwaltungs- und Befolgungsaufwand produziert.

Die Kommunalverbände und die Gewerkschaften präferierten daher eine »Revitalisierung« der Gewerbesteuer durch eine breitere Besteuerung der kapitalbezogenen Wertschöpfung (Kommunalmodell), um die Steuerbelastungen gleichmäßiger auf Wirtschaftsbereiche und Regionen zu verteilen. Das stößt aber auf den massiven Widerstand der Wirtschaftsverbände, die eine Stärkung der ertragsunabhängigen Unternehmensbesteuerung strikt ablehnen. Sie wollen die Gewerbesteuer abschaffen und auf einen Zuschlag zur Einkommen- und Körperschaftsteuer umlegen, der von den Gemeinden mit einem Hebesatzrecht variiert werden kann. Steuerausfälle der Gemeinden sollen durch einen höheren Umsatzsteueranteil kompensiert werden, der nach einem wirtschaftsbezogenen Schlüssel auf die Kommunen verteilt wird. Damit könnte man sich den Zusatzaufwand zur Veranlagung der Gewerbesteuer sparen und die kommunalen Hebesätze würden die kommunale Besteuerungsautonomie wahren.

Allerdings werden dadurch die Unternehmen entlastet und die Bürger bei der Einkommensteuer stärker belastet, was den Widerstand der Gewerkschaften und der rot-grünen Parteien provoziert. Die Kommunen sind strikt gegen einen kommunalen Einkommensteuerzuschlag, da dieser erhebliche Verschiebungen in der Steuerkraft zwischen den Kommunen auslösen würde, vor allem weg von ärmeren Kernstädten hin zu reicheren Umlandgemeinden – das müsste dann durch den kommunalen Finanzausgleich abgefedert werden. Außerdem befürchtet man einen zunehmenden Steuerwettbewerb zwischen Kommunen um die wohlhabende Wohnbevölkerung. In der Finanzverwaltung und bei den Arbeitgebern bedeutet ein Kommunalzuschlag auf die Lohn- und Einkommensteuer zusätzliche Verwaltungs- und Befolgungskosten.

Dieses Dilemma unterschiedlicher Anforderungen und Interessen zahlreicher einflussreicher Akteure ist kaum zu lösen. Angesichts dieser schwierigen Gemengelage hat die Gewerbesteuer alle Steuerreformen überlebt und fristet heute ein Schattendasein als kommunale Gewinnsteuer, die allerdings ein spürbares Aufkommen erzielt und sich damit unabkömmlich macht. Durch ihre weitgehende Integration in die Unternehmensbesteuerung hat man sie wirtschaftspolitisch gezähmt. Damit kann man mit diesem steuerpolitischen Zombie leben. Skurrilitäten wie die Erhebung und weitgehende Anrechnung auf die Einkommensteuer muss man dann in Kauf nehmen. Ärgerlich sind jedoch die Ausnahmen für Freiberufler und Landwirte ebenso wie die privaten Wohnungsvermieter. Diese sollte man einbeziehen, soweit sie den Freibetrag für Kleinunternehmer überschreiten.

Eine Umlage auf die Einkommen- und Körperschaftsteuer hat sicher ihren Reiz, bedeutet aber einen großen Bruch im kommunalen Steuersystem und ist nur in einer großen Reform zu stemmen. Eine Alternative wäre die Revitalisierung der Gewerbesteuer hin zu einer stärkeren ertragsunabhängigen Bemessungsgrundlage. Dies geht aber nur bei deutlich reduziertem Aufkommen, um den Widerstand der Wirtschaft aufzufangen. Die Steuerausfälle könnte man durch eine Stärkung der Grundsteuer kompensieren, die ja nicht nur die Wohngrundstücke, sondern auch die Betriebsgrundstücke belastet.

Grundsteuer: Einheitswerte von 1964 im Westen und von 1935 im Osten

Die Grundsteuer ist seit Jahrzehnten dringend reformbedürftig. Sie wird im Westen immer noch nach den uralten »Einheitswerten« von 1964 erhoben, in den neuen Bundesländern sogar noch nach Werten aus dem Jahr 1935. Die Steuerpolitik hat bisher davor zurückgeschreckt, diese Besteuerungsgrundlagen zu erneuern. Die flächendeckende Neubewertung von etwa 35 Millionen Grundstücken und deren regelmäßige Aktualisierung sind aufwendig und angesichts des geringen Steueraufkommens relativ teuer. Ohnehin kommen dafür nur vereinfachende und pauschalierende Verfahren in Frage. Die Bundesländer konnten sich bisher nicht auf eine neue Bewertungsgrundlage verständigen. Da Grundsteuer und Grundbewertung bundesgesetzlich geregelt sind und die Länder keine eigenen Lösungen treffen dürfen, blieben Reforminitiativen bis heute immer wieder stecken.

Die meisten Länder im Norden und Osten der Republik wollen die Grundsteuer weiterhin an Verkehrswerten orientieren, die sie mit statistischen Verfahren auf Grundlage von lokalen Immobilienmarktdaten schätzen. Dagegen präferieren die Bundesländer im Süden und insbesondere Bayern eine »Einfach-Grundsteuer«, die lediglich die Flächen des Grundstücks und des Gebäudes als Bemessungsgrundlage verwenden soll, ohne eine Wertkomponente. In einem »Kombinationsmodell« (Thüringer Modell) werden standardisierte Bodenwerte aus den Immobiliendatenbanken abgeleitet und für den Gebäudewert typisierte Sachwerte verwendet, bezogen auf die Wohn- und Nutzfläche. Dieses Modell bietet einen guten Kompromiss, wird aber von Bayern blockiert. Eine weitere Möglichkeit wäre eine reine Bodenwertsteuer, die einfacher zu handhaben wäre.

Grundsätzlich ist die Grundsteuer eine gute Gemeindesteuer, wenn nicht sogar die beste: Ihr Steueraufkommen ist recht stabil und schwankt nicht mit der Konjunktur. Die Besteuerung der lokalen Grundstücke bindet Bürger und Unternehmen vor Ort in die Gemeindefinanzierung ein, sie vermittelt »fiskalische Äquivalenz«. Dabei können die Gemeinden den Steuersatz aktiv festlegen, womit Bürgern und Unternehmen der »Steuerpreis« für das kommunale Leistungsangebot deutlich wird. Da sich viele kommunale Infrastrukturleistungen in den Immobilienpreisen niederschlagen, zum Beispiel bei guter Verkehrsanbindung, sozialer Infrastruktur, Schulen, ist eine Berücksichtigung der Bodenwerte in der Bemessungsgrundlage sinnvoll. Ferner werden damit wohlhabende Einwohner, die zumeist in höherwertigen Immobilien wohnen, stärker belastet.

Entsprechend hat die Grundsteuer in vielen Staaten ein deutlich höheres Gewicht als in Deutschland. In den USA, Großbritannien oder Australien ist sie die wesentliche Steuerquelle der Gemeinden und beträgt ein Vielfaches des deutschen Niveaus. Dort dient sie auch zur Finanzierung von öffentlichen Leistungen wie Wasserversorgung, Abwasser- und Abfallentsorgung oder Schulen, für die in Deutschland Gebühren oder andere Steuern erhoben werden.

Insgesamt spricht vieles dafür, die Grundsteuer in Deutschland zu erhalten oder sogar auszubauen. Das Aufkommen ist mit 13 Milliarden Euro im Jahr oder 160 Euro je Einwohner recht niedrig und steigerungsfähig. Allerdings ist die Reform politisch sensibel, denn die Bürger spüren das unmittelbar bei ihren Wohnkosten. Die Mieter bekommen die Grundsteuer üblicherweise mit den Betriebskosten überwälzt, daher tragen sie zunächst die höhere Grundsteuer und nicht der Vermieter. Außerdem blockiert Bayern die Reform, da bei einer

Neubewertung der Grundstücke die bayrische Steuerkraft steigen würde und der Freistaat dann noch mehr Geld in den Länderfinanzausgleich einzahlen würde. Der Bund könnte die Grundsteuer für die Länder freigeben, sodass jedes Land dabei seine eigene Regelung treffen könnte, was die Bayern fordern – doch dagegen sind die meisten anderen Länder. Letztlich muss wohl das Bundesverfassungsgericht die Grundsteuer verwerfen, um die Reformblockaden aufzubrechen.

Grunderwerbsteuer: Tobin-Tax der Häuslebauer und Mittelschichten

Während die Grundsteuer seit Jahrzehnten etwas unmotiviert vor sich hin dümpelt, hat die Grunderwerbsteuer in den letzten Jahren kräftig zugelegt. Von 2006 bis 2015 stieg ihr Aufkommen von 6 auf 11 Milliarden Euro im Jahr. Seit einigen Jahren dürfen die Bundesländer einen eigenen Steuersatz festlegen. Davon machen sie kräftig Gebrauch, zumal sie sonst keine variablen Steuerquellen haben. Die meisten Länder nehmen inzwischen einen Steuersatz von 4,5 bis 6,5 Prozent, nur Bayern und Sachsen haben den alten Satz von 3,5 Prozent beibehalten.

Die Grunderwerbsteuer belastet jeden Grundstücksverkauf und wird auf den Kaufpreis erhoben, nicht auf den uralten Einheitswert – wodurch die Baunebenkosten kräftig steigen. Wer sich eine Wohnimmobilie im Wert von 300 000 Euro kauft, zahlt zum Beispiel in Nordrhein-Westfalen 6,5 Prozent und damit fast 20 000 Euro Grunderwerbsteuer an das Finanzamt. Da darf man sich nicht wundern, wenn zu wenig gebaut wird oder keine Immobilien auf den Markt kommen.

Das Argument, die Grunderwerbsteuer ersetze die Steuerfreiheit bei der Mehrwertsteuer, ist ziemlich formalistisch. Auf Spareinlagen oder Aktienkäufe wird ja ebenfalls keine Umsatzsteuer erhoben – vielleicht künftig eine niedrige Finanztransaktionssteuer oder Tobin-Tax, mit der Spekulanten belastet werden sollen. Die Baukosten eines Gebäudes unterliegen bereits der Mehrwertsteuer, und diese werden dann zusätzlich mit der Grunderwerbsteuer belastet. Weitere »Kumulationswirkungen« (»Steuer auf die Steuer«) entstehen, wenn dasselbe Grundstück mehrfach übertragen wird.

Dadurch benachteiligt die Grunderwerbsteuer die Mobilisierung von Grundstücken und begünstigt die Weiternutzung in den bisherigen Eigentumsverhältnissen, auch wenn Nutzungsänderungen des Grundstücks eintreten, etwa in Form von Umnutzungen und Neubebauungen. Zuzügler oder junge Familien, die sich ein Eigenheim oder eine Eigentumswohnung zulegen, werden kräftig belastet, Rentner in zu großen Wohnungen zahlen nur die niedrige Grundsteuer. Das verhindert die Mobilität von Arbeitskräften und die effiziente Nutzung des Wohnraums, was der wirtschaftlichen Entwicklung schadet. Ferner führt die Grunderwerbsteuer zu komplexer Steuervermeidung in der Immobilienwirtschaft, die mit noch komplizierteren Vorschriften eingeschränkt wird – und so zahlen vor allem die privaten Haushalte diese Steuer. Auch gegen Immobilienspekulation oder Preisblasen hilft die Grunderwerbsteuer nicht wirklich im Sinne einer Finanztransaktionssteuer. Und wenn in einigen Jahren der Immobilienboom vorbei ist, sinken die Einnahmen der Länder wieder.

Sinnvoller wäre es daher, die Grunderwerbsteuer wieder auf ihr altes Niveau von 3,5 Prozent zurückzufahren und stattdessen die Grundsteuer auszuweiten. Auch hier könnte mehr Länderautonomie helfen. Um Anreize zur Mobilisierung von Grundstücken zu setzen, könnten unbebaute Grundstücke stärker belastet werden. Veräußerungsgewinne, die dank der steigenden Immobilienpreise derzeit häufig entstehen, sollten durch eine striktere Erfassung der Veräußerungsgewinne bei der Einkommensteuer besteuert werden.

Erbschaftsteuer: schlummernde Reichensteuer

Die Erbschaftsteuer ist die letzte verbliebene »Reichensteuer«. Wie gesehen wurden die wohlhabenden Steuerzahler über die letzten Jahrzehnte bei Einkommensteuer-Spitzensätzen, Unternehmen- und Kapitaleinkommensteuern und Vermögensteuern entlastet. Und zugleich ist die Vermögenskonzentration in Deutschland eine der höchsten im internationalen Vergleich und hat sich in den letzten Jahrzehnten verschärft.

Die Erbschaftsteuer gilt den meisten Ökonomen und Steuerexperten als die verträglichere Variante der Reichenbesteuerung, vor allem im Vergleich zu den laufenden Steuern auf hohe Einkommen und Vermögen. Da sie erst bei der Weitergabe der Vermögen erhoben wird, löst sie während der Erwerbskarriere kaum Ausweichreaktionen aus. Alter und Tod sind weit weg, viele Menschen haben keine Kinder oder keine besonderen Erbschaftsmotive. Die Belastung von hohen »leistungslosen« Zuflüssen trägt »meritokratischen« Vorstellungen Rechnung und fördert die Chancengleichheit zwischen Angehörigen einzelner Generationen. Denn die Erbschaften und Schenkungen sind ähnlich stark konzentriert wie die Vermögen: Die meisten bekommen nichts oder wenig, einige wenige sehr viel.

Dennoch ist die Erbschaftsteuer nicht nur bei den Reichen, sondern auch in der breiten Öffentlichkeit und sogar bei den Unter- und Mittelschichten wenig populär. Offenbar stößt die Belastung von Vermögenstransfers innerhalb der Familie und im sensiblen Umfeld von Alter und Tod auf Vorbehalte. Die FDP und neuerdings die AfD fordern eine Abschaffung der Erbschaftsteuer. »Das Geld ist doch schon versteuert«, hört man häufig aus bürgerlichen Kreisen – für die Mehrwertsteuer oder die Ökosteuer scheint dieses Argument nicht zu gelten. Bei der Erbschaftsteuer spielt offenbar auch die Unsicherheit über die mögliche Betroffenheit eine Rolle, denn aufgrund der hohen persönlichen Freibeträge bleibt die Übertragung von normalen Vermögen im engsten Familienkreis meist komplett steuerfrei. Daher sollten die Unter- und Mittelschichten, die bei Sozialbeiträgen, indirekten Steuern und kalter Progression kräftig zur Kasse gebeten werden, eigentlich ein Interesse an einer höheren Erbschaftsteuer haben. Denn was die Reichen hier sparen, müssen sie anderswo zahlen.

Die Erbschaftsteuer musste erneut reformiert werden, da das Bundesverfassungsgericht die weitreichenden Vergünstigungen für Firmenvermögen bei der Erbschaftsteuer als teilweise verfassungswidrig erklärt hatte. Diese Vergünstigungen sind nicht in der Höhe begrenzt, und das hat dazu geführt, dass auch Riesenvermögen nur gering bis gar nicht belastet werden und in den letzten Jahren erhebliche steuerfrei Vermögenswerte übertragen wurden.

Große Unternehmen sollen künftig nicht mehr ohne besondere Bedürfnisprüfung steuerfrei übertragen werden können und nicht betriebsnotwendiges Verwaltungsvermögen soll weniger stark begünstigt werden. Nach der neuen Erbschaftsteuerreform sind hier aber weiterhin nur moderate Belastungen vorgesehen: Bei Übertragungen von bis zu 26 Millionen Euro soll betriebsnotwendiges Vermögen weiterhin steuerfrei gestellt werden, wenn die Nachfolger das Unternehmen weiterführen und die Lohnsumme erhalten. Bei Familienunternehmen sollen sogar 52 Millionen Euro steuerfrei bleiben. Und auch für höhere Übertragungen gibt es Bewertungs- und Verschonungsabschläge und weitere Vergünstigungen für Investitionen. Nennenswerte Steuermehreinnahmen und eine gerechtere Besteuerung von Riesenvermögen sind von dieser Reform nicht zu erwarten. Da die Vorgaben der Verfassungsrichter recht weit gedehnt wurden, wird die Reform vermutlich erneut vor dem Bundesverfassungsgericht scheitern, so wie bereits die beiden Reformen zuvor.

Andererseits kann man auf die Übertragung von mittelständischen Unternehmen nicht einfach progressive Steuersätze bis 30 Prozent erheben, wie es bei sonstigen Großvermögen gemacht wird. Das könnte die familienorientierte Fortführung vieler Firmen gefährden. Das wäre zwar kein Weltuntergang, denn die meisten größeren Unternehmen können auch von externen Investoren weitergeführt werden – manchem würde das sogar guttun. Arbeitsplätze sind also nicht unmittelbar gefährdet, und manche würden sogar langfristig gesichert. Aber die familiengeprägten Mittelständler sind ein tragendes Element der deutschen Wirtschaftsstruktur: Sie gelten als »Rückgrat der sozialen Marktwirtschaft«, bieten den Großkonzernen im Wettbewerb Paroli, halten der Heimat die Treue, sichern Arbeitsplätze und Wertschöpfung in der Region, behandeln ihre Arbeitnehmer und Kunden anständig, halten Banken und Finanzmärkte aus den Unternehmen heraus und operieren dadurch langfristiger und nachhaltiger.

Diese Glorifizierung des »German Mittelstands«, wie sie von den Wirtschaftsverbänden vehement vorgetragen wird, ist natürlich lobbyistisch überzeichnet, trifft aber einen wahren Kern. Jedenfalls will niemand, dass florierende Mittelständler in der Region an Großkonzerne oder gar Finanzinvestoren verkauft werden, vulgo Heuschrecken. Da ziehen dann Wirtschaftsverbände, Gewerkschaften und Landespolitiker an einem Strang, unabhängig von der politischen Couleur. So haben nicht nur Bayern und die CSU in gewohnt rustikaler Manier eine verfassungsfeste Neuregelung der Erbschaftsteuer hintertrieben, auch die früher grün-rote und jetzt grün-schwarze Landesregierung in Baden-Württemberg begegnete den einflussreichen Lobbyisten der Familienunternehmen bei ihrem Abwehrkampf gegen Mehrbelastungen bei der Erbschaftsteuer durchaus wohlwollend.

Andererseits ist eine steuerliche Privilegierung von Übertragungen im zwei- bis dreistelligen Millionenbereich eine himmelschreiende Ungerechtigkeit, die einer Refeudalisierung der Gesellschaft Vorschub leistet. Sie belastet nicht nur die Legitimität der Erbschaftsteuer, sondern auch die Verheißung der sozialen Marktwirtschaft auf Chancengleichheit und Leistungsgerechtigkeit. Die üppige Privilegierung kann langfristig auch die wirtschaftliche Entwicklung belasten, da sie die familiengebundene Fortführung übermäßig fördert, dadurch weniger geeignete Firmeninhaber hervorbringt und damit Innovationen und Wettbewerb behindert.

Die Große Koalition hat sich mit ihrer Strategie einer »minimalinvasiven Reform« im Geflecht der widerstreitenden Ziele verfangen, die überzogenen Vergünstigungen für große Firmen wirksam abzubauen, aber gleichzeitig weitgehend zu erhalten, um große Mittelständler und Familienunternehmen nicht zu belasten. Die Neuregelungen sind zudem sehr komplex und gestaltungsanfällig. Besser wäre es, sämtliche Steuervergünstigungen stark zu reduzieren, um die Steuersätze zu senken.[8] Dadurch könnte die Steuerbelastung für Unternehmensübertragungen auf zum Beispiel 15 Prozent begrenzt werden. Wenn die Steuerbelastung zudem über einen längeren Zeitraum gestreckt würde, könnten die Firmenerben sie aus den laufenden Gewinnen abzahlen. Nur für kleine mittelständische Familienunternehmen sollte es dann noch moderate Steuervergünstigungen geben.

Ferner sollten weitere Steuervergünstigungen reduziert oder abgeschafft werden, etwa die Privilegien für vermietete Wohnimmobilien, die Steuerfreistellung des »Familienheims« oder die Steuerbefreiungen bei Spenden. Auch könnte die mehrfache Nutzung der persönlichen Freibeträge begrenzt werden, indem die Zehn-Jahres-Frist der Zusammenrechnung von Erwerben verlängert wird oder die Nutzung der persönlichen Freibeträge nur einmal im Leben möglich ist. Im Gegenzug könnten die persönlichen Freibeträge erhöht werden, insbesondere bei Ehe- und Lebenspartnern sowie bei Kindern. Damit würde man sich die Veranlagung von vielen Fällen ohne nennenswertes Steueraufkommen sparen. Dies würde auch den latenten Vorbehalten der Mittelschichten gegenüber der Erbschaftsteuer begegnen, und zugleich könnte man von den wirklich Reichen einen höheren Beitrag für das Steueraufkommen erheben, ohne dass damit nennenswerte wirtschaftliche Schäden angerichtet werden.

Kirchensteuer: die älteste Public-Private-Partnership

»Gebt dem Kaiser, was des Kaisers ist, und Gott, was Gottes ist!«, so lautet ein bekanntes Bibelzitat. Bis heute ist in Deutschland der Staat mit den großen christlichen Kirchen eng verbunden. Eine konsequente Trennung wie in Frankreich oder den USA, wo die Kirchen von Mitgliedsbeiträgen oder größeren Erbschaften und Schenkungen leben, hat es bei uns nie gegeben.

Bis Anfang des 19. Jahrhunderts finanzierten sich der Klerus wie der Adel zumeist aus den Erträgen ihrer Güter und ständischen Rechte, zu denen auch diverse Abgaben gehörten wie der Kirchenzehnt. Im Zuge der Säkularisation verloren die Kirchen diese Rechte, ihr weltlicher Besitz wurde eingezogen, die vielen geistlichen Fürstentümer und Herrschaften gingen in den Territorialstaaten auf. Im Gegenzug verpflichteten sich die Staaten zu finanziellen Ausgleichsleistungen. Daher erhalten die evangelische und die katholische Kirche bis heute Staatsleistungen der Länder, die gut 500 Millionen Euro im

Jahr ausmachen. Ferner entstand im Verlauf des 19. Jahrhunderts die Kirchensteuer in den einzelnen Ländern. In der Weimarer Verfassung von 1919 wurde sie ausdrücklich garantiert; diese Regelungen wurden ins Grundgesetz übernommen und gelten bis heute.

Die Kirchensteuer können Religions- und Weltanschauungsgemeinschaften erheben, die als Körperschaft des öffentlichen Rechts anerkannt sind. Neben der evangelischen und katholischen Kirche sind das die Alt-Katholische Kirche, verschiedene freireligiöse und freiprotestantische Gemeinden sowie die jüdischen Gemeinden. Alle anderen Kirchen oder Weltanschauungsgemeinschaften verlangen keine Kirchensteuer, selbst wenn sie als Körperschaft des öffentlichen Rechts anerkannt sind und sie einfordern dürften. Sie finanzieren sich über Mitgliedsbeiträge und Spenden.

Ermittelt wird die Kirchensteuer als Zuschlag auf die festgesetzte Einkommensteuer, ebenso wie der Solidaritätszuschlag. Entsprechend wird sie auf die Lohnsteuer, die Kapitalertragsteuer und die Vorauszahlungen zur Einkommensteuer erhoben und bei der Veranlagung mit der festgesetzten Kirchensteuer verrechnet. Der Kirchensteuersatz liegt bei 8 Prozent in Bayern und Baden-Württemberg beziehungsweise bei 9 Prozent in den übrigen Bundesländern. Die Kirchensteuergesetze der Länder mit Ausnahme Bayerns erlauben eine »Kappung« der Kirchensteuer auf 2,75 bis 3,5 Prozent des zu versteuernden Einkommens, die meisten Kirchen machen davon Gebrauch. Damit wird die Steuerprogression nach oben begrenzt, um bei Spitzenverdienern mit sehr hoher Einkommensteuerbelastung eine ebenfalls hohe Kirchensteuer zu mildern.

Knapp 60 Prozent der Steuerpflichtigen zahlen Kirchensteuer. Ihr Aufkommen lag 2015 bei 11,5 Milliarden Euro, das sind 0,4 Prozent des Bruttoinlandsprodukts. Die Kirchensteuer kann als Sonderabgabe bei der Einkommensteuer abgezogen werden, ebenso wie sonstige Beiträge und Spenden für andere Gemeinschaften.

Der Kirchensteuer kann man sich natürlich entziehen, indem man aus der Kirche austritt. Daher ist sie keine richtige Steuer, sondern eine freiwillige Abgabe. Insoweit ist die Kirchensteuer: die älteste Public-Private-Partnership, die für alle Beteiligten Vorteile bietet: Die Kirchen bekommen ihre Mitgliedsbeiträge günstig eingezogen und müssen nicht ihren Mitgliedern hinterherlaufen wie andere Organisationen und Vereine. Die Einnahmen sind planbar und hängen nicht von einzelnen großen Spenden oder Erbschaften ab wie in anderen Ländern. Für die Finanzbehörden der Länder ist die Kirchensteuer ein lukratives Nebengeschäft, für das sie eine Verwaltungskostenvergütung von meist etwa 3 Prozent des Aufkommens erhalten.

Allerdings ist die Kirchensteuer umstritten und wird regelmäßig von liberalen oder linken Parteien und Organisationen kritisiert. Sie verletze die religiöse und weltanschauliche Neutralität des Staats und diskriminiere tendenziell kleinere Religions- und Weltanschauungsgemeinschaften, die das Kirchensteuerrecht faktisch nicht nutzen können oder es ablehnen. Außerdem müssen Arbeitnehmer ihre Konfession auf der Lohnsteuerkarte angeben und damit dem Arbeitgeber offenbaren, was mitunter heikel ist. Auch innerhalb der Kirchen gibt es Kritik: Die Steuererhebung unterstreiche den quasistaatlichen Charakter der Kirchen, die persönliche Beziehung zu den Mitgliedern wäre enger, wenn man sich aktiv um die Mitgliedsbeiträge kümmern müsse. Die üppige Finanzausstattung begünstige Verschwendung in der Amtskirche. Ferner hängt die Kirchenfinanzierung stark von Struktur und Entwicklung der Einkommensteuer ab. Da das Einkommensteueraufkommen stark auf die Besserverdiener konzentriert ist, gilt das entsprechend auch für die Kirchensteuer: Die meisten Kirchenmitglieder zahlen keine oder nur sehr geringe Kirchensteuer. Momentan schwimmen die Kirchen im Geld, weil das Einkommensteueraufkommen dank guter Konjunktur und Beschäftigung sowie kalter Progression stark gestiegen ist. Mitte der 2000er Jahre, als im Zuge der rot-grünen Einkommensteuerreformen das Steueraufkommen zurückging, waren die Kirchen knapp bei Kasse.

Die Kirchen bestreiten mit den Kirchensteuereinnahmen viele soziale Dienste, Bildungsangebote oder den Unterhalt von Baudenkmälern, von denen auch Nicht-Kirchensteuerzahler profitieren. Da ist es unfair, wenn sich die Bürger durch den Kirchenaustritt der Finanzierung entziehen. Die Alternative wäre eine »Ethiksteuer« oder »Mandatssteuer« für alle Steuerzahler nach dem Vorbild Italiens oder Spaniens. Alle sind steuerpflichtig, aber der einzelne Steuerzahler kann entscheiden, an welche Religionsgemeinschaften oder gemeinnützige Organisationen seine Zahlung geht.

Vermögensteuer: Wie macht man es, ohne es zu tun?

Seitdem die Vermögensteuer ab 1997 nicht mehr erhoben wird, erinnert sie an das Ungeheuer von Loch Ness: Es wird immer wieder darüber diskutiert, aber gesichtet hat sie niemand mehr. Regelmäßig gab es Initiativen zur Wiederbelebung der Vermögensteuer, zuletzt intensiv im Bundestagswahlkampf 2013. Aber wenn es ernst wird und die Wirtschaftsverbände heftigen Widerstand organisieren, bekommen die Unterstützer im Umfeld von SPD und Grünen schnell kalte Füße. Auch war die Mobilisierungskraft über den engen Kreis der Vermögensteuerfans in Gewerkschaften, Linkspartei oder den linken Flügeln von SPD und Grünen hinaus in das linksliberale Bürgertum verhalten: Dort sieht man sich wohl latent bedroht, ähnlich wie bei der Erbschaftsteuer oder bei den Spitzensteuersätzen. Allerdings lenken die geringe Effektivität der Erbschaftsteuer bei der Besteuerung sehr hoher Vermögen, die bei der letzten Reform deutlich wurde, und die hohe Vermögenskonzentration in Deutschland den Blick wieder auf die Vermögensteuer.

Analysen zu den Aufkommens- und Verteilungswirkungen zeigen, dass die Vermögensteuer durchaus ein effektives Instrument sein kann, um Haushalte mit hohen Vermögen stärker zu besteuern. Die Vermögenskonzentration in Deutschland ist beträchtlich: Das reichste Prozent der Bevölkerung besitzt schätzungsweise 32 Prozent des gesamten Vermögens, wobei auf die reichsten 0,1 Prozent allein 16 Prozent entfallen, das sind die oberen Achtzigtausend. Daher kann die Vermögensteuer auch bei hohen Freibeträgen ein Aufkommen von 10 bis 20 Milliarden Euro im Jahr erzielen und damit der Ungleichheit bei der Einkommens- und Vermögensverteilung entgegenwirken.[9] Die vielbeklagten Erhebungskosten der Vermögensteuer in Relation zum Steueraufkommen lägen zwischen 4 und 8 Prozent und dürften sich damit in etwa auf dem Niveau von Einkommensteuer und Unternehmensteuern bewegen.

Allerdings bedeutet die Vermögensteuer eine Zusatzbelastung der Unternehmens- und Kapitaleinkommen, soweit sie nicht mit den bestehenden Einkommensteuern verrechnet wird. Tatsächlich entspricht eine laufende Vermögensteuer von 1 Prozent auf die momentan hohen Marktpreise des Vermögens einer Zusatzbelastung bezogen auf die laufenden Gewinne von 10 Prozent und mehr, die zudem auch in Verlustphasen anfällt. Bei den anhaltend niedrigen Zinsen werden die Erträge von Finanzanlagen sehr hoch belastet. Deutlich niedrigere Vermögensteuersätze würden die Belastungen zwar reduzieren, aber naturgemäß würde der Staat dann auch deutlich weniger einnehmen.

Damit würde die Senkung der unternehmens- und vermögensbezogenen Steuern der vergangenen Jahrzehnte wieder zurückgenommen. Da Steuerwettbewerb und Steuerflucht zurückgehen, verbessern sich zwar die Besteuerungsmöglichkeiten für hohe Vermögen beziehungsweise hohe Unternehmens- und Vermögenseinkommen wieder. Dabei sind aber weiterhin spürbare Ausweichreaktionen der Steuerpflichtigen möglich. Diese mindern das Steueraufkommen und können auch den Wirtschaftsstandort belasten. Vor allem kommt man mit der Vermögensteuer in die gleiche Diskussion wie bei der Erbschaftsteuer auf Unternehmensübertragungen: Sie trifft nur zum kleinen Teil die couponschneidenden Finanzkapitalisten, die sich ihr zudem durch Abwanderung in die Steueroasen der Nachbarländer entziehen können. Sie belastet vor allem die »guten« Realkapitalisten: die größeren Mittelständler und Familienunternehmen. Viele gestandene Mittelständler empfinden die Vermögensteuer als persönliche Kränkung.

Die wesentlichen Ziele einer Vermögensteuer könnten auch über höhere Unternehmen- und Kapitaleinkommensteuern erreicht werden.

Das ist steuertechnisch leichter umzusetzen, da keine zusätzlichen Erhebungskosten entstehen. Ferner könnten zusätzliche ertragsunabhängige Steuern vermieden werden, die auch in Verlustphasen anfallen. Durch moderate Erhöhungen der oberen Einkommensteuersätze, der Unternehmen- und Kapitaleinkommensteuersätze sowie durch den Abbau von Steuervergünstigungen für Gewinn- und Vermietungseinkünfte ließen sich jährliche Mehreinnahmen in Größenordnungen von 10 Milliarden Euro erzielen. Überschaubare Mehreinnahmen könnten auch bei der Erbschaftsteuer erzielt werden, wenn die Begünstigungen für hohe Unternehmensvermögen stärker zurückgeführt würden.

Zumindest bei den sehr wohlhabenden Haushalten könnte die Vermögensteuer aber wieder eine gewisse Rolle spielen. Hier könnte man das alte Konzept der Kontroll- und Ergänzungsfunktion der Vermögensbesteuerung aufgreifen, für die sie im alten Preußen 1893 eingeführt wurde. Indem man die Vermögensteuer auf bestehende Unternehmen- und Kapitaleinkommensteuern anrechnet, könnte sie als Mindeststeuer fungieren. Damit würde Unzulänglichkeiten bei der Gewinn- und Einkommensermittlung entgegengewirkt, etwa bei der Erfassung von Wertänderungen oder bei Steuergestaltungen. Dies könnte die Besteuerung sehr wohlhabender Haushalte mit hohen Unternehmens- und Kapitaleinkommen effektiver und gleichmäßiger gestalten, deren tatsächliche Periodeneinkommen in der Steuerpraxis schwer zu messen sind, während sich deren Vermögen leichter ermitteln lassen. Die hohe Kunst der Vermögensbesteuerung besteht also darin, es zu machen, ohne es zu tun.

Föderalismusreform: steuerpolitisch mutlose Länder

Der deutsche Finanzföderalismus ist schon lange dringend reformbedürftig – und dabei ist vor allem die Rolle der Bundesländer unklar. Denn die föderale Kompetenzverteilung hat sich schleichend zu einem Sanduhrmodell entwickelt: Oben haben Bund und EU an Bedeutung gewonnen, unten die Kommunen. Das ging zulasten der Bundesländer dazwischen.[10]

Die Kommunen haben weiterhin einen breiten Aufgabenkanon aus Daseinsvorsorge und Regelung der örtlichen Angelegenheiten, den ihnen niemand streitig macht. Bei der Übernahme von bundesgesetzlich normierten sozialen Aufgaben gewinnt der Bund immer mehr an Einfluss. Im Verhältnis von Bund und Ländern gibt es im Rahmen des »kooperativen Föderalismus« eine große Politikverflechtung mit einer Dominanz der Bundesgesetzgebung, an der die Landesregierungen über den Bundesrat beteiligt sind. Die Relevanz der originären Länderaufgaben schrumpft, zumal es auf vielen Gebieten einen großen Koordinationsbedarf gibt und zu viel Kleinstaaterei beklagt wird, etwa bei Bildung und Forschung oder bei Sicherheit und Justiz. Ohnehin ist in Deutschland der Bedarf nach »gleichwertigen Lebensverhältnissen« recht groß und hat sogar verfassungsrechtliche Bedeutung (Artikel 72 und 106 Grundgesetz), sodass für die Landesregierungen und -parlamente wenige substanzielle Aufgaben übrig bleiben. Eigentlich könnte man also die kostenträchtige staatliche und politische Eigenständigkeit der Länder zurückfahren und auf wenige originäre Kompetenzen im Bereich der regionalen kulturellen Föderalismusfolkloristik beschränken.

Paradebeispiel: die Finanzverwaltung: Die liegt seit der unmittelbaren Nachkriegszeit bei den Ländern, auch bei den großen Gemeinschaftssteuern, also der Einkommen-, Körperschaft- und Umsatzsteuer. Während in der Weimarer Republik und im NS-Staat diese Steuern von der Reichsfinanzverwaltung erhoben wurden, wollten die Alliierten nach dem Zweiten Weltkrieg den Föderalismus stärken. Heute ist das ein Anachronismus, da der größte Teil des Steueraufkommens bundesgesetzlich geregelt ist. Die Koordination der sechzehn Landesverwaltungen frisst viele Ressourcen, von Anwendungserlassen und Ausbildungsstandards über chaotische IT-Systeme bis zum Zahlungsverkehr. Damit nicht genug: Da der Länderfinanzausgleich sehr stark von den reichen zu den armen Ländern umverteilt, haben die Länder kaum finanzielle Anreize, die Steuern effektiv zu erheben, da diese Mehreinnahmen weitgehend in den Finanzausgleich eingehen. Das hat zu einer Ausdünnung der Finanzverwaltung beigetragen, mit der Folge, dass bei den Unternehmensteuern oder wohlhabenden Privathaushalten wenig kontrolliert wird. Entsprechend hoch sind die Gestaltungs- und Hinterziehungsmöglichkeiten – manche sprechen hier sogar von Steueroasen. Eine Bundessteuerverwaltung könnte vermutlich längerfristig Effizienzreserven und Steuermehreinnahmen in einer Größenordnung von mindestens 10 Milliarden Euro im Jahr erschließen. Ferner blockieren reiche Bundesländer, allen voran Bayern, Steuerreformen, die zu einer Erhöhung ihrer Steuerkraft im Finanzausgleich führen, insbesondere bei der Erbschaftsteuer und der Grundsteuer.

Auf der Einnahmenseite haben die Bundesländer kaum eigene Besteuerungskompetenzen, außer bei der Grunderwerbsteuer, einer eher fragwürdigen Steuer. Wenn die Länder mehr finanzpolitische Autonomie und Eigenverantwortung bekommen sollen, bietet sich vor allem ein Zuschlagsrecht auf die Einkommen- und Körperschaftsteuer an. Um übermäßigen Steuerwettbewerb zu begrenzen, könnte man Bandbreiten definieren oder bei der Einkommensteuer nur einen proportionalen Steuertarif zulassen. Ebenso wie bei der Gemeindebesteuerung mit Gewerbesteuer und Grundsteuer würden dann auch die Bundesländer ihren Bürgern und Unternehmen einen eigenen Steuerpreis für die regionale Finanzpolitik präsentieren und bekämen mehr Autonomie, finanzpolitischen Herausforderungen zu begegnen und eigene Akzente zu setzen. Allerdings würde die Besteuerung dadurch komplizierter, weil die Bemessungsgrundlagen nach Ländern aufgeteilt werden müssten. Das Aufkommen der Erbschaftsteuer oder einer gegebenenfalls wiederbelebten Vermögensteuer, das nach dem Grundgesetz den Ländern zusteht, sollte man auf den Bund übertragen.

Steuerbremsen in der Verfassung: neoliberale Rohrkrepierer

Verfassungsrechtliche Begrenzungen der Finanz- und Steuerpolitik sind ein alter Klassiker. Schuldenbremsen gibt es in allen Verfassungen, um die geräuschlose Verschiebung von Finanzierungslasten in die Zukunft zu begrenzen. Neoliberale oder Konservative fordern seit Langem, zusätzlich Steuerbremsen einzuziehen, um der tatsächlichen oder vermeintlichen Überbelastung von Wirtschaft und Bürgern zu begegnen.

Die Verschärfung der deutschen Schuldenbremse ab 2009 wird bis heute von vielen Linksliberalen und Linken abgelehnt, da sie die finanzpolitischen Spielräume des Staats massiv einschränkt. Tatsächlich hat sie faktisch als Steuersenkungsbremse gewirkt. Da auf der Ausgabenseite des Budgets wenig passiert ist, blockten Merkel und Schäuble diverse Ausgabenwünsche sowie sämtliche Steuerentlastungsambitionen von FDP und Wirtschaftsverbänden ab, um die »schwarze Null« zu erreichen.

Die FDP zog daraufhin mit der Forderung einer Steuerbremse im Grundgesetz in den Bundestagswahlkampf 2013. Es sei »unverhältnismäßig und leistungsfeindlich«, mehr als die Hälfte des Einkommens an den Staat abzuführen, hieß es im Wahlprogramm. Das erinnert an den legendären »Halbteilungsgrundsatz«, den der damalige Verfassungsrichter Paul Kirchhof 1995 in das Grundgesetz hineininterpretierte. Demnach müsse die »steuerliche Gesamtbelastung des Sollertrages bei typisierender Betrachtung von Einnahmen, abziehbaren Aufwendungen und sonstigen Entlastungen in der Nähe einer hälftigen Teilung zwischen privater und öffentlicher Hand« verbleiben. Die AfD fordert in ihrem Parteiprogramm inzwischen eine »Obergrenze für Steuern und Abgaben« auf dem Niveau der heutigen Steuer- und Abgabenquote, um »die staatliche Macht über den Bürger« zu begrenzen.

Die Idee von solchen verfassungsrechtlichen Begrenzungen ist die finanzpolitische Bremswirkung: Schuldenbremse und Steuerbremse sollen Druck auf die Ausgabenseite machen, indem sie den politisch bequemen Ausweg über höhere Schulden oder höhere Steuern unterbinden. Das Problem solcher Regeln: Sie sind rein defensiv und lösen häufig größere Kollateralschäden aus.

Schon die Operationalisierung der Steuerbremse ist schwierig. Was gehört alles zu den Steuern und Abgaben – auch die EEG-Umlage, die ja formal gar keine Steuer ist, oder Gebühren, Anliegerbeiträge und

Sozialbeiträge, für die es individuelle Gegenleistungen gibt? Und wie misst man die Belastungsgrenze, einschließlich indirekter Steuern oder Grundsteuer, bei denen die Überwälzung mitunter unklar ist, und auf welche Einkommensgröße bezieht man die Belastung? Hier gibt es viele Interpretations- und Ausweichmöglichkeiten, so ähnlich wie derzeit bei der Schuldenbremse, die gerne mit speziellen Finanzierungsmodellen ausgetrickst wird.

Vor allem können die Finanzbremsen naturgemäß keine konstruktiven Vorgaben machen, wie und wo gespart werden soll, denn das ist ja eine politische Aufgabe. Erfahrungen zeigen, dass bei strikten Konsolidierungsprogrammen häufig an der falschen Stelle gespart wird, nämlich bei zukunftsträchtigen Ausgaben, wo die haushaltspolitischen Spielräume meist flexibler sind, etwa bei Investitionen, Bildung und Forschung oder neuen Herausforderungen. Alte und obsolete Ausgabenprogramme werden dagegen ungern angerührt, da die Leistungen gesetzlich fixiert sind und von vielen Interessengruppen verteidigt werden. Und die Steuerbremse bietet erst recht keine Anreize, die Strukturen innerhalb des Steuersystems zu verbessern.

Daher erweisen sich solche Regelbindungen schnell als neoliberale Rohrkrepierer, die mehr schaden als nützen, auch ihren Vertretern selbst, siehe den Absturz der FDP. Wenn die Wirtschaft schlecht läuft, weil der Staat nicht richtig funktioniert, spüren das die Wohlhabenden zuerst durch niedrige Gewinne. Die verschärfte neoliberale Ideologie des freiheitsraubenden und verschwenderischen Interventionsstaats, vor dem die Bürger geschützt werden müssen, ist sowieso überzogen und verblasst zunehmend.

Letztlich muss man sich in die Mühen des Alltagsgeschäfts begeben und alle Ausgabenprogramme, Steuern und Abgaben regelmäßig durchforsten. Sinnvoll sind Verfassungs- und Rechtsregeln, die das fördern, etwa durch die Befristung und Auslaufklauseln von Gesetzen oder Regulierungen (»sunset legislation«), unabhängige Experten- und Regulierungskommissionen oder besondere Berichts- und Konsultationspflichten wie etwa den Subventionsbericht.

Integration von Steuer- und Transfersystem: von der negativen Einkommensteuer zum bedingungslosen Grundeinkommen

Sozialtransfers vom Staat an Bedürftige sind negative Steuern. Statt Steuern zu zahlen, erhält man Geldleistungen. Da liegt eine Abstimmung mit der progressiven Einkommensteuer nahe: Wer zu wenig hat, bekommt Geld vom Staat für sein angemessenes Existenzminimum. Bei höheren Verdiensten werden Sozialleistungen abgebaut und Steuern erhoben. Das ist das alte Konzept der negativen Einkommensteuer.

Popularisiert wurde es in den 1960er Jahren in den USA durch den Erzneoliberalen Milton Friedman. Die Idee dabei lautet, negative Arbeitsanreize von staatlichen Grundsicherungsleistungen zu vermeiden, die Erwerbslose mit geringer Produktivität in einer »Armutsfalle« halten. Denn bei eigenem Einkommen führt deren Anrechnung auf die Transferleistungen im Zusammenwirken mit Sozialbeiträgen und Einkommensteuer leicht zu Grenzbelastungen von 100 Prozent und mehr. Dadurch werden Anstrengungen, von der eigenen Arbeit zu leben, finanziell bestraft. Das gilt vor allem, wenn der Lohn gering ist und davon auch Kinder oder Angehörige zu versorgen sind. Dadurch ist die Aufnahme einer Erwerbstätigkeit für viele Geringverdiener oder Alleinerziehende mit Kindern für sich genommen wenig attraktiv.

So ist der steuerfreie Grundfreibetrag von 8652 Euro im Jahr an das Niveau der Grundsicherung bei einem Alleinstehenden angelehnt. Bei der Grundsicherung für Arbeitssuchende (Arbeitslosengeld II, Hartz IV) darf man zwar geringe Hinzuverdienste behalten, höhere Erwerbseinkommen werden aber vollständig verrechnet. Auch andere einkommensgeprüfte Sozialtransfers wie das Wohngeld oder der Kinderzuschlag zum Kindergeld für Niedrigverdiener werden bei höheren Einkommen schnell abgeschmolzen. Bei den Sozialbeiträgen steigen die Arbeitnehmerbeiträge für geringe Einkünfte jenseits der Minijob-Grenze von 450 Euro im Monat bis zu einem Einkommen von 850 Euro im Monat linear an (»Midijob«), bei höheren Einkommen gilt dann schon der volle Beitrag.

Das Dilemma der negativen Einkommensteuer ist, dass eine deutlich verringerte Quote bei der Anrechnung von eigenem Einkommen auf die Transferleistungen die Einkommensgrenze entsprechend erhöht, bis zu der die Transfers abgebaut und Einkommensteuer sowie Sozialbeiträge gezahlt werden. Würde man die Grundsicherung durchgängig nur mit 50 Prozent auf die Erwerbseinkommen anrechnen, wäre diese Transferentzugsrate immer noch höher als der Spitzensteuersatz. Zugleich könnten Einkommensteuer und Sozialbeiträge aber erst bei 13 000 Euro Jahreseinkommen einsetzen, und es gäbe mehr »Aufstocker«, die bis zu diesem Einkommen ergänzende Grundsicherung erhielten. Das würde Einnahmenausfälle und Mehrausgaben in hohen zweistelligen Milliardenbeträgen auslösen. Entsprechend müssten die Steuern für höhere Einkommen steigen. Oder man reduziert die Grundsicherung, was aber den verfassungsrechtlichen Vorgaben widerspricht, ein angemessenes soziokulturelles Existenzminimum zu gewährleisten, und alle bestraft, die nicht arbeiten können. Daher ist im zunehmenden Niedriglohnsektor das »Lohnabstandsgebot« häufig nicht zu gewährleisten, nach dem der Nettolohn aus einer Vollzeitbeschäftigung über der Grundsicherung liegen soll, vor allem bei Alleinverdienern mit Kindern.

Allerdings sollte man die neoliberale Betonung der finanziellen Erwerbsanreize nicht überbewerten. Die meisten Menschen arbeiten selbst bei niedrigen Einkommen und bemühen sich um einen Job, sei es aus moralischer Verpflichtung, dem Bedürfnis nach Selbstverwirklichung und sozialer Anerkennung oder weil sie den Anschluss auf dem Arbeitsmarkt nicht verlieren wollen. Langzeitarbeitslose haben zumeist eine niedrige Qualifikation oder sind gesundheitlich eingeschränkt, Alleinerziehende können häufig nicht voll arbeiten, weil sie sich um ihre Kinder kümmern und keine ausreichende Betreuung haben. Missbrauch mag es geben, wenn staatliche Stütze mit Schwarzarbeit kombiniert wird, aber das sollte man durch effektivere Überwachung und höhere Strafen bekämpfen.

In den neueren Diskussionen zum »bedingungslosen Grundeinkommen« oder zum »Bürgergeld« stehen Reformen der sozialen Sicherungssysteme im Vordergrund. Die Sozialversicherung und die betrieblichen Alterssicherungssysteme orientieren sich grundsätzlich am dauerhaft vollzeitbeschäftigten Arbeitnehmer, bei Familien ist das meist der Mann. Dieses Modell passt nicht mehr zu aktuellen Trends in Wirtschaft und Gesellschaft: Erwerbsunterbrechungen führen zu Versorgungslücken, die Geschlechterrollen verändern sich, durch die Individualisierung gehen familiäre Bindungen zurück, und die Alterung der Gesellschaft wirft langfristig weitere Probleme auf. Selbstständige und prekäre Beschäftigungen werden von den Sozialversicherungen nicht ausreichend erfasst und fallen bei Arbeitslosigkeit und Alter schnell in die Grundsicherung. Der technische Fortschritt bei Digitalisierung und Industrie 4.0 werden künftig viele Routinetätigkeiten wegrationalisieren. Dadurch wird es vor allem für Menschen mit niedriger Qualifikation immer weniger Beschäftigungsmöglichkeiten geben, aber auch viele mittlere Qualifikationsgruppen könnten wegrationalisiert werden.

Vor diesem Hintergrund soll eine allgemeine Grundsicherung die verschiedenen sozialen Sicherungsleistungen besser integrieren, Sicherungslücken schließen und den bürokratischen Aufwand für die vielen einzelnen Leistungen verringern. So sollten die Anspruchsgrundlagen der Sozialleistungen, vor allem die Einkommensdefinition, stärker aufeinander abgestimmt werden, um finanzielle Fehlanreize in besonderen Konstellationen zu vermeiden, also Mehrfachförderungen oder sehr hohe Grenzbelastungen bei steigenden Erwerbseinkommen. Ferner müssten prekäre Arbeitsmodelle im Niedriglohnsektor oder in der sich entwickelnden digitalen Wirtschaft und Share-Economy besser von den Sozialversicherungen erfasst werden. Zugleich wird man aber spezifische Transferleistungen mit besonderen Zielsetzungen nicht aufgeben wollen, etwa Elterngeld, Ausbildungsförderung oder Wohngeld. Und die finanziell enorm bedeutenden Leistungen der Sozialversicherung, allen voran die Rente, haben starken Versicherungscharakter. Besserverdiener erhalten höhere gesetzliche Renten, für die sie höhere Beiträge zahlen und die eigentumsrechtlich gesichert sind. Hier kann man die Ansprüche nicht einfach auf Grundsicherungsniveau herabsetzen, ohne die Betroffenen zu enteignen. Daher führt eine Ausweitung von Grundsicherungsleistungen schnell zu hohen Mehrausgaben, die finanziert werden müssen.

Das gilt vor allem für weitergehende Vorschläge zu einem bedingungslosen Grundeinkommen auf relativ hohem Niveau. Dabei spielen häufig kapitalismuskritische und sozialromantische Vorstellungen eine Rolle: Die Menschen sollen sich selbst verwirklichen können und vom Zwang zu marktbestimmter, entfremdeter und belastender Erwerbsarbeit befreit werden. »Jeder nach seinen Fähigkeiten, jedem nach seinen Bedürfnissen!«, so skizzierte Karl Marx einst das kommunistische Ideal. Unbezahlte Familienarbeit oder ehrenamtliche Engagements würden aufgewertet und die Stigmatisierung von Arbeitslosen vermieden. Zugleich könnte dadurch Risikobereitschaft. Selbstständigkeit und Unternehmergeist gefördert werden, was für sich genommen das Wachstum fördert.

Die große Frage ist, wie ein höheres Grundeinkommen bezahlt werden soll. Schon ein eher mageres monatliches Grundeinkommen von 1 000 Euro würde für die gesamte Bevölkerung von 82 Millionen Menschen 984 Milliarden Euro im Jahr kosten, das sind 31 Prozent des Bruttoinlandsprodukts (BIP) 2016. Wie gesehen machen die monetären Sozialleistungen und sozialen Sachleistungen derzeit »nur« etwa 24 Prozent des BIP aus, und auch die kann man nicht komplett mit dem Grundeinkommen verrechnen, da man vor allem bei der Rente auch höhere Leistungen bezahlen muss. Die Steuern müssten also erhöht werden, bevorzugt natürlich die direkten Steuern auf höhere Einkommen und Vermögen. Denn es ergibt keinen Sinn, den Normalbürgern mit der Mehrwertsteuer oder anderen indirekten Steuern das Geld wieder aus der rechten Tasche zu ziehen, das man ihnen mit dem Grundeinkommen in die linke Tasche gesteckt hat.

Wie zuvor schon dargestellt geht sicher wieder mehr bei den »Reichensteuern«. Aber es ist unrealistisch, mehr als 1 Prozent des BIP über solche Steuererhöhungen mobilisieren zu wollen. Das würde deutliche Ausweichreaktionen auslösen und die wirtschaftliche Entwicklung gefährden. Und es stellt sich die Frage, ob durch ein hohes Grundeinkommen nicht Disziplin und Anreize für gesellschaftlich notwendige Arbeit zu stark vermindert würden. Sicher würden die meisten Menschen weiter arbeiten – aber sie würden sich weniger nach der Decke strecken, wenn sie mit der Grundsicherung zufrieden sind. Im Niedriglohnsektor würden wohl viele aufhören zu arbeiten oder in die Schattenwirtschaft abwandern. Einwanderung von geringqualifizierten Menschen wäre ein weiteres Problem. Die mittleren Einkommen hätten einen starken Anreiz, ihre Arbeitszeit zu reduzieren, wenn sie nicht unbedingt auf ihr aktuelles Einkommen angewiesen sind. Und viele Postmaterialisten und Lebenskünstler in der Digital-, Kultur- und Medienwirtschaft, die sowieso prekäre Lebensverhältnisse gewöhnt sind, würden dann »ihr Ding« machen. »Jeder ist ein Künstler«, sagte einst Joseph Beuys – aber die Kunst schreit nach Brot. Arbeiten, für die sich nicht genug Freiwillige finden, zum Beispiel morgens um 5 Uhr aufstehen und den ganzen Tag Dächer decken, Spargel stechen oder Pakete ausfahren, würden dann deutlich teurer werden, was das Grundeinkommen real entwertet.

Solange kein Manna vom Himmel fällt, uns also das Knappheitsproblem erhalten bleibt und die Erwerbsarbeit nicht ausgeht, bleibt das bedingungslose Grundeinkommen eine Utopie, aber eine interessante. Künftige Entwicklungen eines verschärften Wandels der Erwerbsgesellschaft und zunehmender Ungleichheit können die Legitimation von sozialer Marktwirtschaft und Kapitalismus weiter reduzieren. Wenn zunehmende Produktivität das Knappheitsproblem reduziert, gehen auch die Effizienznachteile von Steuern zurück.

Wo kann der Staat sparen, und wo muss er mehr ausgeben?

Zum Abschluss unserer Tour d'Horizon durch die Steuerreformdebatte noch ein Blick auf die Ausgabenseite des Staatsbudgets. Denn die Höhe der Staatsausgaben bestimmt das notwendige Steueraufkommen. Wenn die Staatsausgaben zu hoch sind, wie die Neoliberalen gerne argumentieren, kann man sie senken und damit die Steuerbelastung von Bürgern und Unternehmen zurückfahren. Das würde viele Reformdiskussionen erleichtern, denn wenn man die Steuerzahler insgesamt entlasten kann, muss man die Reformverlierer nicht ganz so stark belasten wie bei einer aufkommensneutralen Reform. Linksliberale und Linke wollen meist die Steuern erhöhen, bevorzugt bei den Reichen, um die öffentlichen Leistungen zu verbessern. Aber auch sie sollten ein Interesse daran haben, dass der Staat nicht zu viel Geld verschwendet und seine Leistungen verbessert. Das erhöht nicht nur die Akzeptanz der Besitzbürger und höheren Stände, sondern auch der kleinen Leute und Unterschichten, die ihnen zunehmend von der Fahne gehen und staatskritische Rechtspopulisten unterstützen.

»Fakten, Fakten, Fakten« forderte einst ein altbewährter Alphajournalist, Medienmanager und Talkshow-Dampfplauderer. Nicht nur zu den Steuern kursieren viele Mythen und Volksaberglauben, auch über die Dimensionen und Strukturen des Staatsbudgets ist selbst den Eliten wenig bekannt. Abbildung 17 enthält die gesamten Staatsausgaben einschließlich der Sozialversicherungen in Prozent des Bruttoinlandsprodukts (BIP). Die Darstellung basiert auf den umfassenden Berechnungen der Volkswirtschaftlichen Gesamtrechnungen (VGR). Dabei werden die Staatsausgaben zum einen nach Ausgabenkategorien aufgegliedert, wie Vorleistungen, Lohnkosten oder Investitionen (siehe auch Kapitel 3, Abbildung 11), zum anderen nach funktionalen Aufgabenbereichen wie Verwaltung, Verteidigung oder soziale Sicherung.

Wie schon mehrfach gesehen werden mehr als die Hälfte der Staatsausgaben (24 Prozent des BIP) für Sozialtransfers und für soziale Sachleistungen aufgewendet. Dabei macht die soziale Sicherung im engeren Sinne 19 Prozent des BIP aus, und davon entfällt mehr als die Hälfte auf Renten und Arbeitslosengeld. Kann man hier viel sparen? Die Renten werden ja schon langfristig gekürzt, indem sie mit dem Nachhaltigkeitsfaktor unerbittlich an den demografischen Wandel angepasst werden. Dies wird in etwa zehn Jahren das Verhältnis von Beitragszahlern zu Rentnern deutlich verschlechtern und die Altersarmut spürbar erhöhen. Hier weiter zu kürzen ist heikel, zumal die Rentner fast keine Möglichkeit haben, ihre Einkommenssituation zu verbessern. Und das Arbeitslosengeld wird seit den Hartz-Reformen recht restriktiv gehandhabt.

Ausgaben nach Arten	2011	2012	2013	2014	2015
Vorleistungen	4,6	4,8	4,8	4,8	4,7
Arbeitnehmerentgelt	7,7	7,7	7,8	7,7	7,6
Vermögenseinkommen (Zinsen)	2,5	2,3	2,0	1,8	1,6
Subventionen	1,0	0,9	0,9	0,9	0,9
Monetäre Sozialleistungen	15,7	15,6	15,5	15,5	15,5
Soziale Sachleistungen	7,8	7,8	8,1	8,2	8,3
Sonstige laufende Transfers*	1,9	2,0	2,2	2,1	2,1
Vermögenstransfers	1,3	1,2	1,1	1,2	1,0
Bruttoinvestitionen	2,3	2,3	2,3	2,2	2,2
Sonstige**	–0,1	–0,1	0,0	0,0	–0,1
Insgesamt	44,7	44,5	44,5	44,3	43,9
Ausgaben nach Aufgabenbereichen	**2011**	**2012**	**2013**	**2014**	**2015**
Allgemeine öffentliche Verwaltung	6,7	6,5	6,4	6,3	5,9
Verteidigung	1,1	1,1	1,1	1,0	1,0
Öffentliche Ordnung und Sicherheit	1,6	1,6	1,6	1,6	1,6
Wirtschaftliche Angelegenheiten	3,7	3,7	3,6	3,3	3,3
Umweltschutz	0,6	0,6	0,6	0,6	0,6
Wohnungen und kommunale Einrichtungen	0,5	0,4	0,4	0,4	0,4
Gesundheitswesen	6,8	6,8	7,1	7,2	7,2
Freizeitgestaltung, Sport, Kultur und Religion	0,8	0,8	0,8	0,8	0,8
Bildungswesen	4,3	4,3	4,3	4,3	4,3
Soziale Sicherung	18,8	18,8	18,8	18,8	18,9
Insgesamt	44,7	44,5	44,5	44,3	43,9

* Vor allem Investitionszuschüsse.
** Sonstige Produktionsabgaben, Nettozugang an nichtproduzierten Vermögensgütern.

Abbildung 17: Ausgaben des Staats 2011 bis 2015 in Prozent des Bruttoinlandsprodukts *(Quelle: Statistisches Bundesamt, Volkswirtschaftliche Gesamtrechnungen)*

Die echten bedürftigkeitsgeprüften Sozialleistungen für die Armen, also Hartz IV, die Grundsicherung im Alter, das Wohngeld und die Sachleistungen der Sozialämter, machen nur 2,8 Prozent des BIP aus. Dabei mag es auch Missbrauch geben, den man bekämpfen sollte, aber allzu viel sparen lässt sich hier nicht, ohne viele Menschen in die echte Armut zu drängen – zumal schon jetzt viele Leistungsberechtigte die Grundsicherung nicht in Anspruch nehmen, sei es aus Unwissenheit, aus Scham oder aus Angst vor Vermögensanrechnungen oder Rückgriff bei Unterhaltsverpflichteten. Bei armen alten Witwen sind das vermutlich über 50 Prozent der potenziell Leistungsberechtigten. Sparen kann man wohl bei dem einen oder anderen Transfer oder Programm der Familienförderung und das Geld besser für mehr Qualität bei Betreuung und Schule ausgeben.

Ein weiterer Riesenposten sind die öffentlichen Gesundheitsleistungen, die weitgehend in den sozialen Sachleistungen stecken. Angesichts der offensichtlichen Ineffizienzen im Gesundheitswesen ließen sich sicher erhebliche Mittel einsparen. Doch dazu muss man an die Strukturen heran, vor allem die Versicherten stärker für die Leistungen bezahlen lassen und den Wettbewerb zwischen den Krankenkassen und den Leistungsanbietern erhöhen. Außerdem drohen hier ebenfalls Kostensteigerungen durch die Alterung und den technisch-medizinischen Fortschritt. Da muss man schon froh sein, wenn Effizienzsteigerungen die höheren Kosten auffangen.

Für staatliche Dienstleistungen wie Verwaltung, Justiz, Sicherheit, Infrastruktur, Kinderbetreuung, Schulen und Universitäten gibt der Staat 12 Prozent des BIP für Lohnkosten und Vorleistungen aus. In diesen Bereichen gibt es ebenfalls spürbare Effizienzreserven, wenn man sich das antiquierte Beamtenrecht, die teilweise gewöhnungsbedürftige Verwaltungsorganisation, die unzureichende technische Ausstattung der Verwaltung oder das häufig schlechte Projektmanagement bei öffentlichen Investitionen und deren Erhaltung anschaut. Aber auch hier muss man mühselige Strukturreformen anschieben, die viel Kraft kosten und kaum politischen Ruhm und Ehre bringen. Außerdem muss man dafür erst mal investieren, sodass zunächst die Kosten steigen. Sicher kann man einiges outsourcen und private Dienstleister engagieren, aber das kostet Geld und ist oft nicht günstiger. Oder man erhebt Gebühren für zurechenbare Leistungen, etwa im Verkehrsbereich oder an den Universitäten, aber das belastet dann Bürger und Unternehmen an anderer Stelle und benachteiligt die Armen, die man wieder gesondert unterstützen muss.

Der Verteidigungshaushalt liegt nur noch bei einem Prozent des BIP, gegen Ende der West-Ost-Konfrontation in den 1980er Jahren waren es noch mehr als 2 Prozent – es gab also eine Friedensdividende. Im militärisch-industriellen Komplex wird natürlich immer noch notorisch viel Geld verschwendet. Angesichts der wieder schwierigeren Sicherheitslage und der Zunahme von weltweiten militärischen Herausforderungen lassen sich aber wohl keine großen Summen mobilisieren.

Die viel gescholtenen Subventionen an die Unternehmen kommen gerade mal auf 0,9 Prozent des BIP – hier ließe sich wohl am meisten sparen. Aber nicht jede Subvention ist schlecht, daher ist der Rasenmäher kein gutes Werkzeug für den Subventionsabbau. Auch im Verkehrsbereich, der etwa die Hälfte der Ausgaben im Aufgabenfeld »Wirtschaftliche Angelegenheiten« verschlingt, könnten Sparpotenziale realisiert werden, allerdings gibt es einen großen Investitionsstau durch unterlassenen Erhaltungsaufwand. In der Wohnungspolitik und in kommunalen Einrichtungen gibt es eher Nachholbedarf, da hier die Ausgaben in den letzten zehn Jahren deutlich heruntergefahren wurden.

Deutlich entlastet wurde der Staatshaushalt in den letzten Jahren bei den Finanzierungskosten der Staatsschulden, die durch die Niedrigzinsen inzwischen nur noch bei 1,6 Prozent des BIP liegen – vor der Finanzkrise 2007 lagen die Finanzierungskosten noch bei 2,7 Prozent. Wenn die Zinsen irgendwann wieder auf 3 bis 4 Prozent klettern, steigt das Haushaltsdefizit um 1,5 Prozent des BIP. Das frisst schnell die anderen Einsparbemühungen auf, und dann ist es vorbei mit der »schwarzen Null«.

Fazit dieses schnellen Überblicks zu den öffentlichen Ausgaben und den Sparpotenzialen: Bei einer Staatsquote von 44 Prozent des Bruttoinlandsprodukts und vieler Ineffizienzen oder fragwürdiger Programme sollte es möglich sein, bei den bestehenden Ausgaben über einen längerfristigen Zeitraum Einsparungen in Größenordnungen von 2 bis 3 Prozent des BIP zu realisieren, das entspräche 60 bis 90 Milliarden Euro. Das würde Raum für mehr Zukunftsinvestitionen oder auch Steuersenkungen schaffen.

Allein mir fehlt der Glaube, sagt der Dichter. Viele der angedeuteten Sparmaßnahmen und Strukturreformen sind kurz- bis mittelfristig meist mit Friktionen, Kosten und Anpassungslasten verbunden. Dabei kommt es auch zu Umverteilungswirkungen zwischen Personen, Branchen und Regionen, von denen einzelne relativ stark getroffen werden. Daher ist politischer Widerstand leicht zu organisieren, während sich die Gewinne für die Gesellschaft oft erst langfristig einstellen, ungewiss sind und sich auf breite Gruppen verteilen. Daher werden die Reformen beim »barter and compromise« der finanzpolitischen Willensbildung schnell aufgerieben.

Apropos Zukunftsinvestitionen: Derzeit zeichnen sich viele neue Herausforderungen für Wirtschaft und Gesellschaft ab, für die es vermutlich nicht weniger, sondern mehr Staat braucht: Flüchtlingsmigration und Zuwanderung müssen bewältigt, Wissensgesellschaft, Digitalisierung und Industrie 4.0 begleitet, die Energiewende umgesetzt, hohe Transferleistungen zur Stabilisierung der Eurozone aufgewendet und der demografische und sozialräumliche Wandel bewältigt werden, um nur die wichtigsten »Megatrends« aufzuzählen. Hinzu kommen die düsteren Szenarien einer »säkularen Stagnation«, in die viele entwickelte »spätkapitalistische« Volkswirtschaften nach der Finanzkrise hineinzuschlittern drohen. Demografische Alterung, Geld- und Kapitalschwemme, geringe Produktivitätsfortschritte, zunehmende Desintegration und Ungleichheit, fehlende staatliche Investitionen, Nachfrage- und Investitionsschwäche sowie mangelnde Strukturreformen bedingen sich gegenseitig und schwächen das Wachstum.

Dazu müssen zusätzliche Mittel durch den Staat mobilisiert werden. Und deshalb werden die Steuern in den nächsten Jahrzehnten wohl nicht sinken können, sondern eher steigen. Umso wichtiger ist es, Staatsausgaben und Steuern effizient und gerecht zu gestalten, damit alle davon profitieren und die Bürger nicht überlastet und frustriert werden.

5 Steuerpolitische Agenda 2020

Steuerpolitische Ideale und Konflikte

»Steuern sind der Preis einer zivilisierten Gesellschaft«, sagte der einflussreiche amerikanische Verfassungsrichter Oliver Wendell Holmes Jr. vor hundert Jahren. So steht es als Inschrift an der Vorderfront des Hauptsitzes der US-Steuerbehörde IRS in Washington, D. C., 1111 Constitution Avenue, einem monumentalen Gebäude im Stil der französischen Renaissance:

> »Taxes are what we pay for a civilized society«

In der politischen Tradition der USA spielen Steuern eine große Rolle. »No taxation without representation« lautet einer der Gründungsmythen der Nation, neben dem Wilden Westen und John Wayne. Der freie Bürger tritt Teile seiner Souveränität an die Gemeinschaft ab, um Sicherheit und Wohlfahrt zu erreichen, will dabei aber mitreden – und natürlich Waffen tragen, um sich zur Not selbst verteidigen zu können. Und die Steuern sollen niedrig bleiben, damit sich der Staat nicht zu stark in die Belange der freien Bürger einmischt. Die sich radikal liberal sowie steuer- und staatskritisch gebärdende Tea-Party-Bewegung knüpft an diese Traditionen an, ist aber mehr und mehr zu einer erzkonservativen und rechtspopulistischen Protestbewegung gegen »das Establishment« geworden.

In Deutschland ist unser Steuerstaat stärker durch die obrigkeitsstaatliche Tradition geprägt, gezähmt durch die liberale bürgerliche

Demokratie, erweitert durch die Leistungsfunktionen des konservativ-katholischen und sozialdemokratischen Wohlfahrtsstaats sowie ergänzt durch diverse wirtschafts- und umweltpolitische Lenkungsfunktionen. Die Bürger verlangen viele Leistungen vom Staat, drücken sich aber gerne vor deren Finanzierung. Steuern und Finanzverwaltung sind das Aushängeschild der Staatsbürokratie. Fast alle Bürger, auch die gehobenen Stände, die keine staatlichen Leistungen beziehen, haben mit ihr zumindest einmal im Jahr zu tun. Der Staat gibt hier seine Visitenkarte bei den Bürgern ab.

Gemessen daran kommt das Besteuerungsverfahren recht bürokratisch und leicht verstaubt rüber, eben klassische deutsche Hoheitsverwaltung. Das beginnt schon bei der Architektur: Das Bundesfinanzministerium residiert in einem idealtypischen Nazibau, dem Reichsluftfahrtministerium von Hermann Göring – Herrschafts- und Einschüchterungsarchitektur pur. Viele Finanzämter sitzen in Zweckbauten der 1950er und 1960er Jahre, die den Aufbruchsgeist dieser Zeit repräsentieren, aber inzwischen oft einen leicht ranzigen Eindruck machen. Nicht nur beim Erhaltungszustand der Gebäude, auch bei der Modernisierung und Digitalisierung der Verwaltungsverfahren gibt es einen Rückstau, was nicht zuletzt mit der föderalen Struktur der Finanzverwaltung zusammenhängt.

Immerhin sind die deutschen Finanzämter mit ElsterOnline in der digitalen Welt angekommen. Wobei die Bezeichnung durchaus zwiespältig ist: Volksmund und Bildungsbürgern drängt sich die Assoziation der »diebischen Elster« geradezu auf. »Humor haben die Finanzbeamten«, so lästerte die Stiftung Warentest bei Einführung des fiskalischen Online-Portals. Dass Steuern »Raub ohne Sünde« sind, stellte Thomas von Aquin bereits im 13. Jahrhundert fest. »Fiskalische Raubritter« nannte der früher berühmt-berüchtigte Steuersparguru Franz Konz in seinen Büchern das Finanzamt.

Steuern zahlen und das ganze Drumherum ist nicht gerade »sexy« oder »vergnügungsteuerpflichtig«, mitunter skurril, muss aber sein. Die Steuern sind das Geld der Gesellschaft, die erhoben werden, um das Gemeinwesen zu finanzieren. In diesem Buch haben wir viele Aspekte dazu beleuchtet.

Steuern sind Abgaben ohne Gegenleistung – das haben wir in diesem Buch immer wieder gesehen. Letztlich geht es darum, wer wie viel zahlt und wofür. Es sind die alten Konflikte zwischen Kollektiv und Individuum, Gemeinnutz und Eigennutz, Staat und Privat, Staatsversagen und Marktversagen, Solidarität und Subsidiarität, Sozialismus und Kapitalismus. Diese Gegensätze prägen bürgerliche Gesellschaft, Kapitalismus und Marktwirtschaft, wobei sie sich eben auch gegenseitig bedingen und aufeinander angewiesen sind. Ohne ein gutes Angebot an »öffentlichen Gütern« ist kein moderner Staat zu machen. Ein sehr breites Angebot wie in den skandinavischen Ländern verlangt ein hohes Steueraufkommen. Es geht zwar mit deutlich weniger, aber dann müssen die Bürger stärker selbst für sich sorgen – und wer kein Geld hat, hat Pech gehabt.

Die Finanzierung der Staatstätigkeit lässt sich über die Steuern unterschiedlich verteilen. Indirekte Steuern belasten den Konsum und damit breite Bevölkerungsschichten. Direkte Steuern auf Einkommen oder Vermögen können progressiv gestaltet werden, damit sie stärker die Wohlhabenden belasten. Daneben kann man mit Steuern gut steuern, also damit Wirtschafts-, Sozial- und Umweltpolitik betreiben. Aber Steuern verursachen schnell Ausweichreaktionen – legale Gestaltungen und illegale Hinterziehung. Das begrenzt die gewünschten Lenkungs- und Umverteilungswirkungen der Steuern und macht sie kompliziert.

Dabei gibt es viele Zielkonflikte, die man erkennen, erforschen und entscheiden muss. Weltanschauungen und Ideologien spielen eine wichtige Rolle, aber auch nüchterne Analyse der eigenen Situation und der Wirkungszusammenhänge von Wirtschaft und Gesellschaft. Wer arm ist, sollte ein grundsätzliches Interesse an höheren Steuern für Wohlhabende und besseren öffentlichen Leistungen haben, die er sich privat nicht leisten kann. Insoweit ist es kurios, wenn viele kleine Leute moderate Erhöhungen bei der Erbschaftsteuer ablehnen, obwohl sie selbst nie davon betroffen wären. Doch eine zu offensive Besteuerung der Reichen nutzt den Armen nichts, wenn die Reichen dann weniger leisten, weniger investieren oder ihr Geld ins Ausland verschieben.

In der Vergangenheit war das ein zunehmendes Problem durch Internationalisierung und Steuerwettbewerb. Inzwischen haben Steuerpolitik und Steuerverwaltung aufgeholt und versuchen, zumindest die gröbsten Exzesse zu begrenzen. Ohnehin sind die Ausweichreaktionen der Steuerpflichtigen nicht so groß, wie man das früher zu Hochzeiten des Neoliberalismus befürchtete. Der klassische neoliberale Steuermythos, dass Steuern der Wirtschaft schaden und Steuerreformen sich selbst finanzieren, verblasst zunehmend. Daher geht wieder mehr Umverteilung mit dem Steuersystem, aber man darf es nicht übertreiben, sondern sollte vorsichtig und schrittweise vorgehen.

Wenn Steuern der Preis einer zivilisierten Gesellschaft sind, so sind Komplexität und Kompliziertheit des Steuersystems der Preis für die Steuergerechtigkeit. Ein Steuersystem mit wirksamer Umverteilung von reich zu arm kann nicht wirklich einfach sein. Denn dazu muss man Einkommen oder Vermögen definieren, erfassen und bewerten. Man schaue sich nur an, welcher Aufwand für Buchhaltung und Jahresabschlüsse von Großunternehmen getrieben wird und welche Heerscharen von hoch qualifizierten Fachleuten damit beschäftigt sind. Gleichzeitig überlegen diese ständig, wie sie Steuern sparen können. Dass eine grundlegende Steuerreform und Steuervereinfachung die Steuergerechtigkeit erhöht, ist ein unausrottbarer neoliberaler Mythos und bürgerlicher Volksaberglaube. Zumal damit en passant die Spitzensteuersätze und Unternehmensteuern kräftig gesenkt werden sollten, was die Reichen im Lande noch reicher macht. »Nebelkerze Steuervereinfachung« geißelte das vor Jahren eine Gewerkschaft.[1] Natürlich kann und soll man vieles vereinfachen – unser Steuerrecht ist über Generationen wild gewuchert. Aber dazu muss man sich in das mühselige Kleinklein der Steuertechnik begeben und sich mit den meisten Lobbyisten der Republik anlegen.

Die deutsche Steuer- und Sozialpolitik war bisher durchaus in der Lage, notwendige Reformen durchzuziehen, wenn es darauf ankam. In den letzten Jahrzehnten standen die neoliberalen Agenden im Vordergrund, getrieben durch Strukturprobleme, Internationalisierung und Steuersenkungswettlauf. Inzwischen droht der real existierende finanzmarkt- und schuldengetriebene Kapitalismus in eine Dauerkrise zu geraten. Um die Herausforderungen der Zukunft zu meistern, braucht es nicht weniger, sondern eher mehr Staat und Steuern. Aber dabei darf man es nicht übertreiben mit linksliberaler Sozialromantik, Umverteilung, Etatismus und Ökosozialismus. Ebenso wie große Organisationen neigt die Kollektiv- und Staatswirtschaft zu Klientelismus, Ineffizienz und Verantwortungslosigkeit. Das muss durch Transparenz und intensives Engagement der Bürger begrenzt werden. Zugleich ist es essenziell, Verständnis und Toleranz für die unterschiedlichen Interessen der verschiedenen sozialen und wirtschaftlichen Gruppen zu üben, die demokratischen Spielregeln zu wahren und soziale Härten bei Reformen zu vermeiden. Die in letzter Zeit an Einfluss gewinnenden Rechtspopulisten grenzen sich schleichend davon ab, indem sie sich als wahre Repräsentanten des Volkswillens sehen, die etablierten Eliten und Politiker ablehnen und Minderheiten verachten.

Reformkonzepte im Vergleich

Was bringt uns die Steuerpolitik in den nächsten Jahren? Die Politik schaltet derzeit (im Herbst 2016) wieder in den Vorwahlkampfmodus. Dabei ist die Steuerpolitik wie immer gesetzt und könnte wieder ein wichtiges Thema werden. In Abbildung 18 greifen wir zum Abschluss die wesentlichen programmatischen Punkte für eine steuerpolitische Agenda 2020 auf und quantifizieren grob die fiskalischen Ströme, die damit mobilisiert werden können. Die geschätzten Mehr- und Mindereinnahmen beziehen sich auf Berechnungen für die wirtschaftlichen Verhältnisse im Jahr 2016. Mögliche Anpassungsreaktionen der Steuerpflichtigen sind in den Aufkommensschätzungen berücksichtigt. Angegeben sind die potenziellen Wirkungen pro Jahr, die man mit den Reformen langfristig erreichen könnte. Viele Reformen, insbesondere größere Steuererhöhungen oder der Abbau von Steuervergünstigungen, sollten möglichst schrittweise eingeführt werden, um Härten zu vermeiden oder Zeit zur Anpassung zu geben. Ebenso lassen sich größere Steuerentlastungen besser gegenfinanzieren, wenn sie über mehrere Jahre gestreckt werden.

Wir unterscheiden dabei die rot-grünen Konzepte für Steuererhöhungen, die bevorzugt Bürger mit hohen Einkommen und Vermögen belasten sollen. Ferner skizzieren wir die schwarz-gelben Ideen zu Steuersenkungen, die vor allem von Union und FDP vorgetragen werden und mit denen die steigenden Steuerlasten der letzten Jahre den Bürgern zurückgegeben werden sollen. Die FDP wird vermutlich 2017 wieder in den Bundestag einziehen und kann dann neoliberale Ideen wieder prominent vertreten, wenn auch sicher nicht so vehement auf die Steuerpolitik fokussiert wie vor Jahren. Mit der AfD könnte zudem eine rechtspopulistische Partei in der Bundespolitik eine feste Rolle spielen. Sie hat bisher in der Steuer- und Sozialpolitik staatskritische und neoliberale Positionen vertreten, dürfte sich aber künftig wohlfahrtsstaatlichen Ideen öffnen, mit Rücksicht auf die vielen kleinen Leute ihrer Wählerklientel.

Reformmaßnahme	**Finanzielle Wirkung**	
	Milliarden Euro	**Prozent BIP**
Abschaffung Steuervergünstigungen		
Abschaffung der Pendlerpauschale	5,5	0,18
Besteuerung der Zuschläge für Sonntags-, Feiertags- und Nachtarbeit	2,8	0,09
Reform der Besteuerung von Dienstwagen und weiteren Sachbezügen	3,0	0,10
Effektivere Besteuerung der Einkünfte aus Vermietung und Verpachtung	2,0	0,06
Abschaffung der Steuerermäßigung für haushaltsnahe Dienstleistungen und Handwerkerleistungen	2,0	0,06
Abschaffung der ermäßigten Mehrwertsteuersätze bis auf Nahrungsmittel und öffentlichen Personennahverkehr	6,0	0,19
Abbau der Vergünstigungen bei Energie- und Stromsteuer	3,0	0,10
Insgesamt	24,3	0,78
Rot-grüne Steuererhöhungen		
Erhöhung des Einkommensteuer-Spitzensatzes auf 49 Prozent ab 80 000 Euro zu versteuerndes Einkommen	8,0	0,26
Aufhebung der Abgeltungsteuer, Einführung eines Teileinkünfteverfahrens für Kapitaleinkünfte	1,5	0,05

Reformmaßnahme	Finanzielle Wirkung	
	Milliarden Euro	Prozent BIP
Erhöhung der Erbschaftsteuer oder Wiedererhebung der Vermögensteuer	8,0	0,26
Effektivere Besteuerung der Unternehmensgewinne	10,0	0,32
Einschränkung des Ehegattensplittings zu einem »Realsplitting«	6,0	0,19
Abschaffung der Minijobs	4,5	0,14
Erhöhung der Energiesteuersätze für Kraftstoffe, insbesondere für Diesel	5,0	0,16
Reform der Grundsteuer und der Grunderwerbsteuer	5,0	0,16
Einführung der Bundessteuerverwaltung	10,0	0,32
Insgesamt	58,0	1,85
Schwarz-gelbe Steuersenkungen		
Abschaffung des »Mittelschichtbauchs« bei der Einkommensteuer	–30,0	–0,96
Abschaffung des Solidaritätszuschlags	–14,3	–0,46
Abschaffung der Gewerbesteuer, Einführung kommunaler Zuschläge auf die Einkommen- und Körperschaftsteuer	–5,0	–0,16
Senkung der Grunderwerbsteuer	–5,0	–0,16
Insgesamt	–54,3	–1,73

Abbildung 18: Potenzielle Mehr- und Mindereinnahmen durch Steuerreformen, nachhaltige jährliche Aufkommenswirkungen, geschätzt für 2016

Vorab eine Art Steinbruch an Steuervergünstigungen, über deren Abschaffung seit Langem diskutiert wird und die man bei der Finanzierung von Steuerreformen heranziehen könnte. Ohne Anspruch auf Vollständigkeit sind hier klassische Positionen aufgeführt. Durch diese zusammengenommen könnte man langfristig 24 Milliarden Euro im Jahr mobilisieren, das sind 0,8 Prozent des Bruttoinlandsprodukts (BIP). Damit ließen sich Steuerentlastungen an anderer Stelle oder sinnvolle Mehrausgaben finanzieren. Das Problem dabei ist natürlich, dass man gegen starke Einzelinteressen kämpfen und auch einzelne Härten der Verlierer ausgleichen muss. Denn die Betroffenen haben sich auf die Steuervergünstigungen eingestellt und mobilisieren Widerstand gegen deren Abschaffung. Großzügige Übergangsregelungen wären das Mittel der Wahl, um den Verlierern einen gewissen Bestandsschutz zu gewähren – »Grandfathering« nennen das die Angelsachsen. Allerdings strömen die Mittel dann nur langsam in die Kasse.

Rot-Grün stand bei der letzten Bundestagswahl für Steuererhöhungen bei den Reichen, die Linke sowieso. In der Medienöffentlichkeit kam das nicht gut an, die neoliberalen Reflexe gegen Steuererhöhungen wirkten bis weit in das linksliberale Lager. Vermutlich fühlten sich auch viele besserverdienende linksliberale »Bionade-Bürger« latent betroffen, wenngleich Grünen-Spitzenkandidat Jürgen Trittin beharrlich zu erklären versuchte, dass nur die reichsten 7 Prozent höhere Steuern zahlen müssten. Das Problem dabei: Die reichsten 7 Prozent der Bevölkerung beginnen bei einem jährlichen Bruttoeinkommen von 65 000 Euro pro Person. Das ist zwar schon ganz ordentlich, jedoch keineswegs wirklich reich. Die höheren Angestellten, Beamten oder Selbstständigen mit solchen Einkommen fühlen sich eher der Mittelschicht zugehörig und zugleich vom Staat ziemlich geschröpft. Denn sie sind nicht reich genug, um von größeren Steuervergünstigungen zu profitieren. Andererseits klagen sie auf hohem Niveau, sie gehören mit zu den Gewinnern von Globalisierung und neoliberalen Reformen – von daher könnten sie moderate Steuererhöhungen durchaus verschmerzen.

Tatsächlich ließe sich mit einem ausgewogenen Mix aus moderaten Erhöhungen der verschiedenen »Reichensteuern« ein Mehraufkommen von gut 20 Milliarden Euro im Jahr oder 0,7 Prozent des Bruttoinlandsprodukts erzielen, ohne damit wirtschaftliche Schäden auszulösen. Zunächst könnte man die »normalen« Besserverdiener durch eine Erhöhung des Spitzensteuersatzes auf 49 Prozent ab einem steuerpflichtigen Einkommen von 80 000 Euro heranziehen – was vor allem die Armen unter den Reichen belastet. Die wirklich Reichen sind davon gar nicht betroffen, weil ihre Einkünfte nicht progressiv mit persönlicher Einkommensteuer belastet werden. Denn die großen Vermögen sind zumeist in der unternehmerischen Sphäre, Stiftungen oder Family-Offices abgeschottet und unterliegen nur den proportionalen Unternehmensteuern. Selbst die Aufhebung der Abgeltungsteuer würde Ausschüttungen in die Privatsphäre kaum zusätzlich belasten, wenn man wie früher mit dem Halb- oder Teileinkünfteverfahren die Vorbelastung auf Unternehmensebene berücksichtigen würde.

Wenn man an die richtig Reichen ran will, muss man die Unternehmensteuern erhöhen oder die Vermögensteuern stärken. Vernünftig wäre es, bei der Erbschaftsteuer die Riesenprivilegien für große Unternehmensübertragungen abzubauen, was sich aber nur schwer durchsetzen lässt. Die kürzlich verabschiedete Erbschaftsteuerreform ist daran gescheitert. Die Alternative wäre eine Wiederbelebung der Vermögensteuer für sehr große Vermögen – erst recht ein rotes Tuch für die Wirtschaft. Angesichts der stark ungleichen Vermögensverteilung in Deutschland und der deutlich gestiegenen Großvermögen sollten sich aber jährlich Mehreinnahmen von 8 Milliarden Euro erzielen lassen. Ferner ermöglichen die intensivierten Maßnahmen gegen die internationale Steuerflucht eine effektivere Besteuerung der Unternehmensgewinne, die langfristig 10 Milliarden Euro Mehreinnahmen erzielen könnte.

Die Einschränkung des Ehegattensplittings zu einem »Realsplitting« würde ebenfalls vor allem wohlhabende Haushalte treffen, bei denen die Partner stark unterschiedlich verdienen. Bei Normalverdienern würde sich nichts oder nur wenig ändern, da Einkommensunterschiede weiterhin bei der Besteuerung ausgeglichen werden. Die Abschaffung der Minijobs würde allerdings auch Normalbürger und Kleinverdiener betreffen: Hier würden einerseits Beschäftigungsmöglichkeiten wegfallen, andererseits mehr sozialversicherungspflichtige Beschäftigung entstehen. Die Gewerkschaften hätte man wohl auf seiner Seite für solche Reformen, selbst wenn sie in ihrer Klientel nicht beliebt sind. Höhere Kraftstoffsteuern, insbesondere für Diesel, oder andere Ökosteuer-Erhöhungen, belasten ebenfalls breite Bevölkerungsschichten. Erhöhungen der Grundsteuer treffen praktisch jeden, da sie auch bei den Mietern in die Nebenkosten überwälzt wird. Diese Reformen kann man mit umwelt- und verkehrspolitischen Zielen oder mit einer Stärkung des Gemeindesteuersystems rechtfertigen. Die Einführung einer Bundessteuerverwaltung könnte durch Effizienzsteigerungen in der Finanzverwaltung und effektiveren Steuervollzug langfristig Mehreinnahmen von 10 Milliarden Euro im Jahr erzielen. Dies würde vor allem Selbstständige, Vermieter und wohlhabende Steuerpflichtige betreffen. Die haben bisher große Möglichkeiten zu Steuergestaltung oder -hinterziehung, da sie nur wenig kontrolliert werden.

Insgesamt könnte eine solche rot-grüne Steueragenda knapp 60 Milliarden Euro Steuermehreinnahmen erzielen oder 1,9 Prozent des Bruttoinlandsprodukts. Das würde vor allem die reichsten 10 Prozent der Bevölkerung belasten. Allerdings sollte man wohl nur einen kleinen Teil dieses Geldes für »Zukunftsinvestitionen« und andere Ausgabenprojekte ausgeben. Denn auch viele rot-grüne Anhänger sind wohl insgeheim der Meinung, dass der Staat schon genug Geld hat und mehr sparen soll. Daher wäre es strategisch geschickter, die Steuermehreinnahmen größtenteils für die steuerliche Entlastung der unteren und mittleren Einkommen zu verwenden. Wie dargestellt wurden diese in den letzten Jahrzehnten zunehmend belastet. So könnte man mit dem Aufkommen den Mittelschichtbauch komplett abbauen und zusätzlich Entlastungen bei den indirekten Steuern finanzieren, also vorzugsweise bei der Mehrwertsteuer. Hier könnte man den ermäßigten Satz für Lebensmittel und Nahverkehr auf 5 Prozent senken oder die indirekten Steuern auf das Existenzminimum mit einer Bonuszahlung mindern. Dann bliebe immer noch Geld übrig, um die Infrastruktur zu stärken, in bessere Kinderbetreuung, Bildung oder Forschung zu investieren oder die Sozialversicherungsbeiträge zu senken.

Die schwarz-gelben Parteien, besonders die FDP, fürchten dagegen Steuererhöhungen wie der Teufel das Weihwasser. Sie wollen den Bürgern und Unternehmen die Mehreinnahmen der letzten Jahre zurückgeben und den Mittelschichtbauch abbauen. Dabei würden nicht nur die Mittelschichten entlastet, auch die Besserverdiener profitierten davon, da sie ebenfalls im Eingangsbereich und mittleren Bereich des Steuertarifs entlastet würden und die Spitzensteuersätze unverändert blieben. Eine Abschaffung des Solidaritätszuschlags würde alle Steuerzahler gleichmäßig nach ihrer Einkommensteuerschuld entlasten, auf die er erhoben wird. Dadurch würden Steuerzahler mit hohen steuerpflichtigen Einkommen relativ betrachtet deutlich stärker entlastet. Eine Abschaffung der Gewerbesteuer wäre wohl mit einer Nettoentlastung verbunden, um die Reform durchsetzen zu können. Ferner könnte der zunehmende Steuerwettbewerb unter den Kommunen das Steueraufkommen tendenziell senken. Bei der Grunderwerbsteuer könnte man die Steuererhöhungen der letzten Jahre zurückführen.

Insgesamt würde eine solche schwarz-gelbe und neoliberale Steuerreform langfristig Mindereinnahmen von 54 Milliarden Euro verursachen oder 1,7 Prozent des Bruttoinlandsprodukts. Wie gezeigt könnten die öffentlichen Haushalte eine solche Steuerreform durchaus bewältigen, wenn konsequent alle Ausgabenprogramme durchforstet und Effizienzreserven erschlossen werden. Bürger und Wirtschaft würden dadurch bei den direkten Steuern entlastet. Da diese stark progressiv sind und hohe Einkommen stärker belasten, bedeuten entsprechende Entlastungen, dass Steuerzahler mit hohen Belastungen mehr entlastet werden. Leistung soll sich ja lohnen, und Steuermehrleistungen sollen zurückgegeben werden. Die Reform kann einen moderaten Wachstums- und Selbstfinanzierungseffekt auslösen, da durch die Senkung der Steuersätze der Anreiz zur Steuervermeidung zurückgeht, mehr investiert wird und die Arbeitsleistung leicht steigt. Die hohen Belastungen der Unter- und Mittelschichten durch indirekte Steuern oder Sozialbeiträge werden dabei allerdings nicht berücksichtigt. Die Einkommensverteilung nach Steuern würde noch ungleicher. Ferner sollte man nicht unterschätzen, dass die Ausgabenkürzungen auch negative Wachstums- und Verteilungswirkungen auslösen können, zumindest kurzfristig.

Damit haben wir ein breites Spektrum an unmittelbaren Steuerreformoptionen aufgespannt. Natürlich kann und muss man Kompromisse machen zwischen den stärker auf Steuergerechtigkeit und Umverteilung abzielenden linksliberalen Konzepten einerseits und den neoliberalen oder konservativen Vorstellungen andererseits, die stärker Leistung, Effizienz und Wachstum betonen. Darüber hinaus gibt es noch viele politische Bezüge, in denen das Steuersystem eine Rolle spielt. Der Umweltaspekt wurde mehrfach erwähnt, auch für die Sozialpolitik sind die Steuern als Finanzierungs- und Lenkungsinstrument wichtig.

Diese Punkte stehen momentan nicht im Fokus der politischen Diskussion, kommen aber immer wieder auf die Agenda und werden langfristig eine große Rolle spielen vor dem Hintergrund von Energiewende, Klimaveränderung sowie demografischem Wandel und Zuwanderung.

Ausblick: Wohin entwickelt sich unser Steuerstaat?

Unsere Steuern werden uns so lange erhalten bleiben, wie es Kapitalismus und soziale Marktwirtschaft geben wird – also auf unabsehbare Zeit. Daher brauchen wir die Steuern, um Dinge zu bezahlen, die es auf dem Markt nicht zu kaufen gibt. Viele »Megatrends« in Wirtschaft und Gesellschaft deuten an, dass langfristig die ökonomische Bedeutung von Staat und Steuern zunehmen werden. Die Märkte werden immer komplexer – für die Herausforderungen von Wissensgesellschaft, Digitalisierung oder Industrie 4.0 braucht die Wirtschaft Unterstützung durch den Staat. Auch die Gesellschaft wandelt sich dynamisch: Demografische Alterung, sozialräumlicher Wandel, Flüchtlingsmigration und Zuwanderung müssen bewältigt und zugleich zunehmende soziale Desintegration und Ungleichheit bekämpft werden. Energiewende, Klimaschutz und die Erhaltung der biologischen Vielfalt erfordern ohnehin deutliche Eingriffe des Staats. Hinzu kommt die drohende Dauerkrise des finanzmarkt- und schuldengetriebenen Kapitalismus. Geringe Produktivitätsfortschritte, fehlende staatliche Investitionen, Nachfrage- und Investitionsschwäche sowie mangelnde Strukturreformen behindern sich gegenseitig und schwächen das Wachstum.

Daher werden die Steuern in den nächsten Jahrzehnten nicht sinken können, sondern im Gegenteil wohl eher steigen müssen. Umso wichtiger ist es, die Strukturen des Steuersystems und der Staatsausgaben weiterzuentwickeln, um sie effizient und gerecht zu gestalten. Erst ein radikaler Wandel der Arbeits- und Wirtschaftswelten mit dem Abklingen des ökonomischen Knappheitsproblems wird unsere Steuern überflüssig machen. Unwahrscheinlich, dass wir das noch erleben dürfen. Aber die Hoffnung stirbt zuletzt.

Dank

Ich danke allen, die mich bei der Verwirklichung dieses Buchs unterstützt haben – inhaltlich, technisch und moralisch. Mein besonderer Dank gebührt Markus Karsten, der durch beharrliche Motivation dieses Buch auf den Weg gebracht hat, und Michael Schickerling, der es konzeptionell und inhaltlich begleitet hat. Wichtige Anmerkungen und Hinweise haben gegeben: Ulrike Herrmann, Harald Trabold, Katja Rietzler, Verena Grass, Anna Bielefeld, Elisabeth Ostendorf und Elisabeth Bach.

»The usual disclaimer applies«, schreibt der Akademiker am Ende seiner Danksagung. Auf gut Deutsch: Für eventuellen Unsinn ist der Autor verantwortlich.

Literaturempfehlungen

Überblick

Bundesministerium der Finanzen: *Steuern von A bis Z*. Ausgabe 2016.
Bundesministerium der Finanzen: *Die wichtigsten Steuern im internationalen Vergleich 2015*. Ausgabe 2016.
Bundeszentrale für politische Bildung: »Steuern und Finanzen«. *Informationen zur politischen Bildung* 288/2012
OECD: Tax Database.

Sachbücher

Burman, Leonard; Slemrod, Joel: *Taxes in America. What Everyone Needs to Know*. Oxford University Press 2013.
Doerfer, Achim: *Die Steuervermeider. Wie wir um Milliarden betrogen werden*. Hoffmann und Campe 2014.
Fischer-Zernin, Justus: *Und wer zahlt? Eine Kreuzfahrt durch unser Steuersystem und die aktuelle Reformdebatte*. Murmann 2004.
Herrmann, Ulrike: *Hurra, wir dürfen zahlen. Der Selbstbetrug der Mittelschicht*. Westend 2010.
Meinzer, Markus: *Steueroase Deutschland. Warum bei uns viele Reiche keine Steuern zahlen*. C. H. Beck 2015.
Schultz, Uwe (Hg.): *Mit dem Zehnten fing es an. Eine Kulturgeschichte der Steuer*. C. H. Beck 1986.
Slemrod, Joel; Bakija, Jon: *Taxing Ourselves. A Citizen's Guide to the Debate over Taxes*. MIT Press 2004.
Truger, Achim (Hg.): *Können wir uns Steuergerechtigkeit nicht mehr leisten?* Metropolis 2005.
Truger, Achim (Hg.): *Die Zukunft des deutschen Steuersystems*. Metropolis 2006.
Ullmann, Hans-Peter: *Der Deutsche Steuerstaat. Geschichte der öffentlichen Finanzen vom 18. Jahrhundert bis heute*. C. H. Beck 2005.
Wehrheim, Frank; Gösele, Michael: *Inside Steuerfahndung: Ein Steuerfahnder verrät erstmals die Methoden und Geheimnisse der Behörde*. Riva 2011.
Zucman, Gabriel: *Steueroasen. Wo der Wohlstand der Nationen versteckt wird*. Suhrkamp 2014.

Steuerreformvorschläge

Bach, Stefan; Kohlhaas, Michael; Linscheid, Bodo; Seidel, Bernhard; Truger, Achim: *Ökologische Steuerreform – Wie die Steuerpolitik Umwelt und Marktwirtschaft versöhnen kann*. Erich Schmidt 1999. Vgl. auch »Anforderungen an und Anknüpfungspunkte für eine Reform des Steuersystems unter ökologischen Aspekten«. *Berichte des Umweltbundesamtes* 99.3. Erich Schmidt 1999.

Eilfort, Michael; Lang, Joachim (Hg.): *Strukturreform der deutschen Ertragsteuern. Bericht über die Arbeit und Entwürfe der Kommission »Steuergesetzbuch« der Stiftung Marktwirtschaft*. Olzog 2013.

Kirchhof, Paul: *Bundessteuergesetzbuch. Ein Reformentwurf zur Erneuerung des Steuerrechts*. C. F. Müller 2011.

Lang, Joachim; u. a.: *Kölner Entwurf eines Einkommensteuergesetzes*. Otto Schmidt 2005.

Merz, Friedrich: *Ein modernes Einkommensteuerrecht für Deutschland. Zehn Leitsätze für eine radikale Vereinfachung und eine grundlegende Reform des deutschen Einkommensteuersystems. Beschluss B 1 des 17. Parteitages der CDU Deutschlands*. 2003.

Sachverständigenrat zur Begutachtung der gesamtwirtschaftlichen Entwicklung: *Reform der Einkommens- und Unternehmensbesteuerung durch die Duale Einkommensteuer*. 2006.

Stiftung Marktwirtschaft: *Kommission »Steuergesetzbuch«. Steuerpolitisches Programm. Einfacher, gerechter, sozialer: Eine umfassende Ertragsteuerreform für mehr Wachstum und Beschäftigung*. 2006.

Uldall, Gunnar: *Die Steuerwende – eine neue Einkommensteuer einfach und gerecht*. Droemer 1996.

Verdi; Attac: *Konzept für eine »Solidarische Einfachsteuer« (SES). Gerechte Steuern – Öffentliche Finanzen stärken*. 2. Auflage 2005.

Steueraufkommen und -belastung

Bundesministerium der Finanzen: *Datensammlung zur Steuerpolitik*. Ausgabe 2015.

Bundesministerium der Finanzen: *Steuerschätzung und Steuereinnahmen*.

European Commission: *Data on taxation*.

European Commission: *Taxation trends in the European Union*.

OECD: *OECD.Stat*.

OECD: *Revenue Statistics 2015*.

OECD: *Taxing Wages 2016*.

Statistisches Bundesamt: *Fachserie 14: Finanzen und Steuern*.

Statistisches Bundesamt: *Volkswirtschaftliche Gesamtrechnungen: Inlandsproduktsberechnung – Detaillierte Jahresergebnisse*.

Handbücher und Gesamtdarstellungen

Cordes, Joseph J.; Ebel, Robert D.; Gravelle, Jane: *Encyclopedia of Taxation and Tax Policy*. Urban Institute, 2. Auflage 2005.

Auerbach, Alan J.,; Chetty, Raj; Feldstein, Martin; Saez, Emmanuel (Hg.): *Handbook of Public Economics* 1–5. Elsevier 1985–2013.

Haller, Heinz: *Die Steuern, Grundlinien eines rationalen Systems öffentlicher Abgaben*. Mohr Siebeck, 3. Auflage 1981.

Institute for Fiscal Studies (Hg.): *Dimensions of Tax Design. The Mirrlees Review*. Oxford University Press 2010.

Mann, Fritz Karl: *Steuerpolitische Ideale. Vergleichende Studien zur Geschichte der ökonomischen und politischen Ideen und ihres Wirkens in der öffentlichen Meinung 1600–1935*. Fischer 1937.

Neumark, Fritz: *Grundsätze gerechter und ökonomisch rationaler Steuerpolitik*. Mohr Siebeck 1970.

Neumark, Fritz (Hg.): *Handbuch der Finanzwissenschaft* II. Mohr Siebeck, 3. Auflage 1980.

Lehrbücher

Breithecker, Volker; Klapdor, Ralf: *Einführung in die betriebswirtschaftliche Steuerlehre*. Erich Schmidt, 17. Auflage 2016.

Campenhausen, Otto von; Grawert, Achim: *Steuerrecht im Überblick*. Schäffer-Poeschel, 3. Auflage 2014.

Homburg, Stefan: *Allgemeine Steuerlehre*. Vahlen, 6. Auflage 2010.

Keuschnigg, Christian: *Öffentliche Finanzen. Einnahmenpolitik*. Mohr Siebeck 2005.

Kußmaul, Heinz: *Betriebswirtschaftliche Steuerlehre*. Oldenbourg, 7. Auflage 2013.

Reding, Kurt; Müller, Walter: *Einführung in die Allgemeine Steuerlehre*. Vahlen 1999.

Rosen, Harvey S.; Gayer, Ted; Civan, Abdülkadir: *Public Finance*. McGraw-Hill 2014.

Salanié, Bernard: *The Economics of Taxatio*n. MIT Press 2011.

Tipke, Klaus; Lang, Joachim: *Steuerrecht*. Otto Schmid, 22. Auflage 2015.

Wellisch, Dieter: *Finanzwissenschaft. Band II: Theorie der Besteuer*ung. Vahlen 2000.

Zimmermann, Horst; Henke, Klaus-Dirk; Broer, Michael: *Finanzwissenschaft*. Vahlen, 10. Auflage 2009.

Anmerkungen

1 Grundlagen: Steuern und andere öffentliche Einnahmen

1. Fullerton, Don; Metcalf, Gilbert E.: »Chapter 26«. *Tax Incidence. Handbook of Public Economics* 4. Elsevier, 2002.
2. Bach, Stefan; Haan, Peter; Ochmann, Richard: »Effektive Einkommensteuerbelastung. Splittingverfahren in Deutschland begünstigt Ehepaare im Vergleich zu Großbritannien«. *DIW Wochenbericht* 17/2012.
3. Buslei, Hermann; Wrohlich, Katharina: »Besteuerung von Paaren – Das Ehegattensplitting und seine Alternativen«. *DIW Roundup* 21/2014.
4. Heine, Christoph; Quast, Heiko; Spangenberg, Heike: »Studiengebühren aus der Sicht von Studienberechtigten. Finanzierung und Auswirkungen auf Studienpläne und -strategien«. *HIS: Forum* Hochschule 15/2008.
5. Baldi, Guido; Harms, Patrick: »Die neue Wachstumsdebatte«. *DIW Roundup* 18/2014.
6. So sinngemäß der frühere Bundeswirtschaftsminister Karl Schiller, siehe Titelgeschichte im *Spiegel* 3/1967.
7. Siehe zum Folgenden Wagner, Franz W.; Zeller, Susanne: »Deutschland als Weltmeister der Steuerliteratur? Fallstudie einer Legende«. *Perspektiven der Wirtschaftspolitik* 3/2011, S. 303–316.
8. Marx, Groucho: *Memoirs of a Mangy Lover*. Bernard Geis 1963.
9. Kleven, Henrik Jacobsen; Landais, Camille; Saez, Emmanuel: »Taxation and International Migration of Superstars. Evidence from the European Football Market«. *American Economic Review* 5/2013, S. 1892–1924.

2 Steuerziele und -ideologien: zwischen Neoliberalismus und Wohlfahrtsstaat

1. Goebel, Jan; Grabka, Markus M.; Schröder, Carsten: »Einkommensungleichheit in Deutschland bleibt weiterhin hoch«. *DIW Wochenbericht* 25/2015. Grabka, Markus M.; Goebel, Jan; Schröder, Carsten; Schupp, Jürgen: »Schrumpfender Anteil an BezieherInnen mittlerer Einkommen in den USA und Deutschland«. *DIW Wochenbericht* 18/2016.
2. Bach, Stefan; Beznoska, Martin; Thiemann, Andreas: »Aufkommens- und Verteilungswirkungen einer Wiedererhebung der Vermögensteuer in Deutschland«. *Politikberatung kompakt* 108/2016, S. 18.

3. Ostry, Jonathan D.; Berg, Andrew; Tsangarides, Charalambos G.: »Redistribution, Inequality, and Growth«. *IMF Staff Discussion Note* SDN/14/02, Februar 2014. Dabla-Norris, Era; Kochhar. Kalpana; Suphaphiphat, Nujin; Ricka, Frantisek; Tsounta, Evridiki: »Causes and Consequences of Income Inequality: A Global Perspective«. *IMF Staff Discussion Note* SDN/15/13, 2015.
4. Forrester, Viviane: *Der Terror der Ökonomie*. Paul Zsolnay 1997.
5. Saez, Emmanuel; Slemrod, Joel; Giertz, Seth H.: »The Elasticity of Taxable Income with Respect to Marginal Tax Rates: A Critical Review«. *Journal of Economic Literature* 1/2012, S. 3–50.
6. Bach, Stefan: »›Reichensteuer‹-Diskussion: Hintergrund und Perspektiven«. *DIW Roundup* 16/2014.
7. Mankiw, N. Gregory; Weinzierl, Matthew; Yagan, Danny: »Optimal Taxation in Theory and Practice«. *Journal of Economic Perspectives* 4/2009, S. 147–174.

3 Steuerbelastung: Wie hoch ist sie, und wer trägt sie?

1. Die Informationen basieren auf den staatlichen Finanzstatistiken. Daher sind die einzelnen Komponenten der Steuern und Abgaben nicht vollständig vergleichbar mit den Daten in Abbildung 8, die für Deutschland auf den präziseren Volkswirtschaftlichen Gesamtrechnungen beruhen. Dadurch fallen die Steuer- und Abgabenquoten etwas niedriger aus, der internationale Vergleich wird dadurch aber nicht wesentlich beeinflusst.
2. Bach, Stefan; Beznoska, Martin; Steiner, Viktor; u. a.: »Wer trägt die Steuerlast in Deutschland? Verteilungswirkungen des deutschen Steuer- und Transfersystems«. *Politikberatung kompakt* 114/2016. Siehe auch Study der Hans-Böckler-Stiftung 2016.

4 Steuerreform: eine ewige Baustelle

1. Bach, Stefan: »Warum sind alte Steuern gute Steuern? Canard'sche Steuerregel und neue Theorieansätze«. *Wirtschaftsdienst* 3/1994, S. 151–156.
2. Rheinisch-Westfälisches Institut für Wirtschaftsforschung (RWI): »Evaluation des Vorschlags der FDP vom 13. April 2010 für einen Stufentarif der Einkommensteuer«. *RWI Projektbericht* 2010.
3. AfD, Landesverband Berlin: *Thesenpapier Steuern des Arbeitskreises Finanzen und Steuern. Langfassung.* 28. Mai 2015.
4. Bach, Stefan; Geyer, Johannes; Haan, Peter; Wrohlich, Katharina: »Reform des Ehegattensplittings: Nur eine reine Individualbesteuerung erhöht die Erwerbsanreize deutlich«. *DIW Wochenbericht* 41/2011.
5. Wrohlich, Katharina; Dell, Fabien; Baclet, Alexandre: »Steuerliche Familienförderung in Frankreich und Deutschland«. *DIW Wochenbericht* 33/2005; Ochmann, Richard; Wrohlich, Katharina: »Familiensplitting der CDU/CSU: Hohe Kosten bei geringer Entlastung für einkommensschwache Familien«. DIW Wochenbericht 36/2013.

6. Bach, Stefan: »Der Mehrwertsteuer-Bonus: Eine Alternative zu ermäßigten Mehrwertsteuersätzen«. *DIW Wochenbericht* 24/2011.
7. Bird, Richard M.: »The VAT as a Local Business Tax«. *Tax Notes International* 5/2013, S. 453–462.
8. Bach, Stefan; Thiemann, Andreas: »Hohe Erbschaftswelle, niedriges Erbschaftsteueraufkommen«. *DIW Wochenbericht* 3/2016.
9. Bach, Stefan; Thiemann, Andreas: »Hohes Aufkommenspotential bei Wiedererhebung der Vermögensteuer«. *DIW Wochenbericht* 4/2016.
10. Heinrich-Böll-Stiftung (Hg.): »Nachhaltig aus der Schuldenkrise – für eine finanzpolitische Zeitenwende«. *Bericht der finanzpolitischen Kommission der Heinrich-Böll-Stiftung. Schriften zu Wirtschaft und Soziales* 14, Heinrich-Böll-Stiftung 2014, S. 54 ff.

5 Steuerpolitische Agenda 2020

1. Verdi Bundesvorstand: »Nebelkerze Steuervereinfachung«. *Wirtschaftspolitische Informationen* 10/2003.